LES ÉPIGRAMMES

DE MARTIAL.

PARIS. — TYP. LACRAMPE ET COMP., RUE DAMIETTE, 2.

LES ÉPIGRAMMES
DE MARTIAL

Traduites en vers français

PAR CONSTANT DUBOS,

Professeur émérite de rhétorique au Collège Royal de Louis-le-Grand ;

PRÉCÉDÉES

D'UN ESSAI SUR LA VIE ET LES OUVRAGES DE MARTIAL,

PAR M. JULES JANIN.

PARIS.
JULES CHAPELLE ET COMPAGNIE, ÉDITEURS,
RUE DE SAVOIE, 5.

MÉMOIRES

DE MARTIAL.

Je m'appelle M. Val. Martial, poëte favori des Romains. Cependant, quelle que soit ma renommée présente, j'espère qu'elle a encore à grandir dans la postérité. En effet, je me suis souvent demandé : Par quel motif refuse-t-on au poëte vivant la renommée et la gloire ? pourquoi donc tant d'injustice chez les contemporains d'un homme illustre ? —C'est que l'envie ne reconnaît que les talents qui ne sont plus. C'est ainsi que, par suite d'une vieille habitude, nous recherchons, de préférence aux constructions modernes, l'ombre dégradée des portiques de Pompée et le temple ruiné de Catullus. Rome lisait encore les vers d'Ennius du vivant de Virgile; le siècle d'Homère faisait à peine l'aumône au sublime vieillard; Ménandre, l'honneur du théâtre, n'y rencontra que froideur et dédain; le charmant Ovide, de son vivant, ne fut reconnu un grand poëte que par Corinne, sa maîtresse. J'écris donc les mémoires de ma vie pour le jour où je n'aurai plus besoin de gloire. Ma gloire n'a donc que faire de se hâter.

C'est à vous que j'adresse cette histoire de ma vie, vous mes compatriotes, que la ville impériale de Bilbilis, entourée des eaux rapides du

Xalon, a vus naître sur sa montagne escarpée. Ne recevrez-vous pas mon livre avec une amitié sincère? n'êtes-vous pas jaloux quelque peu de la renommée de votre poëte? Songez-y, et soyez justes : votre renommée, votre illustration, c'est à moi que vous les devez. Mantoue est fière de Virgile, Appone de Tite-Live; Cordoue célèbre comme siens les deux Sénèque, et Lucain, ce poëte unique; Vérone ne doit pas plus à Catulle que Bilbilis à Martial. Trente-quatre ans se sont écoulés depuis que sans moi vous offrez à Cérès vos rustiques gâteaux; hélas! je n'ai été que trop longtemps l'habitant de Rome la superbe! L'Italie a changé la couleur de mes cheveux, non mon cœur. Préparez-moi cependant parmi vous une retraite agréable et favorable à la paresse : j'irai achever sur notre montagne chérie ce livre commencé dans la poussière de mon petit jardin.

La fière Bilbilis, ma ville natale, est célèbre par ses eaux et par les armes qu'elle fabrique. Le Caunus blanchi par les neiges, le Vaduvéron sacré, séparé des autres montagnes, les délicieux bosquets du charmant Botrodè, séjour chéri de l'heureuse Pomone, entourent Bilbilis. Voilà pourtant la fortunée patrie que j'abandonnai à peine âgé de vingt-un ans! J'étais bien pauvre alors; et que de fois, sans asile et sans robe, j'ai maudit les imprévoyants parents qui m'ont fait étudier les lettres! Qu'avais-je besoin, en effet, pour vivre ainsi misérable, des grammairiens et des rhéteurs? à quoi bon une plume inutile qui ne pouvait ni m'habiller ni me nourrir? Quand je vins à Rome Néron vivait encore, et il se servait à lui-même de comédien et de poëte. J'en étais réduit à flatter, non pas César, mais les subalternes de la cour impériale, qui me donnaient en revanche la robe et le souper. Je flattais, entre autres vicieux sans pudeur, un jeune débauché qui s'appelait Régulus. Ce Régulus avait eu le courage de passer, au grand galop de son cheval, sous un portique en ruine, et je célébrais sa valeur comme s'il eût été le véritable Régulus. « Quel horrible forfait, m'écriai-je (par-« donnez-moi, j'étais à jeun), ce portique a pensé commettre! il s'est « écroulé tout à coup au moment où venait de passer Régulus! » Pour me payer mes vers, Régulus m'invitait à souper, le soir, à côté de ses affranchis.

Un autre jour je flattais le débauché Julius, je l'invitais (chose inutile) à jouir des plaisirs de la jeunesse : « Ils passent, ils s'envolent, tes « beaux jours : saisis-les de tes deux mains! » Et Julius m'envoyait par son esclave un bracelet brisé dont ne voulait plus Stella, sa maîtresse.

Quelquefois, et sans avoir besoin de le flatter, j'allais passer quelques jours dans la maison d'un honnête citoyen nommé Proculus. La route était belle et heureuse : je cheminais le long du temple de Castor, voisin de l'antique Vesta, et la demeure de nos vierges ; j'admirais la statue équestre de l'Empereur, véritable colosse de Rhodes ; je passais entre le temple de Bacchus et celui de Cybèle : sur ces murs sont représentés en couleurs brillantes les prêtres du dieu du vin. Un peu plus loin s'élevait l'hospitalière maison de Proculus. Il y avait loin de cette maison au cirque de Flore, près duquel était bâtie ma pauvre demeure. C'étaient là mes instants de bonheur.

Triste métier la poésie! flatter ceux qu'on méprise, insulter ceux qu'on redoute, haïr tout haut ou tout bas; et tout cela pour mourir de faim! Parmi les neuf chastes Sœurs, pas une ne donne la richesse ; Phébus est un pauvre glorieux ; Bacchus n'a que du lierre à vous offrir ; Minerve, un peu de sagesse ; l'Hélicon, ses froides eaux, ses pâles fleurs, les lyres de ses déesses et des applaudissements stériles ; le Permesse, une ombre vaine comme la gloire. O malheur! ce poëte venu de si loin, tout rempli d'amour et d'enthousiasme, jeune, passionné, l'enfant de Pindare, l'élève d'Horace et d'Ovide, l'écho sonore de l'école athénienne, Martial de Bilbilis, la misère le reçoit aux portes de Rome, la misère est son seul esclave! Martial meurt de faim, pendant que la vieille Lycoris gagne encore par an, à vendre ses baisers flétris, cent mille sesterces! Et l'on veut que le génie nous pousse librement! et Lucius Julius, un de mes meilleurs patrons, me dit, au sortir de table, à moi qui suis à jeun : — Travaille, Martial! fais quelque chose de grand, Martial! Tu es un paresseux, Martial. — Ah! c'est chose étrange d'entendre les heureux du monde parler ainsi! Au moins, mes maîtres, si vous voulez que votre esclave fasse quelque chose de grand, faites-lui des loisirs tels que Mécène en faisait jadis à Horace et à Virgile : alors j'essaierai un poëme pour les siècles à venir. Les Virgiles ne manqueront pas tant qu'il y aura des Mécènes; mais moi, déjà vieux, et pourtant célèbre, si je veux avoir le misérable morceau de pain que Gallus donne tous les trois jours à ses clients, il faut que je sorte de ma maison de bonne heure : la maison de Gallus est située tout au loin, de l'autre côté du Tibre, et je dois attendre son réveil. Mais moi, si je dîne chez Tulla, il se trouve que le vieux falerne de Tulla est mêlé pour moi d'un vin détestable; falerne assassiné. — Si je dîne chez Cécilianus, ce bon hôte avale seul et sans m'en offrir un grand plat de champignons, et moi je mange, en retenant mes larmes, les restes de ses esclaves. — Si je vais saluer Bassa le matin, il me reçoit accroupi sur un vase d'or, l'indigne! Il lui en coûte plus cher pour vider son ventre que pour remplir le mien pendant toute une année! — Décianus m'invite pour l'amuser, et il m'accouple avec Cécilius, un plat bouffon qui échange des allumettes contre des verres cassés, un avaleur de vipères, un marchand de saucisses et de pois bouillis! — A souper, le riche Mancinus nous fait servir un tout petit cochon de lait dont on fait soixante parts; et, pendant que nous nous arrachons ce pauvre rôti en parcelles inaperçues, notre hôte avale tranquillement de belles grappes de raisin, des pommes plus douces que le miel, des grenades de Carthage, les olives du Picénum! Métier de honte et de misère, la poésie! Oh! me disais-je tout bas en cachant ma douleur sous un air riant, si le ciel m'avait seulement donné une petite ferme où je pusse vivre, comme j'aurais vécu sans faste au sein de la médiocrité et de la poésie! Eût fait qui eût voulu le métier de courtisan : ce n'est pas moi qu'on eût vu dès le matin attendre dans une antichambre glacée le lever du patron, et lui adresser humblement le salut du matin. Avec quelle joie j'aurais renvoyé à Flaccus sa misérable sportule de cent quadrans! — Mais non! tant de bonheur n'est pas fait pour moi; et ce soir même il faut que j'aille tendre la main au vil Rufus.

Encore si j'étais né avec la souplesse du parasite! si j'avais l'effronterie de Silius! Silius se promenait fort tard sous le portique : son visage était triste et abattu, ses cheveux étaient en désordre; on eût dit qu'il avait perdu sa femme et ses deux enfants. Un plus grand malheur était arrivé à Silius; ce soir-là Silius avait eu une journée malheureuse : il avait été le matin flatter Célinus au portique d'Europe, il avait couru vers l'enceinte des Comices, il avait parcouru tour à tour le temple d'Isis, le jardin de Pompée, les bois de Fortunatus, ceux de Faustus, ceux de Grillus environnés de ténèbres, ceux de Lupus ouverts aux vents de toutes parts : eh bien! ainsi éreinté, ainsi affamé, ainsi altéré, ce malheureux Silius, ce soir-là, était forcé de dîner chez lui!

Horrible vie! Quand je voulais quitter les sénateurs, mes patrons, pour des tables plus modestes, toute maison m'était fermée. J'allais dîner chez Maxime : Maxime avait été dîner chez Tigellin; j'allais saluer Paulus : Paulus lui-même était en train d'accompagner Posthumus. J'étais le parasite d'un parasite, le valet d'un valet. Quelle fatigue! répondre à chaque instant à ces riches, quoi qu'ils fassent et quoi qu'ils disent : *C'est parfait! c'est admirable!* suivre à pied la litière de Rufus couvert d'une toge plus blanche que la neige, et soi-même être en guenilles! demander à Caïus un emprunt de mille sesterces, et n'en recevoir qu'un bon conseil! menacé d'un procès, inviter à dîner Cécilianus, le juge, pour se le rendre favorable, à peine toucher aux mets qu'on lui sert, et lui voir entasser dans sa serviette filets de porc, barbeau, brochet, pâtisseries excellentes, et envoyer tout le dîner dans sa maison, sans penser au malheureux plaideur qui l'a invité! avoir un ami qui vous répète à tout bout de champ : *Tout est commun entre nous*, et cependant être à peu près nu pendant que votre ami est vêtu de pourpre! être assis sur un tabouret de bois pendant que votre ami est étendu sur l'ivoire! manger dans la terre pendant qu'il mange dans le vermeil! O crime! en plein hiver ne pas obtenir de cet ami, votre égal, un de ses vieux manteaux usés! En un mot, dans cette Rome opulente être plus malheureux que le dernier des esclaves, n'avoir à soi ni un marchand de vin, ni un boucher, ni une baignoire, ni un livre à lire, ni un ami à aimer, ni une maîtresse, ni un serviteur, ni un flatteur! Telle a été la vie de cet heureux et célèbre Martial!

Ne vous étonnez donc pas si la colère devint bientôt pour moi une seconde muse. Je n'étais pas né méchant ni railleur; j'étais fait pour chanter le vin, l'amour, les dieux, les héros, pour être l'ornement des filles romaines : la misère a fait de moi un satirique, un cynique, un poëte sans honte, un diseur de riens, un espion dans les maisons romaines. J'ai pénétré de vive force dans toutes les maisons qui m'étaient fermées; j'ai su les histoires les plus secrètes des hommes et des femmes, et je les ai mises en vers afin d'être le fléau de ceux qui n'avaient pas voulu de moi pour leur flatteur. J'ai écrit ainsi, au jour le jour, la chronique scandaleuse de la belle société romaine; j'en ai raconté à fond tous les vices, toutes les débauches, tous les adultères cachés; il ne s'est pas dit un bon mot dans toute la ville de Rome, dont je n'aie fait sur-le-champ mon profit; j'ai été l'écho bruyant et goguenard de la conversation journalière des enfants de Romulus. C'est ainsi que pas un nom de quelque valeur ne manque dans mes vers. Je n'épargne personne! M'ont-ils donc épargné? ont-ils eu pitié de moi, tous ces favoris de la fortune? Grâce à moi, toute cette petite histoire de la grande société romaine est aussi immortelle que les hauts faits du premier César racontés par lui-même : j'ai découvert que Gellius pleurait son père en public, mais seulement en public; que Daulus, avant d'être médecin, avait porté les morts; que la coquette Lesbie ne fer-

mait jamais sa porte, même quand elle devrait le plus la fermer ; que Névia trompait en riant son cher mari Rufus; qu'Églé n'avait plus de dents, Lycoris plus de cheveux; que Corbianus était le fils d'un esclave ; que Scazon le philosophe n'était pas si sévère que son habit. Moi j'ai dit le premier, et tout haut, et dans un vers facile à retenir : « Afra a cin-
« quante ans; Ammianus n'est que le fils de sa mère; Attalus, le cé-
« lèbre avocat, était un misérable joueur de flûte; Paullus ne fait pas
« ses vers; Galla fait son visage; Philinis est chauve, rousse et borgne;
« Phœbus a les jambes crochues; Pennilus est trop mal peigné; Co-
« drus, qui a l'air si riche, a mis en gage son amour pour souper ce
« soir; Lalagée a cassé son miroir ce matin pour une boucle mal atta-
« chée; l'autre jour, Posthumus a été frappé au visage, mais devinez
« par qui frappé? par Cécilius! Sauffinus est un faux riche, il est
« obligé de louer ses esclaves à Faventinus; Gaurus boit comme un
« Caton, il fait de mauvais vers comme Cicéron, il a des indigestions
« comme Antoine, il est gourmand comme Apicius : il n'est cepen-
« dant ni Caton, ni Cicéron, ni Marc-Antoine, ni Apicius. »

Quand j'eus ainsi remplacé la louange par la satire, je m'aperçus que ma tâche était bien facile : cette société romaine, usée jusqu'à l'é-
chine, est aussi pleine de vices que de ridicules. Il y avait un savetier qui donnait au peuple des combats de gladiateurs : je perçai le savetier de mon alêne poétique; Ligurinus, à sa propre table, nous récitait ses petits vers : je mis à l'index les petits vers de Ligurinus; Gellia se couvrait de parfums : je soufflai sur ces parfums de Gellia, et j'en démon-
trai l'infection; on disait de toutes parts que Cotilus était un jeune homme bien élevé : « Pourquoi bien élevé? m'écriai-je; parce que sa
« chevelure est bouclée? parce qu'il s'en va fredonnant des chansons
« égyptiennes? parce qu'il passe sa vie à causer avec les femmes? parce
« qu'il s'écrit à lui-même des lettres d'amour? Par Jupiter! Livius
« Gargilianus est un homme aussi bien élevé que Cotilus : il s'épile le
« visage et le menton. — Mais silence! entendez-vous Rufus s'empor-
« ter contre son cuisinier? Rufus est à table avec ses hôtes : il prétend
« que le lièvre n'est pas cuit, et il demande des verges. Rufus aime
« mieux dépecer son cuisinier que son lièvre. »

Pendant que je me livrais ainsi à la satire, Rome entière répétait mes épigrammes; non-seulement Rome, mais la province; non-seulement la province, mais même chez les barbares; à Vienne, par exemple, dans les Gaules, on savait les vers de Martial. Ainsi encouragé dans cette œuvre cruelle de chaque jour, je semais les épigrammes d'une main libérale : « — Thaïs ne sait rien refuser. Rougis, Thaïs, qui « n'as jamais dit *non!* — Cécilianus, tu me prends pour un sot : « j'ai refusé de te prêter cent sesterces, et tu veux m'emprunter mes « vases d'argent! — Tu veux, Paulus, que je fasse des vers contre Ly- « cisca : oui, mais je ne veux pas jeter Lycisca dans tes bras! — Si- « lius se fatigue à nier Dieu : voilà un homme bien heureux et bien « essoufflé! — Philinis ne pleure que d'un œil. Je le crois bien : Phi- « linis est borgne. — L'avocat Posthumus sort de chez lui chargé de « dossiers, avec la gravité de Cicéron ou de Brutus. Il n'y a qu'un petit « malheur : l'avocat Posthumus ne sait pas lire. — Pontilianus, tu ne « rends jamais les saluts qu'on te donne : je te donne le dernier adieu, « Pontilianus! — Il ne s'agit ni de violence, ni de meurtres, ni de « prison, ni de Mithridate, ni de Carthage, ni de Sylla, ni de Marius : « il s'agit, Posthumus, de mes trois chevreaux; parle donc de mes trois « chevreaux! — Bien portant hier, Andragoras est mort ce matin : il « avait vu en songe le médecin Hermocrate. — L'autre jour un inconnu « me regardait dans la rue d'un air étonné : Serais-tu, me dit-il, cet « ingénieux Martial, notre esprit courant de chaque jour? Pourquoi « donc portes-tu un si mauvais manteau? Hélas! répondis-je, c'est que « je suis un bon poëte. »

Ainsi j'ai vécu sous Galba, sous Othon, sous Vitellius, sous Vespasien, empereurs d'un jour. Quatre empereurs en dix mois! et je n'eus même pas le temps de les flatter. Ainsi j'ai vécu sous Néron, le plus méchant des hommes, à qui Rome doit ses plus beaux thermes, et je n'ai pas flatté Néron! Mais quand Domitien fut le maître, j'étais plus pauvre que jamais : ma dernière toge était usée, ma dernière sportule était dévorée, mon crédit était épuisé, je e pouvais plus entrer même chez le barbier qui m'écorchait chaque matin au lieu de me faire la barbe; pas un ami, pas de foyer domestique, pas un esclave pour me servir, rien d'un homme libre; j'étais le plus pauvre des poëtes qui se traînaient le matin et le soir dans l'antichambre des grands. Ce fut alors que je m'adressai à l'empereur Domitien : il fallait vivre. Tant pis pour les grands de Rome, qui ont poussé leur poëte à cette triste extrémité! Dans cette Italie ainsi faite, il n'y avait pas un morceau de terre, pas un toit, pas un arbre, pas une robe pour le poëte. Quelle misère! être aimé de la foule, être applaudi de tous les beaux esprits, être recherché des femmes, entendre ses vers à peine éclos passer de bouche en bouche, vivre familièrement avec les plus grands, avec les plus puissants, avec les plus riches; n'avoir sous les yeux, dans des palais de marbre, que vases d'or, riches statues, tableaux des grands maîtres, ivoires, airains, marbres précieux, robes de pourpre, esclaves empressés; et cependant avoir faim, avoir froid, être à peu près nu sous un manteau troué, se sentir la proie, le jouet, la pâture de la pauvreté, et sous ces haillons sourire encore, flatter encore, ou bien aiguiser la joyeuse épigramme qui doit faire rire une cour avare!... Tel était l'heureux destin de votre pauvre Martial.

Nous avons donc beaucoup loué Domitien, non pas moi, mais ma pauvreté. Domitien a payé mes louanges en tyran avare qui comprend très-bien que ce ne sont pas les poëtes qu'il lui faudrait acheter, mais les historiens, et que les historiens ne se vendent pas. Mes douze premiers livres d'épigrammes sont tachés du nom de Domitien. C'est en vain que j'ai voulu louer le tyran en honnête homme : il y a de certaines louanges qui ne peuvent pas être honnêtes. Pour me punir, la Muse, qui est juste, m'abandonna toutes les fois que je parlai de cet empereur digne de Néron; oui, et moi, je le dis à ma gloire, malgré toute mon imagination et toute ma facilité à écrire en vers sur un sujet donné, j'ai toujours été un mauvais poëte et un maladroit quand j'ai flatté l'empereur Domitien. J'ai fait des vers sur l'amphithéâtre qu'il a bâti, et je n'ai rien trouvé de mieux que de comparer cet amphithéâtre aux pyramides d'Égypte, et d'en faire la huitième merveille du monde; j'ai raconté que de tous les coins de l'univers les Barbares arriveraient pour saluer ce terrible César. J'ai flatté toutes les manies du tyran. Par ses ordres cruels, des femmes descendaient dans l'arène pour s'entre-déchirer : j'ai célébré le courage de cette Vénus aux griffes terribles; on jetait aux ours des malheureux que les ours dévoraient tout vivants : j'ai trouvé que ces supplices, toujours renouvelés, représentaient à merveille le supplice de Prométhée, et j'ai dit à ce sujet mille affreuses gentillesses. Un autre jour, c'était un rhinocéros qui faisait ses premiers débuts dans le Cirque : j'ai applaudi le rhinocéros impérial. L'ours eut son tour, et j'ai chanté l'ours pris dans la glu comme un habitant de l'air. Une lionne, percée d'un javelot, jeta un petit dans l'arène : à ce propos, j'ai comparé César à Lucine; à trois fois, je suis revenu sur l'histoire de cet enfantement étrange. Je n'ai pas oublié l'éléphant qui adorait César à genoux : « Crois-moi, disais-je à Domitien, l'élé« phant comprend tout comme nous ta divinité. » Triste flatteur que j'étais! Voilà comment je cherchais à chaque instant à couvrir mes malheureux éloges par quelque allégorie qui les fît paraître moins directs; je mettais à profit la plus petite anecdote du Cirque : — le tigre privé qui redevient féroce à l'aspect d'un lion; — le taureau abattu sous l'éléphant; — ces deux gladiateurs qui mouraient l'un et l'autre par l'ordre de César : j'ai dit Priscus et Varus forcés par Domitien de revenir au combat jusqu'à ce que tous les deux fussent ensevelis dans le même triomphe. — Enfin, pour comble de lâcheté, j'ai loué César d'avoir payé les délateurs : « O Romains! m'écriai-je, *comptez votre* « *vie parmi les bienfaits du prince!* »

Malheureux que j'étais! Et comme il recevait toutes mes lâchetés, cet homme! à peine avait-il pour mes tremblantes et modestes poésies un sourire et un regard; et moi, plus lâche encore, je lui demandais pardon de l'avoir flatté : « *Pardonne à mes vers, César : celui* « *qui s'empresse pour te plaire ne mérite pas ta disgrâce.* »

Pour me payer toutes ces hontes, l'empereur me donna, non loin de Rome, une méchante maison de campagne que personne ne voulait acheter, et quelques sapins trop jeunes pour donner de l'ombre en été ou du bois en hiver. La maison était mal bâtie; elle était hors d'état de supporter les pluies et l'humidité du ciel, elle nageait au milieu des eaux que répandait l'hiver. Stella le sénateur eut pitié de ma misère, et m'envoya des tuiles pour mettre à l'abri le présent de l'Empereur. Moi, en retour, et quand le printemps fut venu, j'envoyai à Stella des oiseaux de basse-cour, des œufs de poules et de cannes, des figues de Chio dorées par un doux soleil, un jeune chevreau et sa mère plaintive, des olives trop sensibles au froid, un chou blanchi par la neige, et des vers où je lui disais : « N'allez pas croire, Stella, que tous ces « biens me viennent de ma maison de campagne : mes champs ne por- « tent rien que moi-même; je n'ai pas d'autre récolte que celle que « j'achète au marché. » Et véritablement, dans cette maison de César, le nuage me couvrait en hiver, la poussière aride me couvrait en été. En vain je demandai à l'Empereur de m'accorder un filet d'eau pour arroser les quatre sapins qui composaient mon domaine : mes vers étaient touchants, ma prière fut inutile. Je lui demandais un peu d'eau; il me donna moins que cela : il me nomma tribun honoraire, chevalier honoraire, père de famille honoraire. Les honneurs ne lui coûtaient rien à donner. A tous ces honneurs, j'aurais préféré une robe neuve.

Ce même hiver, sans Parthénius, qui m'envoya une robe de laine,

b

j'aurais été tout nu par la ville. Chère et belle robe! plus blanche que l'ivoire, plus souple que l'aile de cygne, plus fine que les tapisseries de Babylone! Je l'embrassais avec reconnaissance; je lui disais merci du fond de l'âme. Jamais un amant n'eut plus d'amour pour sa maîtresse que moi pour ma robe si chaude et si blanche. Hélas! je me souviens encore de mon désespoir quand, après deux ans de service, malgré tous mes ménagements, cette belle robe fut usée. Je chantai ma peine aux échos d'alentour : « La voilà, cette robe que j'ai si souvent « chantée dans mes vers! Autrefois elle rehaussait ma qualité de che- « valier quand sa laine, neuve encore, brillait de tout son lustre, quand « elle était digne encore de Parthénius, mon bienfaiteur. Maintenant « elle est usée à tel point et si froide, que le dernier mendiant l'appel- « lerait une robe de neige. Ce n'est plus la toge de Parthénius : ce n'est « plus, hélas! que la toge du malheureux poëte Martial. »

Quelle vie de privations et de misères! habiter un toit qui fait eau de toutes parts! gratter et non pas cultiver un jardin sans fruits et sans ombrage! n'oser sortir de chez soi par crainte d'user sa toge, et cependant être forcé de sortir chaque jour pour saluer d'avares protecteurs, tendre la main à tous les mépris et à tous les méprisés de Rome! aller saluer Paullus l'usurier, qui demeure aux Esquilies, et après avoir péniblement franchi la plaine de Suburra, entendre le portier s'écrier : *Mon maître est absent!* attendre avec l'impatience d'un mendiant les Saturnales, époque de fêtes et de largesses, et recevoir pour tout cadeau, de l'opulent Antoine, une douzaine de tablettes, sept cure-dents, une éponge, une nappe, un gobelet, un demi-boisseau de fèves, un panier d'olives du Picénum, une bouteille de lait de Latamia, de petites prunes de Syrie et des figues blanches de Damas, le tout valant bien trente sesterces, et porté magnifiquement par trente Syriens de haute stature! Bien plus; ne rien recevoir de Sextus, mon vieil ami, parce que l'an passé, à pareil jour, je n'ai pas été assez riche pour lui rendre l'équivalent de son manteau d'étoffe grossière! écrire en tremblant à Régulus ces trois vers : « Je n'ai pas une obole; je n'ai plus « d'autre ressource, Régulus, que de vendre les présents que j'ai reçus « de vous : les voulez-vous acheter ? » Cinq jours après, tant c'est une triste chose que la misère, j'écrivais à Cérellius : « Tu ne m'as rien « donné pour le petit cadeau que je t'ai fait, et pourtant déjà se sont « écoulés cinq jours des calendes. Je n'ai pas même reçu de toi un scru- « pule d'argent, pas même un pot de thon d'Antibes! Trompes-en d'autres

« par de fausses paroles! » La rougeur me monte au front à ces souvenirs.

Dans mes bons jours, quand j'avais une toge à demi neuve et de quoi vivre pour un mois, j'étais le plus heureux des hommes; car il fallait bien peu pour vivre à ce célèbre et redouté Martial. Je quittais Rome, où le temps va si vite : alors j'avais un peu de bonheur; alors plus de clients à visiter le matin, plus d'avocats à entendre à midi, plus de vers à lire le soir; j'étais mon maître. Au point du jour, j'adressais ma prière aux dieux domestiques, je me promenais dans mon petit champ, je lisais les vers de Virgile, ou bien j'invoquais Apollon pour mon propre compte; après quoi je frottais mes membres d'une huile bienfaisante et je me livrais à quelque exercice du corps, le cœur gai, sans songer à l'argent. Le soir venu, pendant que ma petite lampe jetait sur mes livres une douce clarté, j'écrivais lentement sous l'inspiration des muses de la nuit. Là j'étais véritablement mon maître; je redevenais un homme; j'osais chanter la liberté romaine, mon vieil amour; je célébrais tous les grands hommes de la république, le vieux Caton, le vieux Brutus, tous les héros de cette Rome qui n'était plus; j'écrivais à Juvénal, le maître de la satire romaine, et je lui envoyais les pâles fleurs de mon jardin. Quelquefois aussi, tout à l'amour, je célébrais les belles et jeunes femmes qui avaient daigné sourire à ma poésie, fille de l'amour; quelquefois encore, tout à l'amitié, je me reposais de mon métier de parasite, et, chose incroyable! j'invitais mes amis à dîner : « Si vous êtes condamnés, leur disais-je, à dîner chez vous, venez plutôt jeuner avec votre ami Martial. Vous ne manquerez guère chez moi, vous les joyeux convives, ni de laitues communes de Cappadoce, ni de porreaux à l'odeur forte; on vous servira le thon caché sous des œufs coupés par tranches, un chou vert bien tendre et cueilli le matin même, du boudin sur une saucisse blanche comme la neige, des fèves au lard. Pour le second service, vous aurez des raisins secs, des poires de Syrie, des châtaignes de Naples, et même des grives rôties à petit feu. Le vin sera bon à force d'en boire. On pourra aussi vous offrir des olives et des pois chauds. Modeste repas, mais heureux, car il n'y aura avec nous ni contrainte, ni esclaves, ni parasites, ni flatteurs. Vous n'aurez pas à supporter les insolences et les petits vers du maître de la maison; de lascives Espagnoles ne viendront point, à la fin du repas, vous fatiguer de leurs danses obscènes. Venez, amis : ma belle Claudia vous précédera aux sons de la flûte de Condylus; elle sera la reine du festin! »

C'étaient là mes plaisirs. Hélas! dieux tout-puissants! je n'aurais pas demandé d'autre vie, j'aurais été à bon marché un homme heureux et un poëte indépendant. Selon moi, un patrimoine héréditaire, un champ qui nourrit son maître, une vie assurée, point de procès, peu de clients, un esprit tranquille, le repos, la santé, la prudence, des amis qui sont nos égaux, des repas sans faste, des nuits sans soucis, une couche à la fois chaste et agréable, un sommeil qui dure autant que la nuit, attendre la mort sans la désirer ni la craindre, voilà le bonheur.

Je raconterai plus tard la seconde partie de ma vie poétique, quand Domitien fut mort. — Maintenant, holà! c'est assez. Holà! mon livre, nous voici parvenus au bas de la page : déjà le lecteur s'impatiente et se lasse ; le copiste lui-même en dit autant. — Holà! arrêtons-nous! holà, mon livre!

Avant de vous raconter cette partie de ma vie, je sais que j'ai à me justifier de trois années d'une paresse opiniâtre, et d'autant plus que maintenant je n'ai même pas le droit d'accuser les bruits, les tumultes et les frivoles occupations de Rome. Comment donc me justifier d'avoir été ainsi oisif dans cette complète solitude de la province où l'étude est la seule ressource de mon esprit, la seule consolation de mon cœur? Hélas! dans cette heureuse retraite je cherche en vain les oreilles délicates que je trouvais à Rome : il me semble que je parle à des barbares. En effet, s'il y a dans mes livres quelque peu de cette délicatesse ingénieuse qui distingue les grands poëtes, je le dois à mes auditeurs. O Rome! Rome ingrate, détestée, et que je regrette, où es-tu? où est ton esprit si vif, ton jugement si fin, ton goût exercé? où sont ces bibliothèques, ces théâtres, ces réunions d'heureux oisifs où l'on ne sent de l'étude que les plaisirs? Vive la pauvreté servie ainsi par toutes ces intelligences d'élite! vive le génie favorisé par de tels auditeurs! Dans cette province reculée où je suis riche et considéré de tous, heureux près d'une belle femme que j'aime, possesseur d'une maison et de beaux jardins, entouré d'une bibliothèque de chefs-d'œuvre, je me prends à regretter parfois mes misères à Rome, ma solitude à Rome, mes folles amours à Rome, ma vie de parasite, de flatteur, de mendiant, mais à Rome. Hélas! que j'ai pitié souvent de mon abondance présente! que cette fortune me pèse, entouré comme je suis de cette servitude de province et de toutes les jalousies mesquines de mon municipe! Non, loin de Rome point de génie! Rome, déesse des nations et du monde, Rome que rien n'égale, dont rien n'approche, tu seras toujours mon amour! Rome, où le pauvre ne peut ni penser ni dormir, tu seras toujours le regret du riche Martial! Que de fois cependant, quand j'étais perdu dans ce tourbillon de plaisirs, de pensées et d'affaires, ai-je maudit ce grand bruit sans fin et sans cesse qui se faisait à mon esprit et à mes oreilles! Comment faire de la poésie, m'écriais-je, avec les maîtres d'école le matin, les boulangers la nuit, les batteurs d'or tout le jour? Ici un changeur fait sonner sur son comptoir les pièces marquées au coin de Néron; là un batteur de chanvre brise à coups de fléau le lin que nous fournit l'Espagne; plus loin, le prêtre de Bellone, ivre de fureur, se heurte contre le vil Juif instruit par son père à mendier. Qui voudrait compter à Rome les heures perdues pour le sommeil, pourrait compter combien de mains agitent les bassins de cuivre qui doivent détacher les astres du ciel. Et pourtant, ô Rome bruyante, et cruelle, et sans pitié pour les poëtes, ton poëte Martial, à qui tu refusais du pain et une toge; ne peut s'empêcher de te pleurer. Depuis trois ans qu'il a quitté sa misère poétique pour la fortune, il n'a pas osé invoquer une seule fois cette muse souriante et déguenillée qui ne lui faisait jamais faute dans sa maison sans toit et sans ombrage. Recevez donc ce nouveau livre de mes souvenirs comme il a été écrit et pensé, c'est-à-dire style et pensées de la province, livre romain, non pas seulement écrit en Espagne, mais, j'en ai peur, un livre espagnol. Pauvre malheureux écrivain que je suis! les temps sont bien changés pour mon esprit! autrefois j'envoyais mes livres de Rome chez les autres peuples, maintenant je les envoie des bords du Tage à Rome. Et cependant, va, mon livre! Malgré la distance qui te sépare de la ville, tu ne passeras pas pour un nouveau venu ni pour un étranger dans la cité de Romulus, où tu comptes déjà tant de frères. Va, tu as le droit de cité romaine; frappe hardiment au palais neuf, où leur temple vient d'être rendu au chœur sacré des Muses; ou bien encore, gagne d'un pied léger le quartier de Suburra. Là s'élève le riche palais d'un consul, mon ami, l'éloquent Stella, qui couronne ses pénates du laurier poétique, qui plonge ses lèvres dans l'eau limpide de Castalie. Protégé par Stella, le peuple, les sénateurs et les chevaliers te liront sans peine. Puissent-ils, comme autrefois, dès les premières lignes s'écrier : *Vivat! voilà un livre de Martial!*

Où en étais-je resté à la première partie de cette auto-biographie qu'on pourrait appeler (mais tant de hardiesse n'est pas faite pour nous) *les Commentaires de Martial?* A coup sûr, et en quelque endroit que j'en sois resté, je suis resté à quelque humiliation et à quelques misères.

Même, à présent que j'y pense, je ne vous ai raconté que la plus petite moitié de mes souffrances. Qu'ai-je fait, et quelles imperceptibles misères vous ai-je racontées! Il s'agissait bien, ma foi! de l'avarice de Tulla, empoisonnant d'un vin frelaté le vin pur de la Campanie; des quatre dents de la vieille Elia, qui m'en crachait deux au visage; de l'ivrognerie de Sextilianus dans les cabarets les plus diffamés, des plagiats de Fidentinus, de la maîtresse de Régulus, du petit chien de Mummia, de Fescennina la buveuse, du ventre affamé de Nomencianus, de la voix d'Églé, rauque tant qu'Églé fut jeune et belle, et qui est redevenue douce et flûtée! Non, non, ce n'est pas là toute ma vie; il est impossible que tout l'esprit et tout le cœur que les Dieux m'avaient donnés se soient usés uniquement à ces petits commérages, l'amusement des riches et des sénateurs de Rome. Non certes, Martial le poëte, qui admirait avec passion Horace et Virgile, qui se prosternait devant le génie de Lucain, tué par Néron, qui fut l'ami du grave satirique Juvénal, Martial n'a pu perdre ainsi son génie à creuser un grand trou parmi les roseaux pour proclamer les oreilles du roi Midas. Patience! patience! laissons de côté mes commencements misérables; laissez-moi chercher dans ma vie quelques belles poésies sans fiel. Par exemple, n'ai-je pas fait de beaux vers sur Aria et Pœtus, ce grand courage conjugal qui échappe à la tyrannie par la mort? n'ai-je pas chargé Marc-Antoine d'une exécration bien méritée, lui qui avait permis le meurtre de Cicéron? n'ai-je pas eu de douces larmes pour les fils de Pompée, ce héros dispersé dans tout l'univers? Qui mieux que moi a loué Quintilien, le suprême modérateur de la fougueuse jeunesse, la gloire de la toge romaine? qui donc, sinon moi, a révélé le charmant esprit de Cassius Rufus, qui eût pu être le rival de Phèdre et qui s'est contenté de rire tout bas de la méchanceté des hommes? Pas une gloire sincère que je n'aie dignement célébrée: le premier j'ai loué Perse de sa sobriété, en reconnaissant que j'avais contre ma gloire le grand nombre de mes vers; quand Othon l'empereur se perça de son épée pour terminer la guerre civile, j'oubliai sa vie pour ne me souvenir que de sa mort, aussi belle et plus utile que la mort de César; j'ai chanté Maximus Césonius, l'ami de l'éloquent Sénèque, qui a osé braver la fureur d'un despote insensé; dans un distique devenu célèbre j'ai proclamé Salluste, et bien peu m'ont démenti, le premier parmi les historiens de Rome; Silius Italicus, d'une vie si modeste, le disciple de Cicéron et de Virgile tour à tour, l'homme du barreau et du Mont-Sacré, a sa place dans mes vers. Pas un grand nom n'a été oublié dans ma louange, jamais la pâle envie n'a approché de mon cœur; tous mes contemporains qui ont eu du génie ou de la vertu, je les salue avec respect : Rabirius l'architecte, Céler le préteur, Silius le consul, Nerva l'orateur, Catinus l'honneur de la science, Agathinus le vaillant soldat, Marcellinus vainqueur des Gètes. Jamais je n'ai manqué d'envoyer à Pline le Jeune mes livres d'épigrammes. « Reçois mes vers, lui disais-je. Ils ne sont ni assez savants ni assez « graves pour toi; mais je fais des vœux pour qu'ils tombent en tes « mains à l'heure où, délivré de ces travaux qu'attendent les siècles à « venir, s'allume pour toi la lampe des festins, à l'heure où la rose « couronne tous les fronts, où les cheveux se couvrent de parfums, où « Caton lui-même sentait le besoin d'un vin pur. » Moi j'ai célébré Varus au tombeau, Apollinaris dans sa retraite, sur le doux rivage de Formies. Heureuse retraite, qui n'a pas son égale à Tibur, à Tusculum, à Préneste! Il y avait à Rome un charmant poëte féminin, Sulpicia, poëte chaste et malin, à qui j'ai rendu hommage. Cette charmante femme, loin de sacrifier aux muses modernes, pleines de sang et de terreurs, enseignait les jeux badins, les chastes amours. Je l'ai surnommée *l'Egérie de la poésie*, et le nom lui en est resté. C'est moi qui ai composé l'épitaphe du comédien Pâris, les délices de Rome, la fine plaisanterie venue des bords du Nil, l'art et la grâce, la folie et la volupté, l'honneur et les regrets du théâtre romain.

Ainsi donc on ne peut pas dire : *Le jaloux Martial! l'envieux Martial!* Même on ne peut pas dire : *Le méchant Martial!* Parce que j'ai été un des maîtres de l'épigramme, parce que j'ai stigmatisé tant que j'ai pu les envieux et les méchants, parce que j'ai jeté à pleines mains le ridicule autour de moi, parce que j'ai eu faim et que j'ai eu froid, parce que j'ai vécu dans l'abandon, parce que j'ai été un parasite à la table des grands, ce n'est pas à dire que je n'aie pas aimé, que je n'aie pas été aimé dans ma vie; au contraire, les plus charmants poëtes de cet âge et les plus populaires, Ovide et Tibulle, n'ont pas eu plus d'amis célèbres et plus de belles maîtresses que Martial. L'esprit est une grande puissance : il sert aux hommes de beauté, de jeunesse, de fortune; il remplace la naissance, il remplace toutes choses. A ces causes, j'ai été recherché dans les meilleures maisons romaines, j'ai été l'ami des plus illustres familles; les plus jolies femmes de Rome ont tenu à honneur de courber leur front poli sous le tendre baiser de Martial. A quoi servirait donc la poésie si elle n'apportait qu'humilia-

tion sans fin, misère sans remède, isolement sans espérance? Je n'en finirais pas si je voulais dire ceux et celles qui m'ont aimé ; et d'ailleurs, parmi ces dernières, tendres cœurs qui ont eu pitié de moi, il en est que je ne puis nommer. Les dieux me préservent de l'exil d'Ovide! Mais ceux que j'ai aimés, je sais leur nom, et je les ai mis dans mes vers, afin que dans mes vers il y eût place pour l'amitié aussi bien que pour la gloire. J'ai eu pour ami Vinatius, mon esclave, et, comme il était près de mourir, je l'ai affranchi, lui donnant ainsi la liberté, le plus grand don que je pouvais lui faire. J'ai été l'ami de Faustinus, et je n'ai envié ni sa maison de Baïes, située dans cette vallée profonde où mugissent les taureaux indomptés, ni son jardin d'une facile culture, ni ses vieux arbres, abri impénétrable contre le soleil. J'ai préféré Posthumus aux Pison, descendants des amis d'Horace : il était pauvre alors, et je partageais avec lui ce *pauvre rien* du pauvre Codrus dont il est parlé dans les satires de Juvénal. Depuis ce temps, Posthumus a fait sa fortune ; aussitôt il oublia notre amitié, dont je me souvenais toujours. Je lui écrivis alors : « Posthumus, tu étais pauvre et simple
« chevalier, mais pour moi tu valais un consul. Avec toi j'ai passé
« trente hivers ; nous n'avions qu'un lit, nous le partagions ensemble.
« A présent, au faîte des honneurs, riche, heureux, tu es riche, honoré,
« heureux tout seul. Quand tu seras redevenu pauvre, tu me retrouve-
« ras ton ami! » J'ai été l'ami de Colinus, l'aimable esprit, qui méritait d'atteindre au chêne du Capitole; j'ai été l'ami de Lucius, mon compatriote des bords du Tage, et je lui disais : « Ami Lucius, mon
« frère Lucius, laissons aux poëtes grecs le soin de chanter Thèbes ou
« Mycène : nous, enfants de l'Ibérie, ne reculons pas devant les noms
« quelque peu durs de notre terre natale! Parlons de Bilbilis remplie
« de fer ; de Platea, fournaise ardente; du Xalon, où se trempent les
« armes des guerriers; de Tudela et Rixamare, qu'embellissent la mu-
« sique et les danses; de Cuarditi la gourmande et la dansante; de
« Pelvère, touffu bosquet de roses; de Rigas, où nos aïeux avaient un
« théâtre dont nous n'avons que les ruines ; de Silas, du lac de Tur-
« gente, de Petusia, et des ondes pures de Véronina, et du bocage sa-
« cré où croissent les yeuses; du Baradon, que le voyageur le plus
« paresseux traverse à pied comme une promenade; et enfin de la
« plaine recourbée de Mulinena, que Manlius féconde avec ses tau-
« reaux vigoureux. » Avouez que c'était là un ingénieux tour de force, faire entrer ces noms barbares dans l'oreille attique des Romains!

Ce Martial si méchant, que de fois il a suivi en pleurant le deuil de ses amis! (Hélas! tout le monde les a oubliés, excepté lui.) J'ai consolé, autant que des vers partis du cœur peuvent consoler, cette grande dame romaine, Nigerina, qui fit par ses vertus l'oraison funèbre de son mari. Je n'ai pas laissé passer un jour de ma vie sans visiter mon cousin Jules Martial : « Oh! lui disais-je souvent, cher Martial, que ne « puis-je jouir en paix du reste de mes jours, disposer à mon gré de « mes loisirs, et me servir de la vie en homme sage et libre! Nous « irions vivre, toi et moi, loin des antichambres, loin des grands, loin « des procès, mais non pas loin de Rome. Les promenades, la conver- « sation, la lecture, le Champ-de-Mars, le Portique, les eaux limpides, « les thermes, voilà les lieux, les travaux qui nous plairaient! Mais « hélas! qui peut vivre pour soi et pour ses amis? Nos beaux jours « s'enfuient, inutilement prodigués; jours perdus, et que cependant « le Temps nous compte. »

J'ai bien aimé aussi une jeune femme, Julia, créature plus douce que le dernier chant du cygne, plus tendre que les agneaux du Galèse, plus blanche que les perles de la mer Erythrée. Les femmes qui habitent les bords du Rhin n'ont pas une plus longue chevelure; elle avait l'haleine suave des roses de Pestum; de sa peau s'exhalaient les vapeurs du safran qu'une main brûlante a froissé. Elle est morte, et pendant que son mari comptait les deux cent mille sesterces dont il héritait, je m'écriais : « Plus d'amour, plus de joie, plus de fêtes, plus de bonheur pour toi, Martial! »

Que j'en ai vu mourir ainsi, les plus beaux et les plus belles! Saloninus, ombre irréprochable; Claudius, l'affranchi de Mélior, les regrets de Rome entière, enseveli sur la voie Flaminia, esprit vif, pudeur innocente, rare beauté; le jeune Eutichus, misérablement noyé dans le lac Lucrin, ou plutôt emporté par des Naïades amoureuses.

J'ai adressé un de mes livres à l'un des plus élégants patriciens de la ville, mon ami Rufus Comonius, qui s'en fut chercher en Cappadoce les cendres de son père. Un de mes plus chers familiers était Paullus; je lui envoyai ces vers aux calendes de décembre : « Cher Paullus, que « ce mois de décembre te soit propice! puisses-tu être à l'abri des ta- « blettes à trois feuillets, des serviettes écourtées, de l'encens falsifié, « et autres présents insolents et avares! Que les trépieds et les coupes « d'or remplissent ta maison! Puisses-tu gagner aux échecs Publius et « Novius, et ne pas trouver de maître à la joute! Cependant, si tu en-

« tends quelque méchant m'appeler un envieux, donne-lui un démenti
« à haute voix ! »

Rome entière a pleuré par mes vers le petit Urbillus; il lui fallait
encore trois mois pour avoir trois ans. J'ai eu pour voisin un vieillard
nommé Titulus, dont j'aurais été l'héritier si j'eusse voulu me faire son
complaisant et son flatteur; mais, loin de là, je lui disais : « Il en est
« temps, misérable Titulus, jouis de la vie! Quoi donc! la mort ap-
« proche, et tu fais encore de l'ambition! courtisan assidu, il n'y a pas
« de seuil que tu ne fatigues! chaque matin tu as déjà parcouru les
« trois tribunaux à l'heure où les chevaliers prennent place! Tu rôdes
« comme une ombre en peine autour du temple de Mars et du colosse
« d'Auguste pendant la troisième et la cinquième heure! Prends,
« amasse, emporte, possède : il te faudra quitter tout cela. De quelque
« éclat que brille ton coffre-fort gorgé d'écus, quelque chargé que soit
« ton livre d'échéances, ton héritier jurera que tu es mort insolvable,
« et, tandis que s'élèvera ton bûcher de papier, sur le grabat où repo-
« sera ton corps ton héritier boira les vins de ta cave! » Titulus mourut assassiné par des voleurs, et je ne fus pas son héritier.

Que j'étais fier de la grâce et de la beauté de Liber! « Jeune homme,
« lui disais-je, parfume ta brillante chevelure avec l'anémone d'Assy-
« rie, charge ton front de guirlandes de fleurs, que le vieux falerne
« remplisse ta coupe de cristal! » Quand Stella donna au peuple ces
jeux magnifiques dont le peuple, tout ingrat et tout frivole qu'il est,
se souvient encore, j'entonnai les honneurs de Stella : « Stella ne se
« trouve jamais quitte avec le peuple; ni l'or de l'Hermus ni l'or du
« Tage ne suffisent à sa main prodigue : il jette au peuple une pluie de
« médailles, il lui livre les animaux les plus rares, les oiseaux les plus
« magnifiques! » L'éloquent Salominus ayant placé dans sa bibliothèque
mon portrait entre le portrait d'Ovide et celui de Gallus, je lui envoyai
deux vers où je disais, ce que je pense, que l'amitié vaut mieux que la
gloire. Interrogez Pistor : il vous dira toute la modération honnête et
calme de mes vœux : « O Pistor! laissons aux pauvres riches ces amas
« d'esclaves, ces charrues sans nombre, ces lits surchargés de réson-
« nantes lames d'or. Qu'on nous donne, à nous, un vase de cristal tou-
« jours plein d'une liqueur généreuse, et prenne qui voudra le reste!
« A quoi bon cette litière entourée de clients affamés? Si j'étais riche,
« sais-tu à quoi j'emploierais ma fortune, ami Pistor? à donner et à
« bâtir. » Un jour, Priscus me demandait quel est le meilleur des re-

pas : « Celui, répondis-je, où vous trouvez un ami et pas un joueur de « flûte. » Un autre jour c'était Mamurra qui me consultait sur ses lectures. Le bon jeune homme n'aimait à lire que les vers sanglants, le meurtre et le poison lui plaisaient avant toutes choses ; c'était de son âge : OEdipe, Thyeste, Scylla, tels étaient ses héros, telles ses héroïnes. « Allons, lui dis-je, laisse là ces fables. Que te fait l'enlèvement d'Hy- « las ! que veux-tu tirer du sommeil d'Endymion et de la chute d'Icare? « Nous sommes au temps des études sérieuses : renonce aux fables « frivoles, et lis les histoires. » En effet, notez-le bien, si cette époque de décadence se manifeste à l'avenir, ce sera surtout par l'histoire ; les poëtes qui auront joué comme j'ai fait avec les révolutions qui passent et les monuments qui tombent, la postérité les traitera mal. Fou que j'étais! le conseil que je donnais à Mamurra, pourquoi donc ne l'ai-je pas suivi?

Ont encore été mes amis, et mes amis dévoués, et dont je suis fier, Antonius Primus, le noble vieillard, qui, à sa quinzième olympiade, vivait encore pour la vertu. Il me donna son portrait, entouré de roses et de violettes, quand il était dans la force de l'âge. Quel chef-d'œuvre c'eût été là, si le peintre avait pu représenter les qualités du cœur aussi bien que la beauté du visage! Frontinus, l'heureux propriétaire de cette villa d'Anxur bâtie sur la mer ; Restitutus l'avocat, le défenseur des misérables, le père de l'orphelin, le vengeur des vierges déshonorées ; Flaccus encore.... Mais j'ai renoncé à un ami dont j'ai vu la femme avaler chez moi, à elle seule, six tasses de saumure, deux tranches de thon, un petit lézard d'eau, six harengs servis sur un plat rouge, et du vin à l'avenant. Chrestillus.... Mais celui-là aimait trop les vieux mots du vieux langage, dont Salluste lui-même, malgré son génie, a trop usé.

Parmi les belles Romaines, Italiennes de Rome ou Barbares de nos provinces, il en est que j'ai bien aimées! Telesitha, par exemple, la danseuse de Cadix, si habile à peindre la volupté au bruit des castagnettes de la Bétique; Lesbie, impudente autant que jolie; Lycoris, avare autant que la Cynnara d'Horace, et aussi désintéressée envers moi que Cynnara le fut pour Horace; Claudicis, née sur les côtes de la Bretagne; mais elle avait toute l'âme des filles du Latium, et en même temps que de beauté dans sa personne! (Les femmes de l'Italie la prenaient pour une Romaine, les femmes de l'Attique pour une Athénienne.) Cerellia, morte dans les flots de Bauli à Baïes ; Gellia la courtisane, beauté qui descendait des vieux Brutus, ô honte! — Voilà, dites-vous, bien des amours, Martial! Mais Ovide, Horace, Tibulle, Catulle, ont fait ainsi. Eh! qui ne sait les noms charmants de leurs amours? L'amour est la vie et la gloire du poëte! Quand j'étais jeune, je voulais que ma maîtresse eût vingt ans, de belles dents, un frais sourire, de longs cheveux; qu'elle fût parée, éclatante. Je renvoyai une fois à Flaccus sa chanteuse Livie qu'il m'avait adressée, avec ce petit billet: « Je ne veux pas, Flaccus, d'une maîtresse efflanquée, à « qui mes bagues pourraient servir de bracelets, qui me poignarde de « ses genoux, et dont l'échine est dentelée comme une scie. Je ne veux « pas davantage d'une maîtresse qui pèserait un millier : j'aime la chair, « non la graisse...»

Maintenant, que j'ai parlé de mes amitiés et de mes amours, me sera-t-il permis de parler aussi de mes ouvrages? Je sais que j'ai bien à les défendre : ils ont été attaqués en même temps par de très-honnêtes gens et par les plus vils des hommes; les Zoïles de mon temps ne m'ont pas laissé de relâche, tant ils avaient le désir de voir leurs noms fangeux écrits dans mes vers. J'ai refusé de répondre aux Zoïles, je dois répondre aux honnêtes gens. Les reproches que me font ceux-là sont de plusieurs sortes, mais ils ne sont pas sans réplique. Les uns trouvent mes vers trop libres : On ne peut pas, disent-ils, les lire dans une école. Il est vrai que mes vers ne sont pas faits pour les écoles ; ce sont des vers enjoués, qui, pour plaire, ont besoin d'une pointe tant soit peu grivoise. D'autres se récrient que souvent mon vers mord jusqu'au sang, et fait une blessure cruelle : mais qui dit épigramme ne dit pas une fade louange. L'épigramme est déjà bien assez difficile à écrire, sans vouloir lui ôter sa méchanceté piquante. Dans mon esprit, je mets le faiseur d'épigrammes bien avant le faiseur de tragédies : celui qui écrit une tragédie a toute liberté d'expliquer son œuvre à l'aide d'un prologue ou d'un récit; il faut que l'épigramme s'explique en peu de mots, et souvent en un seul; la tragédie aime l'enflure et les manteaux extravagants; l'épigramme est simple et nue; la foule admire les illustres tragédies, mais elle sait par cœur les bonnes épigrammes. Quelques-uns me reprochent d'être badin et rieur, et de ne jamais écrire des choses sérieuses: mais, si je préfère aux choses sérieuses celles qui amusent, c'est ta faute, ami lecteur, toi qui lis et qui chantes mes vers dans toutes les rues de la ville. Ah! tu ne sais pas ce qu'elle me coûte cette popularité poétique! car si j'avais voulu me poser comme le défenseur de tous les opprimés dans le temple du dieu qui tient la faux et le tonnerre, si j'avais voulu vendre mon éloquence et mon esprit aux accusés tremblants, mes celliers seraient remplis de vin d'Espagne, ma toge serait brodée en or. Un pauvre homme qui fait des livres ne peut attendre tout au plus pour son salaire qu'une place à quelque bonne table. Laissons donc aboyer les détracteurs, chiens enragés qui me déchirent de leurs morsures, et dont le nom doit mourir inconnu. Les idiots! ils attaquent vers par vers, et comme s'il s'agissait du poëme de Lucain, des bagatelles qui ont eu le bonheur de plaire aux plus éloquents orateurs du barreau, de petits livres que Silius place avec honneur dans sa bibliothèque, des vers que citent Régulus et Sierra! D'autres critiques plus indulgents m'ont reproché mes épigrammes en vers hexamètres : j'avoue qu'une épigramme qui marche sur tant de pieds est un peu lente; mais on est libre de ne pas lire mes vers hexamètres. Plus d'une fois, sensible aux encouragements de ceux qui me disaient : *Travaille, Martial! accomplis des poëmes de longue haleine, Martial!* j'ai voulu m'élever dans une autre sphère; mais bientôt ma muse facile, secouant autour de moi les parfums enivrants de sa chevelure, me disait d'une voix qui chante : — Ingrat! peux-tu bien renoncer à notre charmant badinage! Où trouveras-tu donc un meilleur emploi de nos loisirs? Quoi! tu voudrais échanger le brodequin contre le cothurne, ou bien chanter la guerre et ses fureurs en vers ronflants, pour qu'un pédant enroué fasse de toi la haine des petites filles et la terreur des petits garçons obligés d'apprendre tes poëmes par cœur! Abandonne ces tristes labeurs à ces écrivains tristes et sobres qui passent leurs nuits à la clarté douteuse de la lampe. Pour toi, continue de répandre dans tes écrits les grâces du sel romain; reste toujours le peintre fidèle des mœurs de ton siècle. Qu'importe que tes chants s'échappent d'un simple chalumeau, si le chalumeau l'emporte sur les trompettes?

Oui, ma muse a raison : restons le poëte des jeunes gens fougueux, des belles femmes galantes, des esprits rieurs, des élégants de Rome; flattons tour à tour la beauté et la jeunesse, et narguons les censeurs! D'ailleurs, mes différents livres d'épigrammes ne se ressemblent guère : ce n'est pas seulement aux oisifs de la ville et aux oreilles inoccupées que s'adressent mes écrits; ils sont lus aussi par l'austère centurion que Mars réunit sous les drapeaux au milieu des glaces de la Gétie; les Bretons récitent mes vers; j'en ai fait que la femme de Caton elle-même et les austères Sabines pourraient lire sans rougir. Mon vers est tour à tour enjoué et sévère, triste et rieur, plein de joie, barbouillé de lie, plein d'amour, parfumé comme Cosmus, folâtre avec les garçons, amoureux avec les jeunes filles, chantant Numa et célébrant les saturnales. Mais, croyez-le, ce ne sont pas mes mœurs que je consigne dans ces livres.

Par Jupiter et par Bacchus! j'ai écrit aussi pour nos bons bourgeois, gens peu difficiles, qui aiment avant tout le gros rire, et qui sont prêts à tout pardonner à ce prix. La poésie de Lampsaque les égaie, et dans ma main résonne l'airain qui retentit aux champs tartessiens. Combien de fois, et malgré vous, mes censeurs, vous sentirez l'aiguillon de l'amour, fussiez-vous Curius et Fabricius! Quant à Lucrèce..... Mais Lucrèce a rougi parce que Brutus était présent. Va-t'en, Brutus, Lucrèce elle-même me lira.

Mais c'est assez répondre à cette canaille déchaînée contre Martial. J'ai été toute ma vie entouré d'aboyeurs, de plagiaires; c'était mon lot de faiseur d'épigrammes, et je ne m'en plains pas : quiconque attaque doit être attaqué à son tour; seulement, il est malheureux que celui-là qui attaque avec esprit, avec courage, soit attaqué lâchement et sans esprit, et dans l'ombre. J'ai eu des ennemis si affreux qu'ils colportaient, en me les attribuant, des propos de valets, d'ignobles méchancetés, des turpitudes dignes de la bouche d'un baladin, et autres infamies dont un courtier de pots cassés ne donnerait pas la valeur d'une allumette. Affreuses intrigues qui sont retombées sur leurs tristes auteurs. Non, Rome n'a pas ajouté foi à ces calomnies dirigées contre son poëte. Le ciel préserve mes livres d'un succès si odieux! Mes livres font leur chemin au grand jour, sur les blanches ailes de la renommée! Pourquoi donc me donnerais-je tant de peines pour me faire une mauvaise réputation, quand il suffirait de mon silence pour me faire remarquer?

De mes ouvrages je ne parlerai plus. Le premier livre de mes épigrammes est tout entier consacré à des flatteries dont j'ai honte. Le second livre est enjoué et sans trop de malice. Le troisième livre, écrit dans les Gaules, a rapporté à Rome je ne sais quelle rudesse qui n'a pas déplu dans les palais de ces maîtres du monde. Dans le quatrième livre se lit cette invocation à Domitien, que je voudrais effacer avec mon sang. Le cinquième livre est le plus chaste de tous; je l'ai dédié moi-même aux jeunes filles, aux jeunes garçons, aux chastes matrones. Le sixième livre (je recommençais à redevenir un homme libre) est adressé à mon ami le plus cher, à Jules Martial. Le septième livre est tout entier consacré à des vengeances personnelles. Attaqué, il fallait me défendre; la renommée ne vient pas sans combat. Mais j'ai déjà regret à toutes les peines que je me suis données pour flageller des ennemis inconnus qui ne sont plus. Le huitième livre appartient encore à Domitien. Il fallait bien lui payer, hélas! par ma honte, cette maison sans eau, sans fruits et sans ombrage que m'avait donnée son avarice. Le livre neuvième est écrit avec un soin bien rare pour un improvisateur comme je suis. Le livre dixième, au contraire, a été dicté avec une précipitation sans exemple, et j'ai été obligé de l'écrire plusieurs fois. Quand parut le onzième livre, il eut d'abord peu de retentissement, car il vit le jour au moment où Rome entière était partagée entre deux coureurs de chars, Scarus et Incitatus. Le livre douzième a été rêvé au milieu des tièdes félicités et du pesant ennui de la province, heureux et malheureux à la fois de ma position présente, étonné et regrettant d'être riche, appelant, mais en vain, les grâces, l'esprit, l'intelligence qui m'entouraient dans mes beaux jours de poésie et de misère. Il y a encore dans mes œuvres plusieurs poésies, bien différentes de ton et d'allure, qui échappent à la critique. En un mot, on pourrait dire de mes vers ce qu'on pourrait dire des vers de tous les poëtes qui ont beaucoup écrit : quelques-uns sont de nulle valeur, il y en a un grand nombre de médiocres; mais aussi quelques-uns sont excellents. Tel est, ami lecteur, ce Martial dont le nom s'est répandu parmi le peuple et chez les nations étrangères grâce à des hendécasyllabes où la malice abonde sans dégénérer que rarement en licence. Si ma gloire te fait envie, hélas! rappelle-toi que je suis riche, que je suis marié, et que j'habite loin de Rome, dans une ville de province.

Cher Sextus, c'est à toi que j'adresse ce quatrième livre de mes *Mémoires*, qui sera aussi le dernier. Pendant que tu bats en tous sens le bruyant quartier de Suburre, pendant que, trempé de sueur, sans autre vent pour te rafraîchir que celui de ta robe, tu cours de palais en palais jusqu'au sommet de la montagne où Diane a son temple; pendant que tu vas et viens, sans prendre haleine, du grand au petit Célius, moi enfin, après tant d'années, j'ai revu ma patrie; Bilbilis m'a reçu et m'a fait campagnard, Bilbilis, orgueilleuse de son or et de son fer. Ici je cultive sans trop de peine le Botrode et Platée, noms barbares donnés aux champs celtibériens; je dors d'un admirable sommeil, qui souvent se prolonge au delà de la troisième heure, et je compense avec usure les veilles de trente années. La toge est inconnue ici, mais chaque matin un esclave attentif m'apporte l'habit préparé la veille. A peine levé, je trouve un bon feu qui me salue de sa flamme brillante, heureux foyer que ma fermière entoure d'un rempart odorant de marmites bien garnies. De jeunes serviteurs s'empressent autour de moi tout le jour. Le métayer, imberbe encore, me prie de faire abattre sa longue chevelure. A midi je vais me promener dans mes jardins. Ce bois épais, ces fontaines jaillissantes, ces épaisses treilles où la vigne entretient un frais ombrage, ce ruisseau murmurant qui promène çà et là son eau vive et capricieuse, ces vertes prairies, ces rosiers chargés de fleurs, aussi beaux que les rosiers de Pestum qui fleurissent deux fois l'année, ces légumes qui verdissent en janvier et qui ne gèlent jamais, ces rivières où nage emprisonnée l'anguille domestique, cette blanche tour habitée par de blanches colombes, tels sont les dons de Marcella ma femme; ce petit empire où je vis, où je règne, je le tiens de Marcella. Vienne Nausicaa m'offrir sa main et les jardins d'Alcinoüs, je répondrai : *J'aime mieux Marcella et ses jardins.*

Quelle fortune inexplicable! vas-tu dire, cher Sextus. Je vois d'ici ton étonnement : est-ce bien là ce même Martial si pauvre et si abandonné dont tu gourmandais la paresse! Chaque matin, à Rome, quand toi, sénateur, tu avais fait tes soixante visites, tu me retrouvais encore au lit, moi pauvre et paresseux chevalier, et tu me grondais parce que dès le point du jour je ne m'étais pas mis en quête de salutations et de baisers. Tu proposais l'exemple de ton ambition à ma paresse; mais, entre nous quelle différence, Sextus! Tu te donnais toutes ces peines pour placer un nom nouveau dans nos fastes consulaires, pour aller gouverner la Numidie ou la Cappadoce; mais moi, je te prie, à quoi bon me lever de si bonne heure? pour aller piétiner dans la boue du matin? Que m'en serait-il revenu? Qu'avais-je donc à attendre des uns et des autres? Quand ma sandale brisée me laissait pied nu au milieu de la rue, quand un orage soudain m'inondait d'un torrent de pluie, en vain aurais-je appelé à mon aide; même chez moi, je n'avais pas un esclave pour me changer d'habit. Pourquoi donc me serais-je donné toutes les peines que tu te donnais toi-même? Nos peines auraient été les mêmes, nos chances n'étaient pas égales : tu courais après une province, moi je courais tout au plus après un souper. Notre but n'était pas le même, nos chances n'étaient pas les mêmes. Je t'ai donc laissé courir après la fortune, et j'ai attendu la fortune dans mon lit.

Comment donc cette fortune m'est arrivée, je vais te le dire. Je dînais un jour chez le riche Macer; tu sais bien, ce même Macer qui, à force de donner des anneaux aux jeunes filles, finira par n'avoir plus d'anneaux. Ce Macer est un antiquaire entêté de toutes sortes de curiosités puériles, auxquelles je préfère, à te parler vrai, les vases de terre fabriqués à Sagonte. Cet impitoyable bavard entend assez bien l'ordonnance d'un dîner; mais, pendant qu'il vous raconte l'antiquité de sa vaisselle d'argent, son vin a le temps de s'éventer. — Ces gobelets, vous dit-il, ont figuré sur la table de Laomédon. Le terrible Rhésus se battit pour cette coupe avec les Lapithes; même elle a été échancrée dans le combat. Ces vases passent pour avoir appartenu au vieux Nestor, à telle enseigne, que la colombe qui sert d'anse a été usée par le pouce du roi de Pylos. Voici la tasse que le fils d'Eacus remplissait pour ses amis. Dans cette patère la belle Didon porta la santé de Bytias quand elle donna à souper au héros phrygien. — Ainsi il parlait; puis, quand vous aviez admiré ces vieilles ciselures, le maudit antiquaire vous faisait boire, dans la coupe du vieux Priam, un vin jeune comme Astyanax.

Ce jour-là, après le dîner, notre Amphitryon recevait belle et nombreuse compagnie; et pour amuser ses hôtes, fatigués de curiosités douteuses, il leur avait promis Martial : « Vous aurez Martial; Martial « vous dira des vers! Martial improvisera des distiques sur des sujets « donnés! » O honte et misère poétique! En effet, nous nous levons de table. A l'heure dite arrivent en litière tous les grands noms de Rome, et quelques belles Romaines vieilles ou jeunes, mais au regard intelligent et plein de bienveillance. Tu sais que j'excelle à ces joutes de l'esprit où le hasard, cette dixième muse, remplace les neufs Sœurs; futiles et scintillantes lueurs dont les hommes graves s'amusent comme les enfants s'amusent de leurs hochets. Ce soir-là j'étais encore plus disposé à bien faire qu'à l'ordinaire : j'étais si pauvre! ma maison tombait en ruine, ma toge était usée, mon foyer était sans feu, ma lampe sans huile, et l'huissier me menaçait pour le surlendemain. Je me dis donc à moi-même. — C'est à présent qu'il te faut être gai, enjoué, railleur, bon plaisant, mon pauvre Martial! — En effet, notre homme, me prenant par la main et me présentant à cette belle compagnie : — Voilà, dit-il, notre Martial! Proposez-lui les difficultés les plus difficiles : son vers et son esprit vous attendent de pied ferme! — On commença donc ce supplice cruel qui consiste à tirailler la poésie d'un honnête homme dans tous les sens, comme on fait d'une aune de laine pour voir si le tissu est solide et si l'étoffe ne se déchire pas.

d

Pour commencer dans les règles ce jeu misérable, on me demanda une invocation aux Muses. Pauvres Muses! invoquées comme s'il s'agissait d'entonner l'*Enéide* !

« Muses! m'écriai-je, laissez-moi perdre encore quelques feuillets
« de papyrus d'Egypte! et vous, sénateurs, faites attention, le jeu
« commence! Mon esprit et mon imagination vous serviront d'enjeu.
« Vous avez pour banquier un poëte; ma table n'est pas de celles où
« résonne le dé, qu'anime le *chien* ou le *six* : ces lignes, voilà mes
« noix; ce papier, voilà mon carnet. C'est un jeu qui ne cause pas de
« perte. » — J'ajoutai tout bas : Et pas de profit!

Aussitôt chacun me donna son mot au hasard, afin que par moi ce mot fût agréablement enfermé dans un distique. Un gourmand s'écriait : *Le poivre !* et je répondais : « Veux-tu manger à point un gras bec-
« figue? Saupoudre-le de poivre. »

Un autre s'écriait : *La fève!* Je répondais à celui-là : — « Si la fève,
« avec sa cosse pâle, écume pour toi dans un pot de terre rouge, homme
« heureux, tu peux mépriser l'invitation des riches! » Disant ces mots, je soupirais.

Venaient en même temps d'autres mots bizarres : — *la farine* — *la lentille* — *l'orge* — *le froment* — *la laitue* — *les raves* — *le bois à brûler*, — et j'avais réponse à tout :

« — Remplis tes cruches plébéiennes de *farine* bouillie, vide-les
« quelque temps après et remplis-les de vin : ton vin sera délicieux.
« — La *lentille*, présent du Nil et de Péluse, est préférable à l'orge. —
« Muletier, tu ne donneras point cette *orge* à tes discrètes mules,
« mais l'hôtelier te la fera manger. — Le *blé* moissonné en Libye est le
« meilleur. — C'était par la *laitue* que nos aïeux finissaient leurs repas :
« dites-moi pourquoi nous commençons les nôtres par la laitue? — Si
« ta maison de campagne est près de Nomentanum, n'oublie pas d'y
« porter du *bois*. » En faisant ce dernier distique, je pensais en grelottant à la maison de campagne que m'a donnée Domitien.

Cependant, en me trouvant réponse à tout, l'assemblée battait des mains : — Courage! s'écriait-on, courage, Martial! Voilà de la poésie bien jetée! voilà de l'improvisation nette et rapide! — Et l'on m'accablait de mots nouveaux, et moi je répondais toujours :

« Parlez-moi des navets d'Amiterne! honte aux navets ronds de
« Nuscia! — Honneur à l'asperge de Ravenne, à la figue de Chio qui
« porte avec elle, comme le vieux vin de Sétie, son vin et son sel! —

« Rien ne vaut les coings miellés, les dattes dorées, présent du pauvre,
« les prunes de Damas que la vieillesse a ridées et flétries, le fromage
« de Luna ou de Vélabre, imbibé de fumée. — Servez-moi la saucisse
« de Lucanie, entourée d'une bouillie blanche.—Je veux que les olives
« viennent de Picenum, les citrons des jardins de Corcyre, les sangliers
« de l'Etolie, les grenades de la Libye, les poulets du Phase, la géli-
« notte de l'Ionie, et les poules de la Numidie.— A la perdrix je préfère
« la bécasse, le surmulet à la murène, le turbot à la squille. — J'aime
« les huîtres autant que les aimait ce client de Cicéron exilé à Marseille.
« — Je ne méprise ni le goujon ni la dorade. » — Et c'est ainsi que je
consacrai toute une partie de la soirée à ces descriptions de gourmet.

Dans cette foule d'hommes sans pitié il y en eut un qui cependant ne
voulut pas me voir plus longtemps sur le chapitre de la goinfrerie : —
Martial, me dit-il, laissons là le vin et la bonne chère ; je sais bien que
si tu voulais tu parlerais jusqu'à demain, et tu nous en ferais venir l'eau
à la bouche, du vin de Setie et du vin de Fondi, du vin de Cécube qui
mûrit dans les marais, et du vin de Cyène qui resserre le ventre, du
vieux vin de Mammertin et du vin de Taragone, préférable même aux
vins de Toscane. Sans doute tu n'oublierais pas ton vinaigre de Nomentanum et le joli vin de Spolette, préférable, quand il a quelques années, au vin nouveau de Falerne ; mais laissons là le vin de Pelignum
et le vin de Spolette et le vin de Marseille : parle-nous plutôt, en l'honneur des dames, des parfums et des roses. — Alors je répondis en m'in-
clinant :

« Laisse ton argent à ton héritier ; mais ne lui laisse ni tes parfums,
« ni tes vins, ni tes roses. »

Un vieux sénateur que tu connais bien, l'avare Scévola, fendant la
foule :

— Çà, me dit-il, Martial, les calendes de janvier s'approchent :
bientôt chevaliers et sénateurs vont se parer de la robe des festins ;
l'esclave lui-même s'apprête à remuer son cornet et ses dés sans craindre que l'édile le fasse plonger dans l'eau froide ; bientôt va venir
l'heure des présents. Je te prie, Martial, de me faire des vers pour chacun des cadeaux que j'ai à faire, afin que ton vers rehausse quelque peu
la valeur de ces bagatelles. — Oui, c'est ainsi que me parlait cet avare
Scévola ; et moi, en souriant de pitié, je lui demandai ce qu'il voulait
donner.

— Mais, reprit-il, peu de chose ; par exemple, des tablettes de citronnier, des tablettes à cinq feuilles, des tablettes d'ivoire, des tablettes de parchemin, des tablettes vitelliennes, du grand papier, du papier à lettres, des coffrets de bois, des osselets, un cornet, des noix, une écritoire, des échecs, des cure-dents, des cure-oreilles, une aiguille d'or, un peigne, un savon, une ombrelle, un poignard, une petite hache, un carton, une lampe de nuit, une chandelle, une bougie, un chandelier de bois, un ballon, une perruque, une brosse à bains, un fouet, de la poudre pour les dents, une lanterne de corne ou de vessie, une flûte, des sandales, un fichu, une pie, un perroquet, un corbeau, un rossignol, des férules, un balai; que sais-je encore? tout ce qui se donne en présent dans ces jours maudits consacrés aux présents. Fais-moi des inscriptions pour toutes ces bagatelles peu coûteuses, et tu en seras bien récompensé, Martial!

Victime et témoin de l'insolence de cet homme, je fus près de me révolter et de me montrer enfin un homme, un chevalier, un poëte; mais la misère me courba encore la face contre terre. Je pris donc les tablettes qu'on me présentait, et sur autant de feuilles séparées j'écrivis des inscriptions en vers. Les vers valaient mieux que les objets ridicules qu'ils annonçaient. Si tu savais, mon ami, combien j'étais malheureux quand je prostituais ainsi ma poésie, et quel horrible métier c'était là pour moi! Mais, de grâce, épargne-moi les reproches : tu ne saurais dire sur ces bagatelles plus que je n'en dis moi-même. J'improvisai donc toutes sortes de vers : « Sur des tablettes à cinq feuilles sont
« décernés les honneurs suprêmes. — Les tablettes à trois feuilles t'an-
« noncent la visite de ta maîtresse. — Les tablettes de parchemin en-
« duites de cire te servent à corriger tes vers. — Les tablettes vitel-
« liennes t'annoncent chez tes amours. — Le grand papier est un
« présent considérable quand il vient d'un poëte. — Les coffrets de bois
« sont destinés à ceux qui n'ont pas d'or à enfermer. — On joue petit
« jeu aux osselets, — gros jeu aux dés. — Le cornet est un véritable
« compère dans les mains d'un fripon. — Le meilleur cure-dent est
« une plume. — Le savon est la beauté de la chevelure. — L'ombrelle
« vous préserve contre le soleil au théâtre. — La lampe de nuit, confi-
« dente discrète qui voit tout ce qui se fait et qui n'en dit rien.. — La
« chandelle, humble servante de la lampe. — Prends garde! le chan-
« delier de bois peut devenir chandelle. — Le ballon, jeu de vieillards.
« — La perruque vous protège contre la pommade. — La poudre den-
« tifrice est faite pour les jeunes gens qui ont des dents à eux. — Dans

« l'ivresse des festins la joueuse fait résonner la flûte de ses lèvres hu-
« mides. — Les sandales viendront d'elles-mêmes se mettre à ton pied.
« — Le perroquet te salue. — Le corbeau te demande sa proie. — Le
« rossignol pleure. — La pie chante. — Les balais de palmier sont faits
« pour des parquets d'ivoire. — La vaisselle d'Antium servait à Por-
« senna. — Ce bassin vient du fond de la Bretagne. — Les coupes de
« Sorrente sont légères. — Dans un pot de cette terre, Frontin, le maî-
« tre de Marc-Aurèle, buvait son eau. — Ton esclave peut briser sans
« craindre le fouet ces coupes de Sagonte. — Memphis t'envoie cette
« robe de chambre brodée. »

Quand j'eus achevé ce travail je fus accueilli par un murmure flatteur
de l'assemblée. — Très-bien dit! s'écria Scévola; Martial, voilà des
vers qui feront passer mes présents. Je t'enverrai avant peu une demi-
livre de poivre.

— Vous aviez, lui dis-je, l'habitude de me donner chaque année une
livre d'argent : je n'achète pas si cher une demi-livre de poivre.

A cette réponse, Scévola sortit en rougissant de colère, et toute l'assemblée battit des mains à Martial.

Alors l'honnête Cimber, s'approchant de moi : — Vous vous êtes
surpassé ce soir, mon ami Martial! Acceptez ce petit cachet, qui représente le jeune esclave de Brutus.

Je mis l'anneau à mon doigt, et je dis à Cimber :

— Acceptez en revanche ce distique, que j'ai fait hier pour votre tableau d'Héro et Léandre :

« L'audacieux Léandre, poussé par l'amour, s'écriait au milieu des
« flots : — Flots orageux, ne m'engloutissez qu'à mon retour ! »

— Que pensez-vous, me dit le savant Cotta, du *Moucheron* de
Virgile ?

— C'est un éclat de rire après l'*Arma virumque*, lui répondis-je.

— Et le poëme des *Grenouilles* d'Homère?

— C'est une excuse pour Martial.

J'entendis Cotta qui murmurait en souriant : — Aussi habile à parler
sérieusement qu'ingénieux à dire des riens!

Je te raconte ainsi tous les moindres détails de cette soirée, parce
que cette soirée fut la dernière heure de mes lâchetés poétiques. J'allais être enfin affranchi de cette horrible lutte contre la misère; j'allais
enfin redevenir un homme libre, grâce à cette dernière heure de ma
prostitution poétique; car, dans cette foule de gens d'esprit oisifs et de

belles femmes, qui faisaient de mon esprit un délassement futile, il y en avait une qui put à peine contenir ses larmes en me voyant exécuter ainsi, le sourire à la bouche et le désespoir dans le cœur, ces horribles tours de force. Par un bonheur incroyable, cette belle femme de tant de pitié était ma compatriote, une brune Espagnole à l'âme brûlante, née comme moi sur les rives sauvages du Xalon. Mais qui se serait douté, à la voir si calme et si tendre, que c'était là une Espagnole? Il y avait dans toute sa personne quelque chose de si exquis, de si délicat, de si reposé! A entendre la perfection de cette langue romaine qu'elle parlait dans toute sa pureté, Rome l'eût saluée comme née dans ses palais; elle n'avait son égale ni au milieu du quartier de Suburre ni près du mont Capitolin, les plus beaux quartiers de la ville. Personne plus que cette femme ne méritait d'être Romaine; mais aussi, grâce à elle, j'ai supporté sans trop d'efforts mon exil volontaire loin de Rome; seule, elle est pour moi Rome tout entière.

Le lendemain de ce triste jour je la vis entrer dans ma demeure. Sa démarche était calme, son visage était tranquille; il y avait dans son regard je ne sais quel orgueil, mêlé d'une tendre bienveillance, qui commandait l'amour et le respect. — Martial, me dit-elle en me tendant la main, mon cher compatriote, il y a longtemps que je vous aime et que je vous ai pris en pitié. Je sais par cœur toutes vos poésies, et je connais à fond toutes vos misères : vous êtes entouré d'ennemis et de flatteurs; vous êtes le jouet de l'amitié et de la gloire. Malheureux, qui avez flatté en tremblant Domitien lui-même! Infortuné et noble esprit, qui vous êtes fait le jouet des nobles et des riches! Je vous plains et je vous aime, Martial! Je me suis dit à moi-même que vous étiez perdu sans retour, si quelque honnête fortune et un cœur dévoué ne venaient à votre aide. Martial, pauvre homme! ta jeunesse s'est perdue en flatteries inutiles, ta vie se perd en méchancetés inutiles; tu as jeté aux vents et sans pitié les trésors les plus précieux de la poésie; le loisir, non le génie, t'a manqué pour être un grand poëte. Eh bien! voici que je viens à ton aide, moi qui t'aime, moi qui suis belle, moi qui suis riche! Non, il ne sera pas dit que tu sois plus malheureux que les autres poëtes de Rome, qui, dans l'égoïsme général, et privés de Mécènes, ont été inspirés ou sauvés par les femmes! Properce était aimé de Cynthie, Lycoris aimait Gallus, Tibulle s'inspirait de la belle Némésis, Catulle a dû sa renommée à Lesbie; si tu le veux, tu devras le bonheur à Marcella, ton épouse! Viens, quittons cette ville bruyante : mes belles fermes et mes vastes jardins te vont reconnaître pour leur maître. Ni les rivages de Baïes, ni les ombrages d'Anxur ne valent les rives du Xalon. Viens; dis adieu à la foule agitée, aux protecteurs ingrats, aux protégés stupides, à la maigre sportule, aux dîners mendiés dans l'antichambre; viens, renonce à cette vie agitée, pénible, misérable, mendiante, à cette maison qui fait eau de toutes parts, à ce champ stérile; viens dans ma vaste maison, qui sera la tienne; heureuse contrée où peu de chose rend heureux, où l'on est riche même avec un mince patrimoine. Ici il faut nourrir la terre : chez nous, c'est la terre qui nous engraisse; ici, le foyer sans chaleur ne réchauffe personne : chez nous, la flamme éclate bruyante, hospitalière et joyeuse; ici, la faim même est hors de prix : là-bas, les fruits de nos arbres chargeront notre table; ici, dans un seul été, tu uses plus de quatre toges : là-bas, un seul habit pourrait te suffire toute l'année. Est-ce donc la peine de faire ta cour aux grands, quand tu peux, à ton tour, avoir à ton lever des poëtes, des mendiants et des flatteurs?

Ainsi parlait Marcella. Disant ces mots, elle était si touchante et si belle! Ses deux mains étaient jointes comme si elle eût imploré de moi sa fortune, son grand œil noir était mouillé d'une seule larme, mais limpide et brillante. Moi cependant, étonné, ébloui, mais, le croiras-tu? hésitant encore, je jetais un triste regard sur ma misère et un regard attendri sur cette femme si belle qui semblait m'implorer. Étais-je bien éveillé, en effet? Ici, chez moi, à mes côtés, cette belle personne, l'honneur de l'Espagne, et en même temps ce pauvre mobilier, misérable gage de deux années de loyer que mon avare propriétaire avait négligé de saisir! Marcella assise sur ce siège impotent, triste ruine, et autour d'elle ces meubles sans forme! ce grabat à trois pieds, compagnon boiteux d'une table qui n'en avait que deux; cette lampe de corne à côté de ce cornet de corne! Sur ces planches grossières, mon maigre garde-manger de chaque jour, était étalé un fromage de Toulouse entouré d'un vieux chapelet d'aulx et d'oignons, non loin d'une moitié d'amphore qui portait un réchaud à cuire mes harengs. Seulement, ce qui relevait un peu cette misère, et ce qui lui donnait quelque chose de respectable, c'étaient quelques beaux exemplaires de mes poëtes favoris : *l'Iliade*; le poëme d'Ulysse, si fatal à l'empire de Priam; les *OEuvres de Virgile*, ornées à la première page du portrait de ce grand poëte; la *Thaïs* de Ménandre, la première histoire qui ait été écrite sur les amours des jeunes gens; un *Cicéron* sur parchemin, œuvre immense qui eût pu suffire aux plus longs voyages; les vers brûlants de Properce, non loin des histoires de Tite-Live; Salluste, l'admirable écrivain, et les vers tristes et galants du malheureux Ovide. Qui encore? Tibulle, la victime de Némésis, sa coquette maîtresse, qui l'a ruiné, mais qui lui a donné la gloire; Lucain, grand poëte tant décrié par les prétendus connaisseurs, mais si populaire, en dépit de toutes les critiques; Catulle, enfin, la gloire de Vérone, comme Virgile est la gloire de Mantoue. Tels étaient mes trésors, tels étaient mes dieux domestiques, tels étaient mes confidents assidus, tels étaient les consolateurs de ma glorieuse pauvreté!

Après quelques instants d'hésitation (hélas! je comprenais déjà confusément que ce n'est pas sans chagrin et sans péril qu'on se sépare de Rome, cette grande prostituée), je pris la main que me tendait Marcella : — Vous êtes belle et vous êtes bonne, lui dis-je, ô Marcella! Qu'il en soit fait comme vous dites! Je le veux, soyez ma femme; emmenez-moi loin de Rome; quittons, quittons la ville; retournons dans nos fertiles campagnes, sous notre beau soleil, aux bords de notre beau fleuve. Oui, c'en est fait, tu dois redevenir un homme libre, Martial! Tu seras libre, si tu t'abstiens de manger chez les autres, si le jus du raisin d'Espagne te suffit pour apaiser ta soif, si tu es assez sage pour voir d'un œil de mépris la riche vaisselle du malheureux Cinna. Oui, c'en est fait, adieu le bruit et les grandeurs! Soyez donc ma femme, Marcella. Autrefois, dans ses bontés avares et ironiques, Domitien m'a gratifié des droits d'un père de trois enfants : plaise aux dieux que nous ne perdions pas notre droit! Le présent du maître ne doit pas périr! Allons donc rejoindre nos riches Pénates. Vous serez pour moi plus que n'était Cynthie à Properce, Lycoris à Gallus : vous serez ma Pénélope, ma Cornélie, ma Julie, ma Porcia; vous serez à la fois ma Lucrèce et ma Laïs. Et vous, calendes de mars qui m'avez vu naître (jour plus aimable cent fois que les autres kalendes, et qui me valiez des présents même des jeunes filles), pour la quarante-septième fois, recevez mes libations sur vos autels! Grands dieux! ajoutez, je vous en prie, à ce nombre (si toutefois c'est pour le bien de celui qui vous le demande), deux fois neuf ans! Faites que, sans être trop alourdi par la vieillesse, après avoir parcouru les trois âges de la vie, je descende dans les bosquets de l'Élysée pour y attendre Marcella!

Telle est, cher Sextus, cette histoire de mon bonheur; il m'arriva complet, inespéré. Aussitôt que je fus décidé à quitter Rome, je n'eus point de repos que je n'eusse dit adieu à mes amis et à mes ennemis : à ceux-là un tendre embrassement, à ceux-ci une dernière épigramme. Je voulus revoir aussi les lieux qui m'étaient chers, les palais qui m'avaient abrité, les seuils ingrats qui m'avaient dédaigné, tous les lieux témoins de mes souffrances et de mes plaisirs. Ô Tibur! ô Sorrente! ô Soracte! chanté par Horace et couvert de neiges! Voilà ces fertiles coteaux que préfère Bacchus aux collines de Nisa! Naguère, sur ces montagnes, les satyres formaient les danses rapides; c'était la demeure de Vénus, plus encore que Lacédémone; Hercule a passé sur ces sommets; la flamme a tout détruit, et cependant déjà les pampres reverdissent !

Adieu, portiques! adieu, musées! adieu, bibliothèques retentissantes! adieu les bains! adieu la place publique! adieu les belles courtisanes! adieu la conversation légère, la lutte poétique! adieu le théâtre, le Cirque, le Capitole! adieu le palais de l'Empereur! adieu Rome entière! J'ai assez vécu de cette vie retentissante et agitée, mêlée de passions et d'angoisses, de succès et de revers, de consolations et de désespoirs, de bienfaits et de despotisme. Maintenant je ne serai plus le jouet du hasard et du vent qui souffle; maintenant l'inspiration me viendra à mes heures, je serai poëte à mes heures. Je dirai comme Horace : *L'indépendance est le plus précieux des biens*; et je me plongerai dans ma douce paresse. Adieu donc, ma vie passée, et même adieu la gloire! Ma gloire désormais, désormais mon bonheur, désormais ma fortune, c'est Marcella !

Je quittai Rome comme en triomphe. J'y étais arrivé pauvre, seul et nu, victime consacrée à la poésie : j'en sortais riche, et marié avec une charmante femme de cœur. Ainsi la poésie n'abandonne jamais ses enfants. Nous avons revu, Marcella et moi, heureux et ravis, ces beaux lieux de notre naissance; enfin Marcella s'est reposée des fatigues de sa beauté, et moi des fatigues de mon génie. Jamais la fière Bilbilis n'avait été plus bruyante du bruit des armes, les eaux du Caussus n'avaient jamais été plus rapides et plus fraîches; le Vadavéron sacré étendit sur nous ses épais ombrages; les Nymphes du Considus au cours paisible vinrent au-devant de nous avec un gracieux sourire. Là je vis, là je règne. L'hiver, je fais grand feu dans ma maison; l'été, je rafraîchis mon corps dans le lit peu profond du Xalon, qui durcit le fer.

Pendant les plus fortes chaleurs, je me plonge dans le Tage au sable d'or ; les eaux glacées du Dircenna et celles de Néméa, plus froides que la neige, apaisent l'ardeur de ma soif. Lorsque arrive décembre blanchi par les frimas, et que la dure saison de l'hiver fait retentir les mugissements du bruyant aquilon, Valisca, la forêt peuplée, m'offre les plaisirs de la chasse : là tombent sous mes coups les daims pris dans les souples filets et les sangliers de la contrée ; ou bien, forçant, à l'aide d'un coursier vigoureux, le cerf plein de ruses, je laisse le lièvre au fermier. La forêt voisine descend pour alimenter le feu de mon foyer, qu'entoure une troupe d'enfants pauvrement vêtus. Alors j'invite le chasseur qui passe ; et le voisin, entendant ma voix, me fait raison le verre à la main. Chez moi point de chaussure à lunule, point de toge, point de vêtement de pourpre répandant leur forte odeur ; le sale Liburnien, l'importun client et le protecteur impérieux évitent ma demeure ; nul créancier n'interrompt mon sommeil, et je puis dormir toute la grasse matinée.

Enfin ma femme est bonne et tranquille ; elle m'aime, elle admire mon esprit, et elle écoute mes vers.

Et pourtant, cher Sextus, te l'avouerai-je ? il y a des moments où tout ce bonheur me pèse. Ingrat que je suis, je calomnie ma sécurité présente, je regrette Rome et ses heureuses misères ! Par exemple, si tu savais, mon ami, quelle rencontre je fis hier !

Ne le dis à personne ; ne montre ma lettre à qui que ce soit dans cette Rome remplie de délateurs ! Il y va de ma liberté, et peut-être d'une vie plus précieuse que la mienne. Hier donc, j'étais sur le devant de ma porte, à l'ombre de ma vigne, pensant à Rome et aux poëtes de Rome, quand soudain je vis défiler devant moi une cohorte de jeunes soldats romains. A la suite de cette cohorte venait au pas un vieux centurion. Ses cheveux, blanchis par l'âge, flottaient au gré du vent sous le casque qui chargeait sa tête ; sa main vénérable avait peine à tenir une lourde épée, tout son corps en sueur pliait sous cette armure pesante ; on eût dit un homme condamné au dernier supplice. La démarche de ce vieillard était tremblante ; sa tête était noble et imposante. Arrivé devant moi, et pendant que ses soldats poursuivaient leur chemin, il s'arrêta debout, et, s'appuyant sur son épée, il déclama, en me regardant, ce vers du poëte de Mantoue qui est devenu le mot d'ordre de tous les malheureux proscrits dans ce monde romain soumis à tant de tyrannie :

> Heureux vieillard, tu conserves tes champs!

A ce vers de notre poëte, je regarde de plus près le vieux tribun. O malheur de la poésie! ô vengeances cruelles! Cet homme dont votre impitoyable empereur faisait un soldat à l'âge où tous les hommes prennent leur retraite, ce malheureux sans asile, sans amis, sans famille, qu'un despote sans cœur envoyait, à la suite de ses jeunes soldats, mourir dans sa lourde armure, dans quelque contrée lointaine voisine des glaces où Ovide expira, le croirais-tu, Sextus? c'était le plus grand, le plus illustre, le plus généreux poëte de la ville de Rome: c'était Juvénal!

A la vue de cet homme, l'honneur impérissable de notre siècle, partant pour l'exil à cet âge et dans cet appareil, je me pris à pleurer et à remercier les dieux, qui m'avaient donné, loin de Rome, *les campagnes qui me restaient.*

ÉPIGRAMMES DE MARTIAL.

PRÉFACE.

Je me flatte d'avoir gardé dans mes légères productions assez de mesure pour ne point donner le droit de s'en plaindre à quiconque n'aura rien à se reprocher ; j'ai plaisanté, mais sans manquer d'égards pour les particuliers même les plus obscurs, discrétion dont n'ont pas toujours usé nos anciens auteurs, qui n'ont pas craint d'articuler les véritables noms, et même de compromettre les plus illustres personnages. Je ne veux point arriver à la renommée par le scandale ; je préfère la réputation d'homme d'honneur à celle d'homme d'esprit ; mes plaisanteries sont innocentes ; loin d'elles toute maligne application. Je ne veux point qu'un autre aiguise mes épigrammes : c'est le fait d'un malhonnête homme que de mettre son esprit à la place de celui d'un auteur. J'essayerais de justifier les libertés d'expression que je me suis quelquefois permises, et qui sont, à proprement dire, la langue du genre épigrammatique, si, le premier, j'en donnais l'exemple ; mais c'est ainsi qu'ont écrit Catulle, Marsus, Pédon, Gœtulicus, tous ceux enfin qui ont obtenu des succès dans cette carrière. Si cependant quelqu'un affiche une telle austérité de mœurs qu'il ne permette aucune de ces libertés que comporte la franchise de la langue latine, qu'il se tienne ici pour averti, ou même, que sur le titre, il abandonne le livre. J'écris mes épigrammes pour ceux qui ne craignent point d'assister aux jeux floraux. Que Caton ne se présente point dans notre théâtre, ou, s'il s'y montre, qu'il y reste jusqu'à la fin. Je crois pouvoir terminer cet avertissement par l'épigramme suivante, qui ouvrira mon recueil.

LIVRE PREMIER.

1.

Des jeux floraux consacrés au plaisir
Tu connaissais la liberté folâtre;
Triste Caton, tu vins donc au théâtre
Uniquement pour qu'on t'en vît sortir?

2.

A SON LECTEUR.

Le voilà cet auteur qui sait pincer et rire,
    Que tu lis, que tu veux relire,
Ce Martial, connu dans l'univers
    Par le sel piquant de ses vers.
    D'un tel succès qu'il apprécie,
Il s'applaudit sous un double rapport,
    Puisqu'il jouit pendant sa vie
D'une faveur que tout poëte envie
Et qu'il obtient à peine après sa mort.

3.

OU SE VENDENT SES LIVRES.

Toi qui veux qu'à la ville ainsi qu'à la campagne,
    Partout mon livre t'accompagne
Et voyage avec toi dans de lointains climats,
   Sur tes rayons laisse les grands formats;
     Fais emplette d'un exemplaire
     Écrit en menu caractère,
Bien réduit, bien compacte, et dont le parchemin
   Tienne aisément dans une seule main.
   Pour t'éviter la fatigue inutile
   De parcourir tous les coins de la ville,
     Écoute, et dirige tes pas
Au temple de la Paix, près celui de Pallas;
   Tu te verras, après ce court voyage,
   Chez l'affranchi du docte Sécundus,
     Qui pour tes cinq deniers au plus
   S'empressera de te livrer l'ouvrage.

4.

A SON LIVRE.

Lorsqu'à te recevoir mon portefeuille est prêt,
Tu veux aller briller au quartier d'Argilet.
Livre trop imprudent; ah! tu ne connais guère
Les superbes dédains de cette Rome altière,
Ni les airs de mépris dont sa fière grandeur
Accueille les essais d'un indiscret auteur.

Crains le goût délicat dont l'extrême finesse
A, chez les fils de Mars, remplacé la rudesse :
 Nul peuple n'offre des lecteurs
 Plus dégoûtés et plus frondeurs.
Jeunes gens et vieillards, tous ont l'humeur railleuse;
Chez eux l'enfance même est plaisante et moqueuse.
 N'attends pas là d'amis, de protecteurs.
Après mille bravos, mille feintes caresses,
Quand tu t'applaudiras de leurs faveurs traîtresses,
Aux outrages sanglants, soudain abandonné,
 Par les valets tu te verras berné.
Mais quoi! las d'essuyer ratures sur ratures,
Et de voir ta gaîté mourir sous mes censures,
Au risque dans les airs de bientôt voltiger,
Tu veux, jeune étourdi, courir les aventures;
De ton obscurité je vois que tu murmures.
Eh bien donc, prends l'essor et brave le danger!
Mais chez moi tu trouvais la paix sans voyager.

5.

A CÉSAR.

César, si ce produit d'une muse légère
 Par hasard vous est présenté,
Quittez pour un instant cet air de dignité
 Qui ceint le front des maîtres de la terre.
Sans en être offensé, souvent un Général
D'un trait malin sourit sur son char triomphal.
Daignez lire mes vers avec cette indulgence
Qui d'un Mime au théâtre excuse la licence.
Loin d'un livre innocent les rigides censeurs!
Libre dans mes écrits, je suis chaste en mes mœurs.

6.

MOT DE L'EMPEREUR A MARTIAL.

Quand je donne un combat naval
Tu viens me présenter ton livre;
C'est prendre ton temps assez mal :
Dans le bassin veux-tu le suivre?

7.

COMPARAISON DE L'AIGLE DE JUPITER AVEC LE LION DE DOMITIEN.

L'aigle de Jupiter, en sa serre puissante
Enlève Ganymède aux cieux sans l'offenser.
Le lion de César, en sa gueule innocente
Tient un lièvre qui joue, et craint de le blesser.
De quel prodige ici s'étonner davantage?
    Tous deux ont un dieu pour auteur;
  De Jupiter le premier est l'ouvrage,
    L'autre, celui de l'empereur.

8.

A MAXIME.

ÉLOGE DU POÈME DE STELLA SUR UNE COLOMBE.

Stella, comme Catulle, a su par son génie
    Immortaliser un oiseau.
Mais, dût Vérone ici frémir de jalousie,

Maxime, je soutiens, en dépit de l'envie,
Qu'autant qu'une colombe efface un passereau,
Autant de mon Stella la colombe chérie
   De ton Catulle efface le moineau.

9.

ÉLOGE DES PRINCIPES DE DÉCIANUS.

Ainsi que Thraséas et le divin Caton
   Décianus du stoïque Zénon
     Suit l'austère philosophie,
  Mais non jusqu'à se jouer de la vie.
     Le sein nud il ne prétend pas
     Courir au-devant du trépas.
     J'approuve en tout point son système ;
     Mon héros, le héros que j'aime,
N'est pas celui qu'illustre une action d'éclat,
Ou qui, par une mort facile et d'apparat,
Au prix de quelques jours achète un nom célèbre :
C'est le sage Mortel dès son vivant cité
   Pour ses vertus, sa rare intégrité ;
     Qui, de l'Indus jusques à l'Ebre,
     Voit son nom chéri, respecté,
Et dont l'éloge, en tous lieux répété,
     N'est pas son éloge funèbre.

10.

CONTRE COTTA.

Tu te crois un Caton ; mais un Caton musqué
N'est en effet, Cotta, rien qu'un homme manqué.

11.

SUR GEMELLUS ET ALCINE.

Gemellus depuis quelque temps
Recherche Alcine en mariage;
Soins empressés, prières et présents,
Pour l'obtenir il met tout en usage.
— C'est donc une beauté ? — Difforme à faire peur,
Sa richesse peut seule égaler sa laideur;
Elle est vieille; de plus, maussade, acariâtre.
— Et c'est d'un tel objet qu'il se montre idolâtre
Au point d'en vouloir être époux !
Comment a-t-elle pu le séduire ? — Entre nous,
C'est par sa toux opiniâtre.

12.

SUR LE BUVEUR SEXTILIUS.

Aux spectacles, l'état concède
Dix sesterces aux chevaliers.
Sextilius, hier, de vingt deniers,
Seul, tu bus la valeur durant un intermède;
Bientôt nos échansons auraient manqué d'eau tiède,
Mais tu t'en passes volontiers.

13.

SUR RÉGULUS.

Non loin de Rome, au pied de ce coteau fleuri,
  Séjour d'Hercule, où le frais Tivoli
Voit fumer d'Albula l'eau blanche et sulfureuse,
Une plaine, un vallon des muses favori
Leur offre de son bois l'ombre silencieuse.
Là, dans la canicule, aux ardeurs du midi
  Un long et ténébreux portique
Opposait l'épaisseur de sa voûte rustique.
Mais ce vieux monument, de quel affreux malheur
  Il a failli naguère être l'auteur !
Tandis que sur son char Régulus le traverse,
Il croule, et sur les pas de l'illustre orateur,
  Sans l'offenser, en débris se disperse.
La Fortune, sans doute, en détournant ses coups,
N'osa de Rome entière affronter le courroux.
Le mal fut même un bien dans cette circonstance.
Ce danger qui n'est plus a du charme : après tout,
  L'édifice resté debout
N'eût pas si bien des Dieux marqué la providence.

14.

SUR ARRIE ET POETUS.

Arrie à son époux remettant cette épée
Que dans son propre sang elle-même a trempée :

Prends ce fer, lui dit-elle, et remplis ton devoir;
A peine j'ai senti le coup qui m'a frappée,
Mais je meurs de celui que tu vas recevoir.

15.

A CÉSAR.

Ton spectacle, César, nous offre une merveille
Dont nul cirque jamais n'avait vu la pareille.
Dans sa gueule entr'ouverte un lion caressant
Laisse un lièvre courir, jouer impunément.
D'où vient dans un lion cette humeur pacifique ?
César, il t'appartient : le prodige s'explique.

16.

A JULIUS.

O toi qu'une amitié par le temps éprouvée
    Place au premier rang dans mon cœur,
A soixante ans bientôt ta carrière arrivée
Compte bien peu de jours marqués par le bonheur.
Ne diffère donc plus, saisis ce qui t'en reste.
  Hors le passé, pour toi rien n'est certain ;
    Sais-tu si la faveur céleste
A ce jour qui te luit réserve un lendemain ?
Des peines, des chagrins, quelque accident funeste,
Peut-être de ta vie obscurciront la fin.
    Le plaisir est un météore
    Qui dans l'air brille et s'évapore ;

Il fuit pour ne plus revenir :
Hâte-toi donc de le saisir.
Serre-le bien, et crains qu'il ne t'échappe encore.
Le Sage ne dit point : Demain ! Fais comme lui,
Demain serait trop tard : vis donc dès aujourd'hui.

17.

A AVITUS.

Bon, mauvais, médiocre, ici frappent tes yeux,
Ami lecteur ; où trouveras-tu mieux ?

LA MÊME, AUTREMENT.

Du bon, du médiocre et beaucoup de mauvais,
Voilà mon livre ; ainsi tous les livres sont faits.

18.

SUR TITUS.

Titus veut qu'au Barreau je consacre mes soins ;
Plaidez ; c'est, me dit-il, une noble carrière,
Un état important, utile et nécessaire.
— Celui d'agriculteur, Titus, ne l'est pas moins.

19.

A TUCCA.

Tucca, quelle est cette manie
De mêler au Falerne adouci par les ans
   L'âpre boisson récemment recueillie
     Sur l'ingrat coteau des Toscans?
Quel mal t'a donc pu faire un nectar délectable,
Ou quel bien attends-tu d'un limon détestable?
Étrangle tes amis, soit; mais ces bons vins vieux,
Des plus mortels poisons les infecter comme eux,
C'est un assassinat, un meurtre véritable.
Tes convives peut-être ont mérité la mort :
Mais ce breuvage exquis, délices de la table,
Pour quel crime doit-il subir un pareil sort?

20.

A ÆLIA.

Quatre dents te restaient, encor pas très-entières;
Une première toux t'en a fait sauter deux;
Hier un autre accès t'emporta les dernières :
Ælia, désormais, à ton aise tu peux
Tousser impunément jour et nuit si tu veux.

21.

A COECILIEN.

Cœcilien, quelle est, dis-moi,
Cette incroyable impertinence?
Vingt convives, hier, chez toi
Sont invités pour fêter ta naissance.
Avec de vieux amis, tes anciens compagnons,
Te croyant dispensé de faire des façons,
Impudemment en leur présence
Tu dévores, toi seul, un plat de champignons.
De quel vœu devons-nous payer ce trait infâme?
Qu'on te serve, dès aujourd'hui,
Des champignons semblables à celui
Dont Claude fut jadis régalé par sa femme.

22.

SUR PORSENNA ET MUCIUS SCÆVOLA.

Le bras de Mucius dans son choix s'est trompé,
Au lieu de Porsenna l'intendant est frappé.
A l'instant, au brasier prêt pour un sacrifice
    Le héros a plongé sa main.
Le roi tremble et ne peut contempler le supplice
    Qu'ose endurer son assassin.
Cet excès d'héroïsme a désarmé son âme;
Il cesse en Mucius de voir un ennemi;

Lui-même il l'arrache à la flamme,
Et veut qu'à Rome il retourne impuni.
Mucius, ton erreur te donne un nouveau lustre;
Si ton bras n'eût failli, tu serais moins illustre.

26.

A FAUSTINUS.

Donne enfin au public tes merveilleux ouvrages,
Et cède à nos vœux, Faustinus;
Livre-nous ces écrits si longtemps attendus
Que d'Athène et de Rome applaudiront les Sages.
Cette idole en secret que tout auteur poursuit,
L'agile et prompte Renommée,
Elle frappe à ta porte, et tu la tiens fermée;
Ainsi de tes travaux tu repousses le fruit.
C'est assez différer, Faustinus; ton volume
Doit vivre avec son père et même encore après.
N'attends pas pour jouir l'instant de ton décès;
Quel bien peut faire aux morts une gloire posthume?

27.

CONTRE SEXTILIUS.

Sur les bancs où des chevaliers
L'élite au théâtre s'assemble,

Gratifié de trois deniers,
Seul, tu bois plus de vin que cinq autres ensemble;
A boire autant, en vérité,
On pourrait s'enivrer d'eau claire.
Mais, comme ton mince honoraire
N'y suffit point, de tout côté,
A droite, à gauche, et devant et derrière,
Tu tends la main; à tes emprunts
De tes voisins nul ne peut se soustraire.
Ce ne sont pas des vins communs
Que demande ta soif : il te faut du massique,
De l'opimien pur et d'un cachet antique;
Tu mets à sec nos plus riches celliers.
Crois-moi, Sextilius, avec tes trois deniers,
Si tu veux mettre au pair et dépense et recette,
Laisse là les bons vins, et bois l'aigre piquette
Que brassent les cabaretiers.

28 ET 30 DU XIIme LIVRE.

A PROCILLUS.

Hier au soir, après mainte et mainte rasade,
J'ai pu te dire : Camarade,
Demain je t'attends à souper.
Au sérieux traitant l'affaire,
Tu prends acte aussitôt d'un mot qu'à la légère
J'ai laissé peut-être échapper.
Eh quoi! dans un accès de douce confiance,
De tendre épanchement qu'inspire un long festin,
Ne puis-je donc, le verre en main,
Me permettre une inconséquence

Sans danger pour le lendemain?
Entre amis rassemblés pour s'égayer et boire,
Je n'aime pas trop de mémoire ;
Tant de sobriété ne me plaît qu'à demi :
Que mon valet soit sobre, et non pas mon ami.

29.

SUR ACERRA.

Lorsqu'Acerra vous infecte de vin,
Vous croyez que c'est de la veille :
Erreur ! Acerra boit pendant que tout sommeille,
Et ne cesse que le matin.

30.

A FIDENTINUS.

En public quelquefois quand tu lis mon ouvrage,
Tu laisses volontiers croire qu'il est le tien ;
Arrangeons-nous : Si tu me rends mon bien,
En cadeau je consens à t'en faire l'hommage ;
Sinon, achète-le ; c'est là le seul moyen
Pour qu'il cesse d'être le mien.

31.

CONTRE ROCH, LE MÉDECIN.

Roch, jadis médecin, aujourd'hui fossoyeur,
Maintenant étend dans la bière

Tous ceux qu'il étendait sur un lit de douleur;
C'est bien là, jusqu'au bout, poursuivre son affaire.

33.

A PAUL.

Paul, je ne t'aime pas. Pourquoi? je n'en sais rien :
Mais, je ne t'aime pas; c'est ce que je sais bien.

34.

SUR GELLIA.

En secret, Gellia ne pleure pas son père;
En public, un torrent jaillit de sa paupière :
L'hypocrite douleur du grand jour a besoin ;
Mais le vrai deuil gémit dans l'ombre et sans témoin.

37.

A TULLUS ET LUCAIN.

Aux jumeaux Tullus et Lucain,
Si des fils de Léda l'on offrait le destin,
Entr'eux s'établirait un débat de tendresse;
  On les verrait, pour se sacrifier,
    Se disputer le droit d'aînesse;
Celui qui chez Pluton descendrait le premier,

Heureux de quitter la lumière,
En partant dirait : O mon frère !
Aux jours que le sort t'a donnés
Joins encor ceux qui me sont destinés.

38.

A BASSA.

Dans un grand bassin d'or, sans en rougir, Valère
Dépose le produit de sa digestion ;
A table il boit simplement dans un verre :
Cette dernière fonction
Lui coûte moins que la première.

39.

A FIDENTINUS.

Les vers que tu nous lis sont de moi, j'en convien,
Mais quand tu les lis mal, je n'y prétends plus rien.

40.

ÉLOGE DE DÉCIANUS.

Parmi les citoyens de Rome,
Si je viens à parler d'un homme
Digne sans doute d'être admis
Au rang de ces fameux amis

Que l'antiquité tant renomme ;
Homme d'honneur, de probité,
Et d'une rare modestie,
Chez qui candeur, simplicité,
Au plus profond savoir s'allie ;
Observateur religieux
Des saintes lois de la justice,
Et qui jamais par avarice
En secret ne demande aux dieux
Rien dont en public il rougisse ;
Homme enfin dont la fermeté,
Plus forte que l'adversité,
Sur une grande âme s'appuie ;
A l'instant, d'après ce portrait,
Autour de moi chacun s'écrie :
C'est Décianus trait pour trait.

41.

CONTRE UN ENVIEUX.

Tu fronces le sourcil aux vers qui sont de moi,
    Et ton œil irrité les fronde ;
Sois donc, tel est ton lot, jaloux de tout le monde ;
    Mais qui jamais pourra l'être de toi ?

43.

SUR PORCIE.

Porcie, en apprenant le sort de son époux,
Cherche un poignard qu'en vain son désespoir implore :

— Amis, malgré vos soins jaloux,
Mille chemins s'offrent à nous
Pour courir au trépas; l'ignorez-vous encore?
L'exemple de mon père est-il perdu pour vous?
Du charbon allumé qu'avide elle dévore
Au moment qu'elle expire : — Eh bien! cruels amis,
Le poignard pour mourir m'était-il seul permis?

44.

CONTRE MANCINUS.

A soixante dîneurs invités à ta table,
Tu servis pour tout mets, hier, un sanglier.
Je ne vis ni raisins mûris dans le cellier,
Ni ces fruits savoureux dont le suc délectable
Au miel le plus exquis me semble préférable,
Ni la poire qu'un jonc suspend dans le fruitier,
Ni la pomme incarnate, honneur du grenadier;
Point de ces simples mets préparés au village,
De cette crème grasse ou de ce pur laitage,
Meule, cube ou cylindre épaissi dans l'osier;
De cette verte olive, en ovale allongée,
Qui vient de Picenum en barils bien rangée.
Ton sanglier vint seul. C'était un marcassin
Qu'un nain eût terrassé d'un revers de sa main;
Rien, absolument rien, ne lui servait d'escorte.
Le convive surpris attend que l'on apporte
Les mets que d'ordinaire on sert en un festin;
C'est en vain qu'il espère; il fait le rôle enfin

D'un spectateur au cirque, alors que l'on amène
Un sanglier qui doit figurer dans l'arène.
Après un tel méfait, que jamais cuisinier,
Mancinus, devant toi ne serve un sanglier;
Mais pour nous venger mieux, qu'on te serve toi-même
A celui dont la dent déchira Charidême.

48.

CONTRE ROCH, LE MÉDECIN.

Roch, jadis médecin, met en terre les morts :
Ce qu'il fait aujourd'hui, Roch le faisait alors.

50.

A LICINIEN, SUR SON DÉPART POUR L'ESPAGNE.

Toi, l'orgueil et l'amour de notre belle Espagne,
Et dont le nom toujours y doit être cité,
Tu vas donc visiter cette antique cité
Qui couronne le front d'une haute montagne,
Bilbilis, si féconde en rapides coursiers,
Et qui consacre à Mars ses bruyants ateliers;
Tu vas donc voir ce site et riant et terrible,
Le Caunus ceint de neige, et ce Vadavéron
Que ses flancs escarpés rendent inaccessible;
Et plus loin, sur un sol tapissé de gazon,
Les vergers de Botrode, et leur ombre paisible;
Le tiède Congédus et ses lacs tempérés,

Dans tous les temps aux nymphes consacrés,
Tu les traverseras doucement à la nage.
Amolli par le bain, retrempe ton courage
Dans les eaux du Xalon, où, brusquement plongé,
Le fer en dur acier à l'instant est changé.
Tout près de Voberta, la forêt giboyeuse
Te promet une chasse aisée autant qu'heureuse ;
Tranquillement assis pour apaiser ta faim,
Là, tu verras la proie accourir sous ta main.
Du Tage au sable d'or, les rives solitaires
Ont pour toi des abris contre les feux du jour ;
Dircenne et Néméa t'offriront tour à tour,
Pour étancher ta soif, leurs eaux froides et claires.
 Mais quand l'hiver, le front ceint de frimas,
 Environné de son hideux cortége,
Te rendra les brouillards, l'aquilon et la neige,
Tu reviendras, cherchant de moins âpres climats,
Habiter Tarragone et ta Lalétanie.
Là des plus doux plaisirs s'embellira ta vie ;
Ta main immolera le daim pris dans tes rets,
Et le dur sanglier nourri dans tes forêts.
Puis, laissant ton fermier lancer le cerf agile,
Tu montes un coursier vigoureux et docile,
Et tu cours, franchissant plaines, fossés, guérets,
Forcer un lièvre adroit, éventer ses secrets.
A ta voix, descendus de la forêt voisine,
Le chêne, le bouleau, garniront ton foyer,
Où se roule et s'ébat une troupe enfantine
 Qui doit le jour à ton vieux métayer.
Arrive à ton signal ton compagnon de chasse,
 Un bon voisin dans l'instant invité,
 Qui, t'escortant chacun de son côté,

A la table prennent leur place.
Dans ta maison jamais tu n'aperçois
　　Du client la robe importune,
　　Ni la chaussure à demi-lune,
Ni le manteau de pourpre à Tyr trempé deux fois ;
Loin de toi les huissiers à voix malencontreuse,
Le client éploré, la veuve impérieuse !
Nul accusé tremblant ne hâte ton réveil,
Qui jamais ne prévient le retour du soleil.
　　Qu'un autre, épris d'un vain suffrage
　　Achète au prix de son repos
D'un vulgaire insensé les stériles bravos ;
　　Toi, dans ton paisible ermitage
　　Tu vois en pitié son erreur ;
Et tandis que Sura de Rome obtient l'hommage,
Libre d'ambition, tu jouis du bonheur
　Qu'on goûte au gîte après un long voyage.
Celui qui voit sa vie assez riche en succès,
Du reste de ses jours peut disposer en paix.

53.

A QUINCTIANUS.

Sous ton illustre patronage,
　Quinctianus, je place mon ouvrage ;
Si je puis dire mien un livre qu'aujourd'hui
Un poëte impudent affirme être de lui ;
En esclave à sa loi s'il prétend le soumettre,
Dis que j'en suis le seul et légitime maître.

Tu n'auras pas deux ou trois fois
Hautement proclamé ton puissant témoignage,
Que l'imposteur, pâlissant à ta voix,
Ira cacher dans l'ombre et sa honte et sa rage.

54.

A FIDENTINUS.

Fidentinus, dans mon ouvrage
De toi tu glissas une page,
Une seule, mais, par malheur,
De ton cachet si fortement empreinte,
Qu'à l'instant même on peut, sans crainte
De se tromper, en désigner l'auteur.
Ainsi d'un vil manteau la misérable bure
Gâte par son contact la pourpre la plus pure ;
Ainsi de simple argile un vulgaire bocal
Jure, placé trop près d'un vase de cristal ;
Ainsi du noir corbeau le plumage sinistre
Outrage la blancheur des cygnes du Caïstre ;
Ainsi quand Philomèle, au retour du printemps,
Par son harmonieuse plainte
Du bois sacré fait retentir l'enceinte,
L'aigre cri de la pie insulte à ses accents.
Qu'ai-je besoin, pour venger mon ouvrage,
De témoin ou de défenseur ?
Ton délateur est ton propre passage ;
Il t'accuse, il te crie : ô voleur ! ô voleur !

55.

A FUSCUS.

Veux-tu, Fuscus, m'accorder une grâce ?
Si tu consens encore à te laisser aimer,
Pour l'amitié, s'il reste en ton cœur une place,
  Permets-moi de la réclamer.
De tes amis je sais que le nombre est immense,
  Et que très-souvent les refus
  Sont le lot des derniers venus.
Cependant j'ose encor conserver l'espérance ;
Tous tes amis anciens furent nouveaux jadis ;
 Lorsqu'aujourd'hui de toi je sollicite
 Parmi les tiens la faveur d'être admis,
 Vois seulement, Fuscus, si je mérite
De figurer un jour parmi tes vieux amis.

56.

A FRONTON.

 Toi qui, capitaine, orateur,
 De ta patrie es doublement l'honneur,
 Fronton, tu désires entendre
Ce qui de ton ami peut faire le bonheur :

En deux mots je vais te l'apprendre.
Un rustique manoir, un champêtre domaine
Qui sans conteste m'appartienne,
Un petit bois, un modeste jardin
Que je cultive de ma main;
Peu de fortune, mais longue méridienne,
Voilà, Fronton, pour être heureux,
A quoi se bornent tous mes vœux.
Voudrait-il habiter ces froids et longs portiques
Que le marbre de Sparte incruste en mosaïque,
Ou courir le matin, devançant le soleil,
D'un dédaigneux patron saluer le réveil,
Celui qui chaque soir, au retour de la chasse,
Vis à vis d'un foyer, dont le feu le délasse,
Non sans orgueil, étale ses filets
Enrichis du gibier des champs et des forêts;
Qui voit prendre à sa ligne un poisson qui frétille,
Et rapporte en triomphe ou la carpe ou l'anguille;
Qui, pour calmer sa soif par un doux hydromel,
A l'amphore rougie emprunte l'or du miel,
Pendant que du logis la rustique intendante
Sur sa table boiteuse étale quelques mets,
Un pur laitage, et des œufs frais
Cuits à propos sous la cendre brûlante
Du foyer que son bois alimente sans frais?
Ne connaissez jamais cette heureuse existence,
Vils esclaves des grands! Adorez leur puissance,
Et consacrez vos jours à des patrons ingrats :
Que souhaiter de pire à qui ne m'aime pas?

58.

A FLACCUS.

Quelle maîtresse je voudrais?
Trop de facilité me lasse,
Trop de difficulté me chasse;
Je n'aime l'un ni l'autre excès.

60.

A FLACCUS SUR LA SPORTULE.

Avec tes cent quadrans, à Baya, cher Flaccus,
Dans des bains somptueux, j'éprouve la famine;
Rends-moi les bains obscurs de Lupus, de Grillus;
Tes bains sont beaux, très-beaux; mais il faut que je dîne.

62.

A LICINIEN, SUR LA PATRIE DE QUELQUES ÉCRIVAINS.

Virgile est à jamais la gloire de Mantoue;
Vérone aime Catulle et son goût délicat;
Tite-Live, Flaccus, sont l'orgueil de Padoue;
Lucain, les deux Sénèque, ont illustré Cordoue,
Et Sulmone d'Ovide emprunte son éclat;
Sur les rives du Nil le nom d'Apollodore

Retentira longtemps encore.
Si Cadix s'applaudit de son cher Canius,
    De l'illustre Décianus
    A son tour Mérida s'honore.
    C'est sur toi, cher Licinien,
Que notre Bilbilis fonde aujourd'hui sa gloire ;
    Puisse-t-elle à côté du tien
    Garder longtemps mon nom dans sa mémoire !

63.

SUR LOEVINA.

La chaste Lœvina, d'un mari très-austère
    Épouse encore plus sévère,
Qui rappelait les mœurs des antiques Sabins
Part avec son époux, et visite les bains
Dont on vante partout la vertu salutaire.
Tandis que de Baya le séjour enchanté
De son humeur farouche adoucit l'âpreté,
Voilà qu'au sein des eaux, d'un feu soudain surprise,
    Pour un jeune homme elle devient éprise,
    Et furtivement, sans éclats,
Elle fuit son époux, accompagne les pas
    Du nouveau Pâris qui l'emmène :
Pénélope arrivée, elle est partie Hélène.

64.

A CÉLER.

    D'un ouvrage que tu composes
    J'entends dire beaucoup de bien :

Lis-le moi? — Je n'en ferai rien.
N'insiste point. — Pour quelles causes?
— Tu voudrais me lire le tien.

65.

A POLLA.

Nulle belle, on le sait, n'est plus belle que toi;
Plus riche, on en convient; plus sage, je le croi,
Polla; mais quand tu veux commander mon hommage,
Tu n'es plus, à mes yeux, belle, riche ni sage.

67.

CONTRE UN PLAGIAIRE.

Plagiaire impudent, voleur de mes écrits,
    Qui crois que pour être poëte
Il suffit d'acheter un volume à vil prix,
Reviens de ton erreur; ce beau nom que l'on fête,
Par or, ni par argent, ne fut jamais acquis.
Crois-moi, va déterrer au fond d'un secrétaire
Quelque rouleau chargé de bons ou mauvais vers,
Vierge encor et connu seulement de son père;
Qui, sans avoir passé sous les yeux du vulgaire,
    Ne fut encor visité que des vers.

Un livre publié ne change plus de maître.
    Mais si tu cherches bien, peut-être
    Tu trouveras sur ton chemin
Un volume nouveau, dont les soins d'un libraire
N'ont encore poncé ni rougi le vélin.
Qu'on te le cède, mais sous le sceau du mystère,
Puis, chez toi, de ton nom va couvrir ton larcin.
Voilà tout le secret : celui dont l'impuissance
    Veut s'illustrer par l'ouvrage d'autrui,
Traitant avec l'auteur, doit acheter de lui
    Son livre et surtout son silence.

70.

PLAISANTERIE SUR CANIUS.

A Térente on a vu longtemps un PAN rieur ;
Canius aujourd'hui se fait son successeur.

71.

A SON LIVRE.

    Pars, mon cher livre, et sans retard
    Cours au bel hôtel de Procule,
    Et répète-lui, de ma part,
    Du salut la simple formule,
    Mon tribut de chaque matin.
    Crains-tu de te perdre en chemin ?
    Du long trajet que tu dois faire
    Écoute et suis l'itinéraire :

Longe le temple de Castor,
Ensuite celui des Vestales,
Puis, franchissant dans ton essor
Du Mont-Sacré les hautes dalles,
Tu verras l'auguste palais
Où partout le marbre et l'ivoire
De notre prince offrent les traits,
Où tout nous parle de sa gloire.
Admire en passant la grandeur
De cette statue imposante,
Dont le soleil, de sa splendeur,
Revêt la tête rayonnante,
Et dont celle qu'à Rhode on vante
Pourrait envier la hauteur.
Dirige-toi vers la chapelle
Où le vin coule pour Bacchus;
Plus loin est le dôme où Cybèle
Est peinte avec ses attributs
Au milieu de sa cour fidèle.
Enfin, à gauche tu verras
S'élever le noble portique
De l'édifice magnifique
Où doivent s'adresser tes pas.
Jamais le sourire ironique
Ni l'insolence des valets
N'en prétend défendre l'accès.
On ne trouve pas dans la ville
Maison d'un abord plus facile,
Ni plus accessible aux auteurs ;
Apollon et ses doctes sœurs
Y trouvent leur plus cher asile.
Si l'on te demandait pourquoi,

Au lieu de venir avec toi,
Ton maître ce matin s'absente,
L'excuse aussitôt se présente :
C'est que ces vers, bons ou mauvais,
Qu'avec son salut il vous donne,
Procule, il ne les eût point faits
S'il eût dû venir en personne.

73.

A FIDENTINUS.

Tu m'as volé mes vers, et tu te crois poëte ;
Tu veux même passer pour tel ; eh ! pourquoi non ?
Ainsi fait Lycoris, quand la vieille coquette,
Plus noire qu'une mûre en l'arrière-saison,
    Se croit belle du vermillon
Et des lis qu'au matin lui fournit sa toilette ;
Telle encor, quand ses dents viennent à la quitter,
Églé, qui sait bientôt en réparer l'absence,
En souriant exprès, montre avec complaisance
    Le râtelier qu'elle vient d'acheter.
    Fidentinus, malgré ton impuissance,
    Sois donc poëte si tu veux :
Comme lorsque le Temps, qui dépouille ta nuque,
Aura jusqu'au dernier emporté tes cheveux,
    Nous te verrons d'une jeune perruque
Couvrir la nudité de ta tête caduque.

74.

A CÆCILIANUS.

Quand ta femme de près n'était pas observée,
Nul ne l'eût seulement voulu toucher du doigt;
Depuis qu'elle est par toi mise en chartre privée,
Elle a nombre d'amants; tu n'es pas maladroit.

75.

A PAULA.

On le disait bien votre amant,
Mais on n'en avait pas la preuve;
Vous l'épousez, à peine veuve :
Or, niez-le donc maintenant !

76.

SUR LINUS.

A Linus, qui voudrait m'emprunter cent écus,
J'en vais donner cinquante, et gagne le surplus.

77.

A FLACCUS.

O toi le tendre objet de ma sollicitude,
Digne fils de Padoue et son plus cher espoir,

Remets à d'autres temps les douceurs de l'étude,
Les muses, leurs concerts. Que peux-tu recevoir
Pour prix de tes travaux, sinon l'ingratitude?
A des dieux indigents c'est trop sacrifier;
Tourne-toi vers Pallas. Seule elle peut payer
Tous les soins qu'on lui rend; grâce à son opulence,
Les mortels et les dieux sont sous sa dépendance.
Fais-lui la cour : crois-moi, cultive l'olivier;
Tu verras ses rameaux, courbés sous leurs richesses,
De leurs fruits dans ton sein épancher les largesses.
Laisse à Bacchus son lierre, à Phébus son laurier.
Que t'offre l'Hélicon? Des eaux et des ombrages,
Une lyre, des fleurs, d'infructueux suffrages.
Pourquoi chercher si loin le Permesse et Cirrha?
Le Forum est plus près : Plutus réside là;
De l'or et de l'argent là le doux son nous flatte;
Tandis que sur la scène, ou d'une chaire ingrate,
On n'entend retentir que le bruit des bravos
Dont on croit trop payer nos pénibles travaux.

79.

SUR FESTUS.

Depuis longtemps en proie à l'ulcère malin
Qui lui ronge la gorge et gagne sa figure,
Le généreux Festus, l'œil sec, le front serein,
A ses amis en pleurs déclare le dessein
  Qu'il a formé d'abréger sa torture;
    Mais il rejette avec dédain

Du poison la ressource obscure,
   Et le supplice de la faim.
   Il veut par une digne fin
Couronner une vie irréprochable et pure.
Romain il a vécu, sa mort est d'un Romain.
   De Caton, qu'on nomme divin,
On vante le trépas; mais on peut, sans injure,
Lui préférer Festus : car de César, enfin,
Festus était l'ami : sa gloire en est plus pure.

81.

SUR CANUS.

La nuit même où Canus subit la loi commune,
   Quoique malade, il tenait bon pourtant;
Il voulut la sportule : on l'apporte; à l'instant
Il meurt, mais de regret de n'en avoir eu qu'une.

82.

A SOSIBIEN.

Tu naquis d'un esclave, et n'en fais pas mystère
Quand du nom de patron tu désignes ton père.

84.

CONTRE MANNA.

Un chien lèche à Manna la bouche et la figure,
Pourquoi s'en étonner? le chien aime l'ordure.

87.

SUR UN VOISIN INSOCIABLE.

Nonus est mon proche voisin,
Et ma maison est si près de la sienne
Que par la fenêtre, au matin,
Nous pourrions, sans beaucoup de peine,
Nous donner le bonjour et nous serrer la main.
Qui n'envîrait cette bonne fortune,
Qui de nos deux maisons semble n'en faire qu'une,
Et qui permet que deux amis
A chaque instant soient réunis?
Eh bien! Terentius qui gouverne Siène,
Et, sur la plage égyptienne,
De Rome en ce moment fait respecter la loi,
N'est pas plus séparé de moi.
L'un à l'autre étrangers, pour le voir, pour l'entendre,
Je ne sais plus bientôt comment m'y prendre;
On n'est pas à la fois et plus près et plus loin.
Afin donc d'en finir, je crois qu'il est besoin
Que l'un de nous deux déménage,
Et qu'emportant avec lui son bagage,
Il cherche à l'écart quelque coin.
Pour ne point voir Nonus de votre vie entière,
Faites-vous son voisin, ou bien son locataire.

88.

CONTRE FESCENNIA.

Quand ton haleine accuse un excès de la veille,
Comme palliatif, ton docteur te conseille
De menthe une pastille au matin prise à jeun :
Pour un instant ta lèvre en reçoit le parfum ;
Mais son effet est nul quand un levain acide
De ton estomac chasse une vapeur fétide.
De plus, le souffle impur de ta bouche exhalé
N'en est que plus infect ; à des parfums mêlé,
Et s'étend plus au loin. Laisse là ta finesse,
Crois-moi : c'est déjà trop que l'odeur de l'ivresse.

89.

SUR ALCIMUS.

Alcime, enfant chéri, qu'à mes embrassements
La mort vient de ravir à la fleur de tes ans,
Sous ce tertre léger dors d'un sommeil tranquille !
Ma tendresse a choisi pour ton dernier asile,
Non loin de mon séjour, ce pré semé de fleurs,
Qu'à défaut de rosée humecteront mes pleurs.
Reçois de moi, non pas un tombeau de porphyre,
Ni ces vains monuments que le temps peut détruire ;
Mais des buis, de l'ombrage, un autel de gazon :
Voilà le mausolée où doit vivre ton nom.

Lorsqu'au sombre manoir il me faudra descendre,
Je n'en demande pas un autre pour ma cendre.

90.

SUR CINNA.

A tout Cinna met du mystère,
Il vient vers vous à petits pas
Pour vous raconter, mais bien bas,
La nouvelle la plus vulgaire.
A votre oreille, en grand secret,
Il pleure, chante, rit, se plaint, crie ou se tait.
Sans doute il faut qu'habitude pareille
Chez lui soit incurable, car,
Ce matin encor, à l'oreille
Il me faisait l'éloge de César.

92.

CONTRE LÆLIUS.

Tu critiques mes vers sans publier les tiens :
Mets donc les tiens au jour, ou laisse en paix les miens.

94.

SUR AQUIN.

Près de son cher Fabrice, Aquin gît aujourd'hui,
Qui partant le premier, voulut de l'Élysée

Lui ménager l'accès par une pente aisée.
Trop heureux, maintenant il dort auprès de lui;
Au pied d'un double autel, un marbre funéraire
Exalte leurs exploits, leur haut rang militaire:
C'est trop borner leur gloire; à leurs devoirs soumis,
On les a vus rivaux sans cesser d'être amis,
Mérite dont le monde, hélas! ne parle guère.

96.

CONTRE HÉLIUS.

Quand cesseras-tu de brailler
Et d'interrompre mon affaire?
— Moi? je fais ici mon métier;
Payez-moi bien, je vais me taire.

98.

CONTRE L'AVOCAT NOEVOLUS.

Lorsqu'un conflit de voix assourdit l'audience,
Nœvole parle, parle, et ne déparle pas.
Il renforce sa voix, allonge ses grands bras,
Et se donne sans frais un renom d'éloquence.
Mais tout à coup voilà qu'un absolu silence
    Au barreau rentre par hasard:
Allons, Nœvole, à toi! fais briller ta science,
Ou tu n'es à mes yeux qu'un ignorant bavard.

99.

A FLACCUS, CONTRE UN PLAIDEUR.

On dit que Diaulus le plaideur a la goutte ;
— Est-ce aux pieds ? — Je ne sais ; mais à ses avocats
   Il ne donne rien. — En ce cas,
   Je le vois, c'est aux mains, sans doute.

100.

CONTRE L'AVARE CATÉNUS.

   Lorsqu'à peine tes revenus
    S'élevaient à deux mille écus,
Je te voyais généreux, noble, affable.
   Menant une vie honorable ;
Et les amis qui, toujours bien reçus,
Venaient souvent prendre place à ta table,
   T'en souhaitaient vingt mille et plus.
   Cette somme, en moins d'une année,
Les Dieux, touchés de nos vœux assidus,
Par quatre ou cinq décès soudain te l'ont donnée ;
Toi, comme si le ciel, au lieu de t'envoyer
   Pareille aubaine, à tes biens l'eût ravie,
   Réformant ton genre de vie,
Tu pris celui d'un sordide usurier.

Telle est depuis lors ta lésine,
Que quand ta vanité mesquine
Une fois l'an, non sans regret,
Pour quelques vieux amis veut bien se mettre en frais,
La dépense de ta cuisine,
J'en suis certain, n'excède pas
Cinq ou six misérables as.
Pour te récompenser de ta munificence,
Puissent les Dieux encor décupler ta finance !
Bientôt, suivant le même train,
Nous te verrons mourir de faim.

101.

SUR LA VIEILLE AFRA.

De *maman*, de *papa*, les mots jadis charmants,
Aujourd'hui dans ta bouche, Afra, cessent de plaire,
Quand des papas et des mamans
Toi-même peux passer pour être la grand'mère.

102.

SUR DÉMÉTRIUS.

De mes écrits longtemps le seul dépositaire,
Dont la main aux Césars n'était point étrangère,

Démétrius expire à la fleur de ses ans ;
A peine il avait vu naître dix-neuf printemps.
Frappé d'un noir fléau, lorsqu'il allait s'éteindre,
    Esclave encore, il parut craindre
D'en emporter le titre au séjour de Pluton.
De tous mes droits alors je lui fis l'abandon,
Heureux si mon bienfait l'eût pu rendre à la vie !
Il en sentit le prix, et sa voix affaiblie
Me dit : Je suis donc libre ! adieu, mon cher patron !

103.

A LYCORIS.

L'artiste qui t'a peint cette mère d'amour,
A Minerve, je crois, voulut faire sa cour.

104.

CONTRE SCOEVOLE.

Oh ! si des Dieux un jour la faveur indulgente
Me daignait envoyer vingt mille écus de rente,
Nous répétait Scœvole, alors maigre rentier,
Avant qu'il eût atteint au rang de chevalier,
Que j'aimerais à vivre une vie honorable !

Que d'amis tous les jours prendraient place à ma table !
Comme je jouirais ! Quel mortel plus heureux ?
Les Dieux, trop complaisants, ont exaucé ses vœux.
Sa robe, depuis lors, n'est plus qu'une guenille,
Et son manteau râpé qu'une sale mandille ;
Dix fois de ses souliers bâillants et racornis
L'alène a rapproché les ignobles débris.
Qu'on lui serve à dîner quelques fruits de Minerve,
De dix il en prend cinq ; le reste il le réserve.
Sur le repas du jour il vit le lendemain.
Il ose boire à peine, encore de quel vin !
Des pois bouillis, des noix, voilà toute la chère
Qui compose aujourd'hui son chétif ordinaire.
Triple fourbe ! affronteur ! misérable fripon !
Devant les tribunaux viens nous rendre raison !
Viens apprendre comment l'honnête homme doit vivre ;
Prends le train que jadis tu promettais de suivre,
Faussaire ! ou rends aux Dieux, de ta crasse lassés,
Leurs stériles bienfaits, chez toi si mal placés.

107.

A RUFUS.

D'où te vient cet air sombre, et quel sujet nouveau,
Quand tout nous rit à table, offusque ton cerveau ?
Toujours morne et pensif, si quelque camarade
Te provoque et te verse une large rasade,

Tu bois le quart d'un verre, encore trempé d'eau.
Je crois te deviner : Nævia la danseuse,
   Vive, folâtre et grande prometteuse,
Mais à qui la mémoire échappe assez souvent,
T'a promis de venir égayer ta soirée ;
Elle n'est pas venue, et, partout désirée,
Elle est allée ailleurs déployer son talent.
Oui, voilà le chagrin, ami, qui te possède ;
Mais on peut le calmer. Contre un tourment pareil,
   Appelle Bacchus à ton aide ;
Ne le ménage point : ton souverain remède,
C'est de bon vin d'abord, et puis un long sommeil.

108.

A LUCIUS JULIUS.

Tu n'es qu'un paresseux, me dites-vous souvent ;
Écris, compose-nous quelque ouvrage important.
— Ami, donnez-moi donc l'existence facile
Que Mécène créa pour Horace et Virgile ;
Par quelque écrit, peut-être, on me verra, comme eux,
A la postérité transmettre un nom fameux.
Le taureau se refuse à des labeurs stériles,
Et garde ses sueurs pour des terrains fertiles.

109.

A GALLUS.

Ta maison, cher Gallus, est vaste et magnifique,
   Mais située en de lointains quartiers;
Et mon logis, à moi, touché presque aux lauriers
Dont Agrippa jadis décora son portique.
   C'est là qu'en paix j'achève de vieillir.
    Chaque matin m'en voit partir
Pour t'offrir un salut consacré par l'usage.
Tu vaux bien que plus loin on aille te trouver,
Sans doute; mais pour toi c'est un faible avantage
Qu'un seul client de plus présent à ton lever;
C'en est un grand pour moi qu'éviter ce voyage.
Vers la chute du jour, ou peut-être plus tard,
En personne j'irai te porter mon hommage :
Mon livre, ce matin, te le rend de ma part.

110.

SUR LA PETITE CHIENNE DE PUBLIUS.

   Florette est gentille, mignonne,
   Plus agaçante et plus friponne

Que le moineau par Catulle chanté.
Les doux baisers qu'à son ramier fidèle
　　Donne la tendre tourterelle,
Moins que les siens ont de suavité ;
　　Et les caresses ravissantes
　　Des vierges les plus innocentes
　　N'ont pas autant de pureté.
　　Près d'elle le rubis, l'opale,
Le diamant, la perle orientale,
　　Cessent d'être aussi précieux ;
　　Elle efface ou du moins égale
　　Tout ce qui brille sous les cieux.
Elle est de Publius la compagne et l'idole,
Et partage avec lui sa joie ou son plaisir.
　　Si quelque mal vient la saisir,
　　A son ami qui la console,
　　Par un regard, par un soupir
Elle répond ; il semble, en l'entendant gémir,
　　Qu'elle ait le don de la parole.
　　Modèle de fidélité
Près du sein de son maître au lit elle se pose,
　　Et là, paisible elle repose
　　Avec tant d'immobilité,
　　Qu'on croirait son souffle arrêté.
　　Mais si quelque besoin la presse,
　　Amante de la propreté,
De peur de rien gâter, avec délicatesse
Sa patte le réveille ; il la prend, et du lit
A terre la dépose ; un seul instant suffit,
Et Florette a repris sa place accoutumée.
Étrangère à l'amour, sa pudeur alarmée
Repousse les amants : nous ne lui trouvons pas

Un digne compagnon pour de tendres ébats.
Publius, qui du sort craint la fatale injure,
Pour ne point en un jour voir périr tant d'appas,
A voulu qu'un portrait conservât sa figure;
C'est une autre elle-même! et lorsque la peinture
Avec l'original est placée en regard,
On se dit : toutes deux sont l'ouvrage de l'art,
   Ou toutes deux celui de la nature.

111.

A VÉLOX.

Mon style, selon toi, n'est pas assez précis.
Tu n'écris jamais rien : le tien est plus concis.

113.

CONTRE PRISCUS.

Priscus, avant de te connaître,
  Je t'appelais mon roi, mon maître;
   Maintenant que je te connais,
Tu ne seras pour moi que Priscus désormais.

115.

A FAUSTINUS.

Faustinus, ce bosquet, ce modeste jardin,
Ce pré, ce petit champ qui du tien est voisin,
Fænius en a fait un tombeau de famille;
C'est là qu'il a placé les restes de sa fille.
Sur ce tombeau sacré dont il est le gardien,
D'Antulle on lit le nom; que n'y lit-on le sien!
Un père le premier chez Pluton doit descendre,
C'est le droit de son âge; et le ciel, cette fois,
Sembla, frappant sa fille, intervertir ses lois.
Il veut qu'il vive; il vit pour honorer sa cendre.

117.

CONTRE PROCILLUS.

Procillus, j'ai touché le cœur
  D'une beauté sensible et tendre,
  Jeune, riche, et dont la fraîcheur
De la neige et du lis ternirait la blancheur.
  Mais quoi! déjà tu cesses de m'entendre;
  Je te vois changer de couleur,
  Et tu sembles prêt à te pendre!
Écoute encor : l'amour, dont je subis les lois,
Pour un tout autre objet détermine mon choix.
  Ses dents sont plus noires qu'ébène;

Sa peau, qui ressemble à la poix,
A la suie, au corbeau ne le cède qu'à peine;
Tel est l'objet qui me tient dans ses lacs;
Si je te connais bien, Procillus, tu vivras.

118.

CONTRE LUPERCUS.

Te rencontré-je à mon passage,
Aussitôt tu me dis : Mon ami, voudrais-tu
Demain par ton valet m'envoyer ton ouvrage,
Que je te renverrai dès que je l'aurai lu?
— Mon cher, à cet enfant épargne le voyage :
De chez toi le trajet est long jusque chez moi;
De plus, il faut gravir jusqu'au troisième étage.
Ce que tu veux avoir n'est pas bien loin de toi.
Le quartier d'Argilet est dans ton voisinage,
Tu prends par là bien souvent ton chemin.
Au marché de César se trouve un magasin
Dont la façade, en très-gros caractères,
Offre, affiché, le nom de mes confrères
Et sans doute le mien; tu n'iras pas plus loin.
De t'informer pour t'épargner le soin,
Chez Attrectus (c'est le nom du libraire).
Demande un Martial : du deuxième rayon
Ou du premier tu le verras extraire
De mon ouvrage un exemplaire
Bien poncé, revêtu d'un brillant vermillon;
Et cinq deniers termineront l'affaire.
Mais c'est beaucoup, dis-tu, que cinq deniers !

Et tu ne les vaux pas! — J'en conviens volontiers :
Garde donc ton argent et laisse le libraire.

119.

A CÆCILIANUS.

Cent épigrammes sans dormir!
Lecteur, si tu soutiens l'épreuve,
De ton courage à tout souffrir
Je ne veux point une autre preuve.

FIN DU PREMIER LIVRE.

LIVRE SECOND.

ÉPITRE A DÉCIANUS.

Je crois t'entendre me dire : Que me veux-tu avec ton épître ? N'est-ce donc point assez que j'aie la complaisance de lire tes épigrammes ? Et d'ailleurs, que peux-tu me dire ici que tu ne puisses aussi bien me dire dans tes vers ? Que les poëtes tragiques mettent des prologues en tête de leurs pièces, on le conçoit, puisqu'ils ne parlent pas en leur nom; mais des épigrammes n'ont pas besoin d'un interprète, et savent très-bien s'expliquer elles-mêmes dans leur langage satirique. Chaque page, à la volonté de l'auteur, devient une épître. Épargne-toi donc, je te le conseille, un ridicule; et ne jette point un manteau sur les épaules d'un danseur. Enfin, vois s'il est à propos pour toi de te mesurer, armé seulement d'une épée de bois, contre le trident du rétiaire. Pour moi, je me range parmi ceux qui déclarent le combat inégal.

— Par Hercule, Décianus, tu dis vrai ! tu ne sais pas avec quelle longue et terrible épître tu allais avoir affaire ! Ainsi donc, soit fait comme tu le désires ! Ceux entre les mains de qui tombera ce livre, t'auront l'obligation de ne point arriver fatigués à la première page.

1.

A SON LIVRE.

Mon petit livre, adieu! pars en leste équipage!
Je pourrais bien doubler ou tripler ton bagage,
Mais à ton seul aspect on pourrait s'effrayer.
   En t'abrégeant, d'ailleurs, j'économise
Pour moi d'abord, des soins, de l'huile et du papier;
Puis pour mon scribe un temps qu'il peut mieux employer;
Ensuite, à ton lecteur, si tant est qu'on te lise,
Tu peux sembler mauvais, mais non pas l'ennuyer.
De plus encore, à table, où tu seras de mise,
Le convive pourra, sans qu'on s'en scandalise,
En attendant son vin, te lire tout entier.
Pars donc! ainsi réduit par la main de ton maître,
Tu seras, pour beaucoup, encor trop long peut-être.

2.

A DOMITIEN.

La Crète à Métellus valut un nom fameux;
L'Afrique à Scipion en donne un plus illustre;
Le Rhin dompté par toi, dès ton troisième lustre,
César, te vaut un titre encor plus glorieux,
Celui de Germanique. Aux lauriers d'Idumée
Ton frère avec son père eut une égale part;
Mais les Daces vaincus, jamais la renommée
N'en peut donner l'honneur qu'à toi seul, ô César!

3.

A SEXTUS.

Tu ne dois rien, Sextus : tu dis vrai, j'en conviens;
Qui ne saurait payer, en effet ne doit rien.

4.

CONTRE AMMIEN.

Ammien, quel est donc ce genre de caresse
    Qui s'établit entre ta mère et toi?
   Que de douceurs! que de mots de tendresse!
     Voudrais-tu me dire pourquoi,
Quittant les titres saints et de fils et de mère,
   Vous vous donnez ceux de sœur et de frère?
     Quel est cet ambigu jargon
     Qui d'amitié n'a point le ton,
    Et que le sang ne peut permettre?
Ce que vous n'êtes pas, pourquoi le vouloir être?
Devez-vous, de concert, laissant votre vrai nom,
Prendre une qualité qui vous est étrangère?
C'est un jeu, dites-vous? Ammien, quelle erreur!
La mère qui prétend porter le nom de sœur
    Voudrait n'être ni sœur ni mère.

5.

A DÉCIANUS.

Que ne puis-je te voir tous les jours de ma vie !
Mais la distance, ami, s'oppose à mon envie.
Deux mille pas du mien séparent ton séjour,
Et j'en double le nombre en comptant le retour.
Tu t'absentes souvent : quelquefois on te cèle,
Occupé pour toi-même ou de ta clientèle.
Je puis bien pour te voir faire deux mille pas ;
Quatre mille sont trop quand je ne te vois pas.

6.

A SÉVÈRE.

Viens me redire encor : Publiez vos ouvrages !
Ton œil en a pu lire à peine une ou deux pages,
Que, du titre, déjà vers la fin il a fui,
Et qu'un long bâillement atteste ton ennui.
Les voilà donc ces vers qui narguent la censure,
Rapidement saisis au vol d'une lecture,
Et dont furtivement ton indiscrète main
Chargeait tous les feuillets d'un recueil clandestin;
Qui, colportés par toi des tables au théâtre,
Arrachaient les bravos d'une foule idolâtre !
Les voilà, ce sont eux, et même accompagnés
D'autres, peut-être encor meilleurs que leurs aînés.
Que sert d'avoir réduit ces enfants de ma plume
A la mince épaisseur du plus maigre volume,
S'ils ont pu te coûter trois jours à parcourir ?
Jamais plus à son aise on n'a pris du plaisir.

Des fruits de mon travail tu t'es lassé bien vite !
Au début du chemin déjà tu prends un gîte.
Sorti de Rome, à peine as-tu franchi le mur,
Tu partais pour Tuscule et descends à Tibur.
Indolent casanier, laisse les longs voyages,
Et ne me redis plus : Publiez vos ouvrages !

7.

CONTRE ATTALE.

Attale est un homme charmant ;
Il fait tout avec tant de grâce !
Pour le bel air, pour l'agrément,
Où trouver quelqu'un qui l'efface ?
Au Palais, beau déclamateur,
Aux salons, élégant parleur,
Il charme, et jamais il ne lasse.
Faut-il faire un joli couplet,
Filer une scène comique,
Aiguiser un trait satirique,
Broder un conte ? c'est son fait.
Lui parlez-vous arts et science ?
Il est peintre, grammairien,
Astronome, physicien ;
Et sa docile complaisance,
Dans un amusant entretien,
Vous étale avec élégance
Un savoir qu'on croirait le sien.
Il chante, il pince de la lyre,
Et sa danse a de quoi séduire.

Il brille encor, et j'en convien,
Dans tous les genres d'exercice ;
Mais, s'il faut lui rendre justice,
Tout est grâce en lui, rien n'est bien.
Qu'en deux mots je le définisse :
Il veut être tout, et n'est rien.

8.

AU LECTEUR.

Lecteur ! dans mes légers ouvrages,
Si tu trouves quelques passages
Trop peu corrects, obscurs, embarrassés,
Rejette-les sur les copistes,
A te servir trop empressés.
Mais si, malgré tout, tu persistes
A les imputer à l'auteur,
Pardonne alors. Il peut, avec justice,
Accuser à son tour ton goût ou ton caprice.
— Mais l'ouvrage est mauvais ! — Il se peut, cher lecteur !
Eh bien ! fais-en donc un meilleur.

9.

SUR NOEVIA.

J'écris, point de réponse : ainsi, rien à prétendre.
Mais, je pense, on m'a lu : donc il suffit d'attendre.

10.

CONTRE POSTHUME.

Chaque matin gratifié
D'un demi-baiser au passage,
Posthume, de ton amitié
Je ne veux point un autre gage.
De ce baiser estropié
Veux-tu supprimer la moitié ?
Tu le peux sans trop me déplaire.
Tu peux même encore mieux faire,
Posthume, et j'ose t'en prier :
Garde le baiser tout entier,
Et que la faveur soit entière.

11.

CONTRE SÉLIUS.

Ami, vois Sélius, qui, resté seul ce soir,
Erre sous le portique ; il semble au désespoir.
L'air morne, l'œil éteint, et la tête baissée,
Il roule je ne sais quelle noire pensée.
Il marche, et tout à coup s'arrête ; de sa main
S'arrache les cheveux et se meurtrit le sein.
Pleure-t-il un ami ? regrette-t-il un frère ?
—Non ; chez lui, femme, enfants, fortune, tout prospère.

Son fidèle intendant lui transmet les loyers
Qu'à jour fixe en ses mains ont versés ses fermiers.
— Qu'a-t-il donc? quel sujet allonge ainsi sa mine?
— Le malheureux! il faut qu'à ses dépens il dîne!

12.

CONTRE POSTHUME.

Pourquoi donc tes baisers sont-ils parfumés d'ambre?
Tout est ambré chez toi, ta personne et ta chambre.
Posthume, tant d'odeurs me mettent en soupçon :
  Sent bien mauvais qui sent toujours si bon.

13.

A SEXTUS.

Il te faudra payer juge, avocat, huissier;
Ne vaudrait-il pas mieux payer ton créancier?

14.

A PAULINUS CONTRE SÉLIUS.

Quand Sélius, le fameux parasite,
Ne trouve point d'ami qui veuille le traiter,

Comme il se démène et s'agite !
Que de soins, que de pas, pour se faire inviter !
Du portique d'Europe au champ des exercices
Il vole, et de Paulin vante l'agilité :
« C'est un nouvel Achille ! » Et si de ce côté
Il n'obtient rien, il passe aux septes des Comices
Où du fils de Phyllire et de celui d'OEson.,
Le marbre, avec leurs traits, a consacré le nom.
S'il les implore en vain, il court au sanctuaire
De la divinité que l'Égypte révère,
Et s'assied sur tes bancs, ô toi que de Junon
Longtemps persécuta l'implacable colère !
Il parcourt le portique, ouvrage merveilleux
Que le gendre d'Auguste éleva jusqu'aux cieux,
Et dont cent fûts d'airain décorent la structure ;
Puis celui de Pompée, où deux riants jardins
Offrent aux promeneurs leurs dômes de verdure.
De Fortuné, de Fauste il visite les bains,
 Et de Grillus quittant l'étuve obscure,
Va braver chez Lupus le vent et la froidure.
Vingt fois il entre aux bains, et vingt fois il en sort,
 Toujours en vain ; et maudissant le sort,
Tout humide, il revoit la place où, d'aventure,
Il peut trouver encor quelque honnête vieillard
De ses amis, chez soi retournant un peu tard.
 Taureau divin, par toi, par ton amante,
 Prends en pitié le mal qui le tourmente ;
Invite Sélius, ou je le vois enfin
Expirer à tes pieds, de fatigue et de faim.

15.

CONTRE HERMUS.

Le verre où boit Hermus à nul n'est présenté :
Est-ce orgueil de sa part? — Non, c'est humanité.

16.

CONTRE ZOÏLE.

Bardus se dit malade, et sa fièvre est l'ouvrage
Du luxe somptueux dont il fait étalage.
En santé, que lui sert ce beau lit de brocart
Dont le faste éclatant éblouit le regard?
Son mal n'est qu'un prétexte à sa vanité folle.
Donne à ton médecin congé, sur ma parole;
Tout son art ne peut rien, Bardus, pour ton état :
Mon cher, veux-tu guérir? emprunte mon grabat.

17.

CONTRE UNE BARBIÈRE.

A l'endroit où Suburre étale
A côté de mainte sandale,
L'instrument que redoute un esclave mutin,
Près d'Argilet, passant chaque matin,

Je vois s'établir sous un porche
Une barbière dont la main
N'a jamais rasé. — Mais enfin,
Que fait-elle donc? — Elle écorche.

18.

CONTRE MAXIME.

Chaque jour, j'en rougis, pour m'asseoir à ta table,
Près de toi je remplis les devoirs d'un client;
Chaque jour, près d'un autre on t'en voit faire autant.
Mon sort jusqu'à présent au tien est donc semblable.
J'accours à ton lever : Chez un grand, me dit-on,
Il fait sa cour. Des deux, quel rôle est préférable?
J'escorte ou je précède un fastueux patron,
Et je te vois soumis à pareille étiquette;
Puisqu'entre nous subsiste égalité parfaite,
Maxime, cherche ailleurs un client, s'il te plaît :
Moi, je veux un patron qui ne soit pas valet.

19.

A ZOÏLE.

Zoïle, en m'invitant, tu crois combler mes vœux;
Heureux, moi, d'un dîner! du dîner de Zoïle!
Qu'il partage celui des gueux de notre ville,
Celui que ton dîner aura pu rendre heureux!

20.

SUR PAUL.

Si Paul se fait honneur des ouvrages d'autrui,
A-t-il tort? il les paie; ils sont donc bien à lui.

21.

CONTRE POSTHUME.

Tes baisers sont pour l'un, ta main pour l'autre; enfin,
Tu demandes mon choix? je préfère ta main.

22.

CONTRE LE MÊME.

Muses, et toi, Phébus, que ma douleur vous touche!
Ce sont vos vers badins que j'en dois accuser;
J'en étais quitte hier pour un demi-baiser,
Et Posthume aujourd'hui me baise à pleine bouche.

23.

SUR LE MÊME.

On veut savoir quel Posthume est le mien,
Mais c'est en vain qu'on me harcelle;

De mon secret, non, je ne dirai rien.
A quoi bon se mettre en querelle
Contre un baiseur qui se venge si bien?

24.

A CANDIDE.

Oui, si le sort t'appelle au banc des accusés,
On me verra, couvert d'habits sales, usés,
M'asseoir auprès de toi, plus pâle que toi-même.
Si Thémis te bannit, avec l'ami que j'aime
Des mers et des écueils affrontant le péril,
J'abandonnerai tout pour te suivre en exil.
Mais, dis-moi: si le sort, demain, de ses largesses
Venait à te combler, pourrais-je à ta richesse
A mon tour espérer d'obtenir une part,
Une moitié?—C'est trop.—Eh bien, du moins un quart?
—Tu n'en serais pas mieux; j'en serais moins à l'aise.
—Oh! j'ouvre enfin les yeux, et vois, ne t'en déplaise,
Que, si le ciel un jour daigne exaucer tes vœux,
Ingrat, je dois m'attendre à te voir seul heureux.

25.

A GALLA.

Promettre sans tenir, si c'est là ton système,
Dans ta bouche un refus vaut mieux qu'un : Je vous aime.

26.

A BITHYNICUS.

Ta femme tousse, râle, et d'un prochain veuvage
La vieille à chaque instant caresse ton désir.
Bithynicus, tu crois tenir son héritage;
Erreur! elle te leurre, et ne veut pas mourir.

27.

SUR SÉLIUS.

Lisez dans un salon, ou plaidez au palais;
    Quand l'heure du dîner s'avance
Il faut que Sélius vous prenne en ses filets.
— Admirable! A ravir! Quel goût! Quelle éloquence!
  — Bien : c'est assez; je t'invite : silence!

29.

A RUFUS.

Vois-tu, mon cher Rufus, avec grand apparat
Au banc des sénateurs cet homme qui s'installe?

Une sardoine orientale
De sa main jusqu'à nous reflète un vif éclat.
Sa toge ternirait la neige la plus pure,
Et Tyr pour son manteau prodigua sa teinture.
   De ses cheveux les parfums exhalés
      Embaument tout l'amphithéâtre.
Ses jambes et ses bras, avec soin épilés,
Présentent le poli, le luisant de l'albâtre.
Une brillante agrafe attache élégamment
Son brodequin de pourpre, ennobli d'un croissant.
   La bandelette où, sur la toile,
   L'or a dessiné mainte étoile,
  Couvre son front d'un riche bourrelet.
Cet homme, quel est-il?... Si ta main indiscrète
   Soulève un peu la bandelette,
Son front stigmatisé te dira ce qu'il est.

30.

CONTRE CAIUS.

J'avais très-grand besoin de quelque cent écus,
Et pour les emprunter, je m'adresse à Priscus,
Mon ami de trente ans. Une pareille somme
N'aurait pas, même en don, trop pesé sur un homme
Dont les coffres sous l'or cent fois se sont rompus.
— Ami, le barreau t'offre une riche carrière,
Exploite-la, crois-moi, tu ne saurais mieux faire.
— Merci de ton conseil, lui dis-je assez surpris ;
Je te demande un prêt, et non pas un avis.

32.

CONTRE PONTICUS.

Ponticus, j'ai besoin de votre patronage :
Vous pouvez me servir ; je plaide contre Albus.
— Je crains de l'offenser ; excuse mon refus.
— Contre Licinien. — C'est un grand personnage,
Je dois le respecter. — Patrobas, mon voisin,
Souvent de quelques pieds écorne mon terrain.
— L'affranchi de César vaut bien qu'on le ménage.
— Philœnis me dérobe un valet de vingt ans,
Puis, quand je le réclame, impudemment m'outrage.
— Elle est veuve, elle est riche, âgée et sans enfants,
    Bonne part dans son héritage
    M'est promise depuis longtemps ;
Devant les tribunaux veux-tu que je la brave ?
— Adieu, je ne suis plus l'esclave d'un esclave,
D'un stérile patron qui craint petits et grands ;
Je suis libre, et ne veux désormais reconnaître
Pour maître, que celui qui n'aura pas de maître.

36.

A PANNICUS.

Pannicus, vos cheveux, sans être négligés,
Ne doivent jamais être artistement rangés.

Que votre peau soit nette et non pas éclatante,
Loin de vous les parfums qui la rendent luisante.
Pour votre barbe aussi fuyez les deux excès,
  Qu'elle ne vous donne jamais
  L'air d'un accusé, ni d'un Mage;
Sans être efféminé, n'ayez rien de sauvage.
Votre dehors annonce un dur stoïcien,
Mais l'âme en vous décèle un épicurien.

37.

CONTRE CÉCILIANUS.

Je t'invite à dîner; à peine as-tu pris place,
  Qu'à droite, à gauche, ainsi qu'en face,
Tout ce qu'on a servi dans l'instant disparaît,
Tout est raflé. D'un porc la hure et le filet,
  Un francolin, flanqué de quatre grives,
  Ample dîner pour deux convives,
Un brochet tout entier, moitié d'un surmulet,
  Un gros ramier garni de fromentée,
Un côté de lamproie, un quartier de poulet,
  Dans ta serviette bien lestée,
Tout s'empile : de graisse et de jus humectée
  Tu la remets aux mains de ton valet,
Pour être à ton logis à l'instant emportée;
  Tandis que nous, convives sans festin,
Nous restons interdits de ton hardi larcin.
De quelque honte encor si ton âme est capable,

Cécilien, allons, regarnis notre table :
Je ne t'ai point invité pour demain.

38.

CONTRE LINUS.

Que peut te rapporter ton champêtre manoir ?
— Oh ! beaucoup ! le bonheur de ne jamais te voir.

40.

CONTRE TONGILIUS.

Tongilius, dit-on, est brûlé de la fièvre ;
On se trompe : son mal, c'est la soif et la faim.
Je connais l'homme, et suis, s'il veut, son médecin.
Qu'une tourte de grive, ou qu'un pâté de lièvre
Suivi d'un gros brochet et d'huîtres du Lucrin,
Sur sa table étalés, viennent chaque matin
Prévenir de son mal l'accès périodique ;
Qu'il arrose le tout d'un excellent massique.
Loin de lui le falerne et les vins capiteux,
    Que l'on ne boit qu'avec réserve ;
    Mais qu'en abondance on lui serve
Le cécube épuré, l'opimien bien vieux
Que son riche cellier sous dix clefs lui conserve.
    Tous tes prétendus médecins,
  Tongilius, t'ont ordonné les bains ;

Moque-toi d'eux, et ris de leur sottise ;
Sur ton état leur art est en défaut.
Un cuisinier, voilà le docteur qu'il te faut ;
Ton vrai mal, c'est la gourmandise.

41.

CONTRE MAXIMINA.

Le rire vous sied bien ; riez, nymphes gentilles,
A dit certain auteur, de Sulmone, je crois.
Mais ce conseil qu'il donne à quelques jeunes filles,
Maxime, si tu veux être de bonne foi,
Conviens qu'il ne s'adresse à nulle moins qu'à toi.
Tu n'as plus que trois dents d'une ébène assez noire,
Cesse de les montrer ; et si tu veux m'en croire,
D'un rire délateur crains l'éclat imprudent ;
Comme pour ses cheveux Spanius craint le vent,
Pour sa robe, Priscus un fâcheux voisinage,
Pour ses roses, Fabulle ou la pluie ou l'orage,
Sabella, pour ses lis un soleil trop ardent.
D'Hécube ou d'Andromaque affiche l'air austère :
Fuis tout plaisir bruyant, évite tout banquet
Où la gaîté se donne une libre carrière ;
Les propos agaçants où le rire pourrait
Épanouir ta lèvre et trahir ton secret.
Redoute Philiston et ses farces comiques ;
N'assiste désormais qu'aux spectacles tragiques.
Mêle tes pleurs à ceux dont une femme en deuil
De l'objet le plus cher arrose le cercueil.

Aux beautés de vingt ans laisse la gaîté folle;
Pleure, Maxime, pleure; aujourd'hui c'est ton rôle.

43.

CONTRE CANDIDE.

Candide, laisse là ton refrain importun,
Tes grands mots : « Entre amis tout doit être commun. »
De ton riche manteau la laine éblouissante
Fut ravie aux troupeaux de Parme ou de Tarente;
Le mien semble un débris des ballons en lambeaux
Qui des taureaux du cirque ont subi les assauts.
Tyr t'envoie à grands frais ta pourpre consulaire;
Je n'aurais pas dix as de ma défroque entière.
Ta table, aux pieds d'ivoire, est d'un marbre africain;
La mienne porte à faux sur ses pieds de sapin.
Lorsqu'un crabe rougit mon assiette frugale,
Un monstrueux barbeau sur tes plats d'or s'étale.
Dix valets attentifs à ton moindre désir
S'empressent; et je n'ai que moi pour me servir.
Ainsi, gorgé de biens, d'un œil d'indifférence
Tu vois ton vieil ami languir dans l'indigence;
Et quand souvent, le soir, il est encore à jeun,
Tu lui dis : « Entre amis tout doit être commun. »

44.

CONTRE SEXTUS.

Si, pour environ cent écus,
J'achète esclave ou robe neuve,

A l'instant l'avare Sextus,
Que je connais depuis trente ans et plus,
Craignant pour un emprunt d'être mis à l'épreuve,
Tout bas murmure en sons confus,
Mais de façon pourtant que je l'entende :
Je dois dix mille as à Phébus,
A Secundus vingt mille, et trente à Philetus ;
Chez moi pas une obole !... Oui, ton adresse est grande,
Et je t'admire, ami Sextus ;
Mais, pour exprimer un refus,
Attends du moins qu'on te demande.

46.

CONTRE NÆVOLUS.

Comme au printemps, l'Hybla, peint de mille couleurs,
Offre au choix de l'abeille une moisson de fleurs,
Ainsi l'on voit, chez toi, les armoires, les presses
Briller de vêtements de toutes les espèces,
Toges, robes, manteaux l'un sur l'autre empilés,
Ou dans ton vestiaire aux regards étalés.
Tout un quartier serait vêtu de la dépouille
Des troupeaux qui pour toi s'engraissent dans la Pouille,
Et tu peux sans pitié voir mes flancs découverts,
Subir sous des haillons la rigueur des hivers !
N'est-il pas, dans ta garde-robe,
Où dorment tant d'habits divers,
Un manteau de rebut, ou quelque ancienne robe ?
Permets qu'en ses besoins un ami les dérobe,

Non pas à toi, Névol (jamais tu ne t'en sers),
Mais à leurs vrais maîtres : aux vers.

48.

A RUFUS.

Un traiteur, des bains, un barbier,
Une aimable moitié, peu savante, mais tendre,
Quelques livres de choix, des échecs, un damier,
Un ami qui sache m'entendre;
Dans le plus ingrat des pays
Qu'on m'offre ces biens réunis,
Et pour y vivre sous le chaume
Je quitte sans regret les délices de Rome.

53.

A MAXIMUS.

Je prétends être libre.—Est-il vrai?... Veux-tu l'être?
Toi-même, Maximus, tu t'abuses peut-être?
Mais, si pourtant c'est un ferme désir,
Apprends comment tu peux y parvenir.
Laisse là les dîners; plus de soupers en ville;
Chez toi, table à trois pieds et vaisselle d'argile
T'offriront, dans deux ou trois plats,
Des mets sains, mais peu délicats.
Qu'une coquille soit ta modeste salière;
Ne redoute pas l'âpreté

D'un vin dur et non frelaté
 Que te verse une simple aiguière;
Vois en pitié les vases précieux
 Dont ton Cinna, chaque soir à tes yeux,
Etale avec orgueil l'opulente misère.
 Fais ton palais d'une étroite chaumière;
 Que ton manteau, l'hiver comme l'été,
Soit, ainsi que le mien, d'une étoffe grossière;
Tu seras, si tu prends cet empire sur toi,
Plus libre que le Parthe et plus heureux qu'un roi.

55.

A SEXTUS.

Je puis te respecter ou t'aimer à ton choix,
Mais ne puis t'accorder l'un et l'autre à la fois.
— Moi, je veux du respect. — Si tel est ton système,
Tu seras obéi : cherche un autre qui t'aime.

57.

CONTRE UN FAUX RICHE.

Vois-tu ce jeune fat en robe violette,
 Nonchalamment, à pas lents, inégaux,
 Des septes traversant l'enclos,
 Qui, par son luxe et sa mise coquette,

De tous nos élégants éclipse la toilette?
A sa suite se traîne un troupeau de clients,
Et sa litière, neuve ainsi que l'équipage,
 A pour escorte un cortége d'enfants.
 Eh bien, cet homme à si grand étalage,
Chez Claude l'usurier vient de laisser en gage
  Son anneau d'or, afin d'avoir
  Six écus pour dîner ce soir.

58.

CONTRE ZOÏLE.

Malgré le luxe dont tu brilles,
 Je ne suis pas jaloux de toi,
Zoïle; insolemment tu ris de mes guenilles;
 Guenilles, soit, mais elles sont à moi.

59.

SUR UNE SALLE A MANGER APPELÉE DIAMANT.

Le nom de Diamant m'a su bien définir;
Dans mon étroite enceinte habite le plaisir.
Ici mange César. Auguste au loin repose
Sous ce dôme que l'œil d'ici peut découvrir.
A table, amis! buvez, couronnez-vous de rose;
Prodiguez les parfums; hâtez-vous de jouir;
Un dieu même vous dit : Songez qu'il faut mourir !

64.

SUR TAURUS.

Indécis sur le choix où tu dois t'arrêter,
Avocat ou rhéteur, quel parti vas-tu prendre?
A suivre une carrière on te voit hésiter,
Quand il serait pour toi plus que temps de quitter.
  Taurus, crois-moi, c'est trop attendre;
Déjà presque aussi vieux que Priam et Nestor,
  A te fixer peux-tu tarder encor?
La mort de trois rhéteurs t'offre un moyen facile
D'embrasser leur état aussi noble qu'utile.
Allons, rends-moi témoin de tes heureux essais...
Mais tu crains d'affronter les travaux de l'école;
Eh bien! près de Thémis tu peux avoir accès;
La cour, en ce moment, regorge de procès,
Au point que Marsyas, y prenant la parole,
De son haut piédestal obtiendrait des succès.
  Anime-toi! trop longtemps tu diffères
A remplir tes devoirs d'homme et de citoyen;
Sur ce que tu feras, toujours tu délibères,
Et bientôt, malheureux, tu peux n'être plus rien.

65.

CONTRE SALEJANUS.

Quelle sombre tristesse enveloppe ton front,
  Salejanus? Quel accident si prompt

Peut te consterner de la sorte?
Le motif est-il grave? — Ami, ma femme est morte.
— Eh! quoi donc, elle t'a quitté,
Cette Sécundilla, cette femme charmante.
Qui t'a, m'a-t-on dit, apporté
Quinze ou vingt mille écus de rente!
O coup du sort! ô disgrâce accablante!
D'un tel malheur que je souffre pour toi!
Ah! que n'est-il plutôt tombé sur moi!

66.

CONTRE LALAGÉE.

Sur trente boucles de cheveux
Qu'assembla sur sa tête un soin industrieux,
Une seule s'est dérangée
Faute d'épingle. Aussitôt Lalagée
Saisit le miroir indiscret
Qui vient de trahir le forfait :
Elle en frappe Plécuse, et sa main furieuse,
Dans son sang qui ruisselle étend la malheureuse.
Barbare! laisse là tes cheveux désormais,
Et que nulle femme, jamais,
Ne prenne soin d'orner une tête en démence;
Puisse la salamandre ou le tranchant rasoir
Te payer dignement de tant d'extravagance,
Et te rendre le front plus nu que ton miroir!

67.

A POSTHUME.

Du plus loin que tu m'aperçois,
«—Que fais-tu?» c'est ton mot, ton salut ordinaire.
Si cent fois en un jour nous nous voyons, cent fois
Tu me dis: « Que fais-tu? » Tu n'as donc rien à faire?

68.

A OLUS.

Je t'appelais jadis mon maître, mon patron,
Et t'appelle aujourd'hui simplement par ton nom,
Olus; mais de ma part ce n'est point arrogance;
Je me suis rendu libre au prix de mon aisance.
Qu'il se donne un patron et qu'il accepte un roi,
Celui qui, ne sachant être maître de soi,
Contre les faux plaisirs qui suivent l'opulence
Échange le vrai bien de son indépendance.
 En deux mots voici mon secret:
 On est libre quand on veut l'être;
 Qui sait se passer de valet
 Sait aussi se passer de maître.

69.

CONTRE CLASSICUS.

C'est malgré toi, dis-tu, que tu dînes en ville,
Classicus; à quoi bon ce mensonge inutile?
Apicius dînait volontiers chez autrui,
Et n'aimait pas, dit-on, à manger seul chez lui.
On te force?... Eh! dis-moi, qui t'oblige à t'y rendre?
Ainsi dit Sélius à qui veut bien l'entendre.
Ce soir, chez Mélior, t'attend un grand repas...
Quoi! déjà tu mollis! Sois homme, et n'y va pas.

71.

A CÉCILIANUS.

Nul, moins que toi n'a de malice,
Et pourtant je remarque en toi
Un assez singulier caprice.
Voudrais-tu me dire pourquoi
Lorsqu'il arrive que, de moi,
Tu lis à peine un court passage,
Tout aussitôt, des vers connus
Ou de Catulle ou de Marsus,
Tu débites toute une page?
C'est pour faire valoir les miens;
Tu me le dis, je veux le croire;

Mais, en ce cas, que ta mémoire
Du moins te fournisse des tiens.

72.

CONTRE POSTHUME.

Posthume, enfin que dois-je croire
D'un bruit qui me fait peine et n'est pas à ta gloire?
Hier, dans un souper (j'ose le dire à peine),
Tu reçus un soufflet, mais tel, que sur la scène,
    Jamais l'histrion Pannicus,
Dont la joue est vouée à cet indigne outrage,
N'en reçut un pareil des mains de Latinus;
Et, ce qui me surprend encore davantage,
L'auteur de cet affront serait Cécilius.
    Tel est le bruit qui partout se propage.
Rien n'est plus faux, dis-tu. Posthume, je te croi,
Mais, pourtant, les témoins semblent dignes de foi.

74.

SUR SAUFEJUS.

Ami, remarque Saufejus
Que précède et que suit le plus nombreux cortége;
Ne croirait-on pas voir l'illustre Régulus,
Que jusqu'à sa maison souvent la foule assiége,

Lorsque l'accusé qu'il protége,
Et qu'ont sauvé ses soins officieux,
Au pied de leurs autels va rendre grâce aux Dieux?
Garde-toi, Maternus, de lui porter envie,
Et qu'un luxe pareil ne soit jamais le tien!
Ces amis, ces clients dont il se glorifie,
Pour se les procurer il engage son bien,
Et bientôt expira sa brillante folie.

75.

SUR UN LION.

Un lion, adouci par la captivité,
    Souffrait avec docilité
  Les châtiments infligés par son maître;
Même sa complaisance allait jusqu'à permettre
    Qu'il promenât en liberté
Sa main jusques au fond de sa gueule sauvage.
Mais un jour, tout à coup son instinct de carnage
Se réveille; il reprend cette férocité
Qu'au désert un lion en liberté déploie.
    Deux enfants, munis de râteaux,
Renouvelaient l'arène : en rugissant de joie,
Il s'élance, saisit et déchire en lambeaux
    Cette innocente et faible proie.
Le cirque, si souvent témoin d'actes cruels,
N'en avait point encor vu d'aussi criminels.
Barbare! de quel nom faut-il que je te nomme?
Assassin, monstre affreux! dans ce lieu même, apprends

Qu'une louve eut pitié de deux tendres enfants,
Et nourrit de son lait les fondateurs de Rome !

76.

SUR MARIUS.

Marius devait, sur son bien,
Te laisser, disait-il, une somme en espèces ;
Tu ne lui fis pas de largesses,
Et tu n'obtins de lui que des promesses :
Vous êtes quitte à quitte, et ne vous devez rien.

77.

A COSCONIUS.

L'épigramme est, dis-tu, chez moi trop peu concise.
Cosconius, des chars qui disputent le prix
Va graisser les essieux, et laisse mes écrits.
Aristarque ignorant ! ainsi donc ta sottise,
Du colosse d'airain abaissant la hauteur,
Pour l'enfant de Brutus voudrait plus de grandeur.
Apprends à mieux juger. Souvent un seul ouvrage,
Chez Marsus ou Pédon, prend une double page ;
Un livre où tout s'enchaîne est court pour le lecteur :
Tes distiques, à toi, pèchent par leur longueur.

78.

A CÉCILIANUS.

« Où garder mon poisson dans les grandes chaleurs ? »
— Mets-le dans ton étuve; il sera mieux qu'ailleurs.

79.

A NASICA.

Quand je dîne dehors, tu m'invites chez toi;
Mais prends garde ! aujourd'hui, je dîne seul chez moi.

80.

SUR FANNIUS.

Par peur de l'ennemi se priver de la vie,
C'est se jeter dans l'eau par crainte de la pluie.

81.

A ZOÏLE.

Autant que tu voudras élargis ton brancard,
Zoïle, mais bientôt qu'il soit ton corbillard.

85.

A UN AMI.

Ami, durant ces jours consacrés à Saturne,
Dans sa robe d'osier, de moi reçois une urne
Où la neige, de l'eau conserve la fraîcheur
Malgré la canicule et sa brûlante ardeur.
　Si tu te plains qu'au milieu de décembre
Je t'envoie un présent qui ne sert qu'en été,
　　Toi, donne-moi, de ton côté,
D'un drap ras et léger une robe de chambre,
Je n'accuserai pas l'inopportunité.

86.

A CLASSICUS.

Je ne sais ni briller par des vers rétrogrades,
Ni lire à reculons ceux de l'impur Sotades,
Et je me ris des Grecs quand j'entends les échos,
Pour réponse, à leurs vers, rendre leurs derniers mots.
Du délicat Athys, l'énervé galliambe
N'a jamais amolli mon mâle dithyrambe;
En suis-je moins poëte? en ai-je moins de prix?
Lada, qui de la course obtient toujours le prix,
Voudrait-il s'abaisser à franchir le Pétaure?
A pâlir sur des riens l'auteur se déshonore;

Sur des futilités l'esprit se rétrécit,
Et dans des jeux d'enfants s'épuise et s'amortit.
Qu'un autre pour la foule écrive ses ouvrages ;
Moi, des seuls connaisseurs je brigue les suffrages.

88.

CONTRE MAMERCUS.

Tu ne lis jamais rien et te prétends poëte ;
Soit, pourvu que toujours ta muse soit muette.

89.

CONTRE GAURUS.

Bien avant dans la nuit tu pousses la débauche ;
Je t'excuse, Gaurus : Caton eut ce travers.
Tes vers n'offrent souvent qu'une grossière ébauche ;
Passe encor : Cicéron écrivait mal en vers.
A l'exemple d'Antoine, au sortir de la table...
Tu m'entends... Grâce à lui, je te crois pardonnable.
On te dit fort gourmand ; je n'ose te blâmer :
De tant d'Apicius tu peux te réclamer !
Mais tu voles au jeu : réponds avec franchise,
Pour un vice aussi bas, quel grand nom t'autorise ?

90.

A QUINTILIEN.

O Vous, dont les leçons et les écrits divins
    Dans la carrière littéraire
Dirigent les essais et les pas incertains
    D'une jeunesse un peu légère,
Quintilien, honneur du haut rang consulaire,
Pardonnez si, quittant les pénibles travaux,
    Et renonçant aux biens que l'on envie,
J'ai prévenu le temps qui permet le repos,
Empressé que j'étais de jouir de la vie.
Jamais on ne se hâte assez de la saisir.
    Que celui-là diffère d'en jouir,
Qui veut de ses aïeux accroître l'héritage,
Et dans son atrium contemple leur image,
Sans songer que la sienne y doit venir un jour,
Et peut-être, bientôt, figurer à son tour.
Pour moi, que me faut-il? une case enfumée,
Un modeste foyer bien garni de ramée,
Une source d'eau vive, un tapis de gazon,
Un valet bien dispos qui soigne la maison;
Une épouse illettrée, aimable plus que belle,
La nuit un bon sommeil, le jour point de querelle.

91.

A DOMITIEN CÉSAR.

Digne appui de l'empire, honneur de l'univers,
    Toi dont parmi nous la présence,

Des Dieux atteste l'existence,
César, si tant de fois mes vers
Pour charmer tes loisirs à toi se sont offerts,
Daigne accorder à ma prière
Les droits du Romain trois fois père.
La Fortune m'a refusé
Le privilége auquel j'ose prétendre ;
Par César seul j'en puis être favorisé,
Et de lui seul aussi je me plais à l'attendre.
Si mes vers n'ont pu plaire, eh bien ! de mes regrets
Cette faveur deviendra l'allégeance,
Et s'ils ont plu, de mon succès
Elle sera la récompense.

92.

REMERCIEMENT A DOMITIEN.

Du père de trois fils je briguais l'avantage,
Mes travaux, de César l'ont enfin obtenu.
Point d'épouse !... Adieu donc les soucis d'un ménage !
Ton bienfait, ô César ! ne sera point perdu.

FIN DU SECOND LIVRE.

LIVRE TROISIÈME.

1.

AU LECTEUR.

Ce livre, tel qu'il soit, t'arrive, cher lecteur,
    Du fond de la Gaule lointaine
Que distingue le nom de la toge romaine.
Peut-être au précédent il est inférieur ;
Tous deux sont cependant enfants du même auteur.
Mais autant qu'aux palais le cède un toit de chaume,
Autant le fils gaulois le cède aux fils de Rome.

2.

A SON LIVRE.

Avant de me quitter pour te rendre à la ville,
Mon cher livre, fais choix d'un protecteur utile,
    Si tu ne veux bientôt à tes dépens
Habiller la marée, ou le poivre et l'encens.

Tu nommes Faustinus... J'approuve ta prudence.
Vers Rome désormais marche avec assurance ;
Fier du double ornement qui décore ton front,
Et des fermoirs où l'or en bossettes éclate,
Va parfumé de cèdre, et vêtu d'écarlate,
De ton titre étaler le brillant vermillon !
Ton succès est certain : sous un tel patronage
Tu dois de Probus même entraîner le suffrage.

4.

A SON LIVRE.

Tu vas te rendre à Rome; eh bien, mon livre, écoute!
  On te demandera sans doute
D'où tu viens. Tu réponds : Des parages connus
  Traversés par la large route
  Construite aux frais d'Émilius.
— Où réside l'auteur? — Si tu le veux, ajoute :
  Au forum de Cornélius.
—Pourquoi sa longue absence?—A Rome tout le blesse ;
  Il ne peut voir qu'avec douleur
  Et des clients la servile bassesse,
  Et des patrons l'insolente hauteur.
— Quand le reverrons-nous? — Il est parti poëte,
  Et, pour sortir de sa retraite,
Il attend qu'il devienne ou danseur ou chanteur.

5.

AU MÊME.

A Rome, où je ne puis protéger ta faiblesse,
Mon livre, à quel patron veux-tu que je t'adresse?
J'en vois plusieurs chez qui tu serais bienvenu,
Mais il suffit d'un seul de qui tu sois connu.
C'est Jule, mon ami, dont le nom à toute heure
Se retrouve en mes vers. Maintenant il demeure
Aux portes de la ville, en ce même logis
Qu'occupait autrefois le célèbre Daphnis.
Va le trouver : de lui, de son épouse affable
Sois sûr de recevoir l'accueil le plus aimable.
A ton nom, fusses-tu de poudre tout couvert,
Chez eux, le cœur, les bras, pour toi tout est ouvert.
N'importe qui des deux d'abord s'offre à ta vue,
Dis-lui tout simplement : Martial vous salue;
Chez d'autres, il faudrait prier, solliciter;
Chez Jule, il n'est besoin que de te présenter.

6.

A MARCELLINUS.

Le dix-huit mai revient, et ce jour désiré
Pour toi, Marcellinus, est doublement sacré.
De ton père jadis il marqua la naissance,
Et signale la fin de ton adolescence.

Parmi tous les beaux jours qui pour ton père ont lui,
Celui qui te fait homme est le plus beau pour lui.

7.

SUR LA SPORTULE.

Plus de sportule ! Adieu les cent chétifs quadrans
    Que chaque soir, sous le nom d'honoraire,
Un baigneur tout en eau délivrait aux clients
Lassés d'avoir vingt fois couru la ville entière.
    Qu'en dites-vous, trop avares patrons
        Qui faisiez jeuner vos piétons?
        Pauvres clients, troupe affamée,
A l'avenir vous ne vous plaindrez plus;
        La sportule enfin supprimée
        A fermé la porte aux abus;
Sans murmure, du maître escortez la litière,
Vous êtes aujourd'hui sûrs d'un juste salaire.

8.

CONTRE COSMUS.

Côme épouse Thaïs la borgne, et pour tous biens
La belle n'a qu'un œil. — Qu'a-t-il fait des deux siens?

9.

CONTRE CINNA.

Cinna, dit-on, en vers sur moi prend ses ébats;
C'est faux; il n'écrit point, puisqu'on ne le lit pas.

10.

CONTRE PHILOMUSE.

Homme sage et de prévoyance,
Ton père, connaissant ta prodigalité,
T'entretenait dans une honnête aisance,
Mais sans outrer la libéralité;
Et voyant peu de sûreté
A te livrer forte somme d'avance,
Il te fixait avec prudence,
Pour tes menus plaisirs, deux cents écus par mois,
Qu'il te comptait, non pas tout à la fois,
Mais jour par jour, afin de régler ta dépense.
Il meurt; et te voilà d'une fortune immense
Propriétaire incontesté;
Ah! malheureux, il t'a déshérité!

12.

CONTRE FABULLE.

Hier, à ton dîner, tout était parfumé,
J'en conviens ; mais aussi bien maigre était la chère ;
Que me font les odeurs quand je suis affamé?
Un bon dîner, pour moi, c'est le point nécessaire.
    Ne point manger, être embaumé,
C'est le rôle d'un mort étendu dans sa bière.

13.

CONTRE NOEVIA.

Ce lièvre, ce turbot et ce poulet juteux,
Nœvia, ne sont-ils ici que pour la forme?
    Quel scrupule religieux
T'empêche d'entamer ce sanglier énorme?
Rien n'est cuit, me dis-tu, tout est mal apprêté;
Cette chair saigne encor! Sévèrement traité,
Ce soir le cuisinier paîra sa négligence.
    — De tant de soins pour ma santé,
  Je te rends grâce, et ma faim t'en dispense...
    Mais, déjà tout est emporté,
Et ton dîner, qui tout entier te reste,
    N'aura pour moi rien d'indigeste.

14.

SUR TUCCIUS.

Parti d'Espagne accourait Tuccius
Le parasite, et près d'entrer dans Rome,
  Il apprend au pont Mulvius
  Que la sportule et ses abus,
  De la veille, n'existent plus.
Désappointé, tout aussitôt notre homme,
En murmurant de son espoir déçu,
  Repart ainsi qu'il est venu.

16.

CONTRE UN CORDONNIER.

  Digne suppôt de la manique,
  D'un spectacle ordonnant l'apprêt,
  Tu veux donc qu'au poignard s'applique
  Ce que t'a donné le tranchet?
  L'entreprise est vraiment unique,
  Et ne peut être que l'effet
  De quelque délire bachique.
  Car, que penser lorsque je vois
  Que sans regret, même avec joie,
  De ton propre cuir cette fois
  Tu fais aussi large courroie?

Si tu n'es pas fou du cerveau,
Crois-moi, rentre et reste en ta peau.

17.

CONTRE SABIDIUS.

D'un gâteau trop brûlant au dessert présenté,
    Aucun convive encor n'avait goûté ;
Tous souffraient volontiers un instant de remise,
    Quand, pressé par la gourmandise,
    Sabidius, parasite éhonté,
    S'empare du plat convoité,
    Et dessus souffle à plus d'une reprise.
Mais pour tous les dîneurs, ô cruelle surprise !
    Lorsque l'on put en approcher,
    Nul d'eux ne voulut y toucher ;
    Empoisonné par une haleine impure,
Le gâteau si friand n'était plus qu'une ordure.

18.

CONTRE MAXIMUS.

Un gros rhume, dis-tu, te tient depuis trois jours :
L'excuse est bonne ; ami, remporte ton discours.

19.

SUR UNE VIPÈRE CACHÉE DANS LA GUEULE D'UNE LIONNE.

Près du portique aux cent colonnes,
  Au Platanon, à l'ombre des berceaux,
En bronze figurait, parmi des animaux,
  La plus terrible des lionnes
Qu'anima jamais l'art sous ses hardis ciseaux.
  Un jeune enfant, le bel Hylas,
Près du monstre prenait ses innocents ébats.
  En folâtrant, dans sa gueule béante
  Il plonge sa main imprudente.
Mais dans les flancs de ce monstre d'airain,
Un monstre plus cruel, une affreuse vipère
  Dormait cachée : ô crime du destin !
Le reptile s'éveille ainsi que sa colère.
  Le bel enfant, digne d'un meilleur sort,
Expie à l'instant même une erreur déplorable,
Dont il ne s'aperçoit qu'en recevant la mort.
Heureux si la lionne eût été véritable !

20.

SUR CANIUS.

Dis-moi, Muse, que fait mon ami Canius ?
  Consacre-t-il à la mémoire

Les annales des Claudius ?
Nous apprend-il ce qu'il faut croire
De cet écrivain déhonté
Qui de Néron défigura l'histoire ?
De Phèdre nous rend-il la mordante gaîté
Et sa naïveté caustique,
La douceur de Tibulle, ou du genre héroïque
La grave et noble austérité ?
Ou bien, dans un ouvrage arrangé pour la scène,
Fait-il rire Thalie, ou pleurer Melpomène ?
Le matin, parfois, le voit-on,
Digne ornement d'un cercle avoué d'Apollon,
Lire avec goût ses vers remplis d'un sel attique ?
Ou, du milieu du jour évitant la chaleur,
Errer, libre de soins, de portique en portique,
Puis, vers le soir, revenir en flâneur
Sous les hauts buis d'Europe aspirer la fraîcheur ?
Quels bains, quelle campagne honore sa présence ?
Mais, peut-être, son inconstance,
En dépit de l'été, dont il prévient la fin,
Aux thermes de Baya donnant la préférence,
Il s'embarque sur le Lucrin,
Qu'il traverse avec nonchalance ?
Enfin, Muse, dis-moi ce qu'il fait, ce qu'il dit ?
— Il rit.

21.

CONTRE UN MAITRE CRUEL.

Un esclave qu'au front son maître avait flétri,
Quand par les proscripteurs ce maître est poursuivi,

Contre les assassins s'arme, prend sa défense,
Le sauve... Est-ce un bienfait, ou bien une vengeance?

22.

CONTRE APICIUS.

Le patron des gourmands, l'illustre Apicius
Venait de dévorer six fois cent mille écus;
Cent mille lui restaient : une pareille somme
Pouvait suffire encor pour vivre en honnête homme;
Il en juge autrement; et, redoutant la faim,
  Il veut terminer son destin,
  Et pour mourir en gastronome,
 Il s'empoisonne en un dernier festin.
Apicius, ton nom, cher à la gourmandise,
Était déjà fameux : ta mort l'immortalise.

23.

CONTRE UN AVARE QUI DONNAIT A DÎNER.

Lorsqu'à l'aspect du luxe étalé sur ta table,
  Notre appétit, excité par les mets,
Se flatte d'un repas aussi fin qu'agréable,
 De tous les plats ta main impitoyable
  S'empare, et les passe aux valets
  Derrière toi placés exprès.

Si cette lésine incroyable
Est chez toi manie incurable,
Fais mieux : à tes pieds désormais
Ordonne qu'on place la table.

LA MÊME, PLUS BRIÈVEMENT.

Si ta lésine inexcusable
Prétend nous ravir tous les mets
Pour les passer à tes valets,
A tes pieds fais servir la table.

25.

A FAUSTINUS.

Si tu veux d'un bain trop brûlant
 Abaisser la température,
Plonges-y Sabinus le rhéteur : je te jure
Qu'il sera de glace à l'instant.

26.

CONTRE CANDIDE.

Eh bien! Candide, soit: toi seul possèdes tout;
Toi seul tu réunis l'agréable et l'utile.
 Biens de campagne, biens de ville,
Beaux vases, bonne cave, et bon sens et bon goût,

Bon cœur et bon esprit surtout.
Enfin, chez toi, pour toi, Candide, tout abonde,
  Puisque tu le veux, j'en convien;
Oui, tout est pour toi seul; j'en excepte un seul bien,
Ta femme, qu'avec toi partage tout le monde.

27.

CONTRE GALLUS.

A mes dîners souvent je t'invite, et jamais,
Pour m'appeler aux tiens tu ne te mets en frais.
Je pourrais m'en piquer : pourtant je te pardonne
Si jamais à manger tu n'invites personne.
Il n'en est point ainsi : tu donnes des repas
Presqu'à toute la ville, et moi je n'en suis pas.
Nous avons tort tous deux : — Comment dois-je l'entendre?
— J'ai tort de t'inviter; toi de ne me pas rendre.

28.

CONTRE NESTOR.

Mon oreille, dis-tu, sent fort. Belle merveille !
Tu viens à chaque instant me parler à l'oreille.

29.

CONTRE ZOÏLE.

Ces chaînes, ô Saturne, et cette double entrave
Que Zoïle aujourd'hui vient de te dédier,

Sont les premiers anneaux, qu'étant jadis esclave,
Il a portés, avant d'être fait chevalier.

30.

A GARGILIUS.

La sportule aujourd'hui n'est qu'un simple repas;
Adieu des cent quadrans la rente accoutumée!
Ici, comment fais-tu pour sortir d'embarras,
    Gargilius? je ne le conçois pas.
Où prends-tu le loyer de ta chambre enfumée?
    Qui fournit à ton entretien,
A tes bains, à l'enfant de qui tu te fais suivre?
— Je suis très-économe et vis de peu.—C'est bien;
Fais mieux encor.—Comment?—Tâche de ne pas vivre.

31.

A RUFIN.

Riche propriétaire, aux champs comme à la ville,
Tu vois de débiteurs une foule servile
S'incliner humblement devant ton coffre-fort,
Et ta table dorée, élégamment servie,
A la table des Dieux ne porte point envie.
Jouis, mais sans orgueil, de ces faveurs du sort;
Sois envers tes clients d'un plus facile abord;
Deviens simple, modeste, et surtout fais-nous grâce
    De tes impertinents mépris;

Didyme t'éclipsa jadis,
Philomèle aujourd'hui t'efface.

35.

SUR DES POISSONS CISELÉS.

Les poissons qu'en ce vase a gravés le ciseau,
Veux-tu les voir nager? donne-leur un peu d'eau.

36.

A FABIANUS.

Quoi! d'un client nouveau le service assidu,
Tu l'exiges de moi? jusqu'au bout voudras-tu
Qu'assiégeant, le matin, ta porte, où je m'enroue,
J'attende ton lever? que, les pieds dans la boue,
J'escorte tes porteurs, que trop tard tu préviens,
Jusqu'aux bains d'Agrippa qui ne sont pas les miens?
Dois-je encore, lassé de trente ans de servage,
De ta vieille amitié faire l'apprentissage?
Ma robe est en lambeaux. Dis-moi, n'est-il pas temps
Qu'enfin mis en congé je vive à tes dépens?

37.

CONTRE LES AMIS SUJETS A SE FACHER.

Contre ses vieux amis se fâcher pour un rien,
Des riches de nos jours est assez la pratique.

Le procédé n'est pas beau, j'en convien;
Mais convenez aussi qu'il est économique.

38.

A SEXTUS.

Quel motif, quel projet, Sextus, t'amène à Rome?
Enfin, quel est, dis-moi, ton but et ton espoir?
—Parmi les orateurs que le barreau renomme
Je puis au premier rang espérer de m'asseoir.
—Atestinus, Civis, malgré leur éloquence
(Tu les connus tous deux), sont morts dans l'indigence.
—Eh bien, faisons des vers; mes chants seront si doux
Que Virgile lui-même en deviendrait jaloux.
—Insensé! tous ces gens que tu vois en guenille,
De Virgile aujourd'hui composent la famille!
—Je fais ma cour aux grands.—A ce métier si vain
Deux ou trois ont vécu; le reste meurt de faim.
—Que faire donc, dis-moi? car je veux vivre à Rome.
—C'est hasard si tu peux y vivre en honnête homme.

39.

SUR LYCORIS.

La borgne Lycoris s'adjuge un beau garçon
    Dont la fraîcheur en rien ne cède
A celle de Pâris ou bien de Ganymède.
Ma foi, pour une borgne, elle a l'œil assez bon.

40.

CONTRE THÉLÉSINUS.

Parce qu'en ma faveur, de ton coffre opulent
Tu voulus bien distraire une somme empruntée,
D'un aussi noble effort ton âme est enchantée,
Et des amis fameux tu te crois le plus grand.
Sois grand si tu le veux, pour me l'avoir prêtée ;
Je suis plus grand encor, moi, quand je te la rend.

41.

SUR UN LÉZARD CISELÉ.

Sur ce vase incrusté par la main de Mentor,
Un lézard te fait peur ! Ne crains rien : il est d'or.

43.

CONTRE MARCUS.

Marc se teint les cheveux, rajeunit son visage :
D'un cygne en un instant l'art en fait un corbeau ;
Mais la mort, sous son masque a reconnu son âge,
Et lui dit : Meurs ; ton front est mûr pour le tombeau.

44.

CONTRE LIGURINUS.

Tout le monde te fuit; à la table, aux concerts,
A peine tu parais, chacun bat en retraite;
Tous les salons pour toi deviennent des déserts;
Veux-tu savoir pourquoi? tu sens trop le poëte;
On peut pardonner tout, excepté ce travers.
Veuve de ses petits, la tigresse effrénée,
Le serpent dévoré par les feux du soleil,
De l'affreux scorpion la queue empoisonnée,
D'horreur ne font pas naître un sentiment pareil.
Assis, debout, courant, à la ville, en voyage,
Aux bains chauds, aux bains froids, toujours tu me poursuis;
Aux lieux les plus secrets vainement je te fuis,
Pour arriver à moi tu forces le passage.
On m'attend à dîner, tu barres le chemin.
  A table si j'ai pris ma place,
  Ton importunité m'en chasse;
  Et si, de guerre lasse, enfin,
  Il arrive que je sommeille,
  Ta voix en sursaut me réveille
Pour expirer sous ton livre assassin.
Veux-tu savoir quel est l'effet de ta manie?
  On rend justice à ta bonté,
  Peut-être même à ton génie;
  Homme d'honneur, de probité,
  Tu n'es pourtant qu'un fléau redouté,
Qui vivras exilé de toute compagnie,
  Et qui mourras sans être regretté.

45.

CONTRE LE MÊME.

Je ne sais si Phébus au festin de Thyeste
A reculé d'horreur; mais ce que je sais bien,
C'est que, de peur d'ouïr tes vers que je déteste,
Je suis prêt pour jamais de renoncer au tien.
Ta table est, j'en conviens, servie en abondance;
Mais ta lecture gâte, empoisonne les mets.
Garde tes champignons, tes énormes mulets,
Tes huîtres, tes turbots, et sers-nous ton silence.

46.

A CANDIDE.

Candide, tu veux donc que, sans fin, sans relâche,
En client assidu je serve auprès de toi?
 Permets pourtant que je reste chez moi,
Et qu'à mon affranchi je remette ma tâche.
Bien mieux que moi sans doute il peut s'en acquitter.
Derrière ton brancard lentement je me traîne :
 Ingambe et leste, il le suivra sans peine,
 Même, au besoin, il pourra le porter.
Que la foule s'oppose à ta marche rapide,
En quoi peut t'être utile un serviteur timide
Dont les bras sont sans nerfs et les reins délicats?
Mais lui, sans s'étonner, sans ralentir le pas,

Il oppose à la presse une épaule d'Alcide,
Et de ses larges flancs te faisant une égide,
D'une main vigoureuse écarte l'embarras.
Tu plaides : enchanté de ta mâle éloquence,
Je ne sais qu'écouter, qu'admirer en silence,
Tandis que stimulant les juges assemblés,
De battements de mains, de bravos redoublés,
   Il fait trembler la salle d'audience.
      Mais s'agit-il de contester?
      Retenu par la bienséance,
En débats scandaleux moi je n'ose éclater;
      Et lui, d'une voix de tonnerre,
      Il terrasse ton adversaire,
Que sa rude apostrophe a mis en désarroi.
—Ainsi de l'amitié tu trahis donc la loi?
Quel service à présent de toi pourrai-je attendre?
—Tous ceux qu'un affranchi ne pourra pas te rendre.

47.

SUR BASSUS.

A la porte Capène, à l'endroit où la route
Est humide des pleurs que distille la voûte,
Près du champ qui d'Horace a conservé le nom,
L'Almon roule ses flots consacrés à Cybèle.
   Non loin s'élève une étroite chapelle
Dès longtemps dédiée au fils d'Amphitryon.
Là passait, ce matin, Bassus dans sa voiture,
   Entouré des divers présents

Que prodigue à l'homme des champs
Un sol fécond aidé par la culture.
C'étaient des choux aux larges flancs,
Et la blanche laitue, et la verte poirée,
Et la mauve et la chicorée,
Deux sortes de porreaux, le melon savoureux,
Et la bette si chère aux ventres paresseux.
Aux produits du jardin joignez ceux de la chasse,
Un lièvre par le chien meurtri,
En guirlandes groupés le merle, la bécasse,
La caille et la grive bien grasse,
Avec un jeune porc de laitage nourri.
En avant, un coureur, pour cette fois utile,
Portait dans deux paniers pesants
Des œufs bien empaillés et disposés par rangs.
—Bassus apparemment revenait à la ville?
—Non, il partait pour sa maison des champs.

48.

SUR OLUS.

Naguère Olus, nageant dans l'opulence,
Fit bâtir un refuge ouvert à l'indigence.
Tombé dans l'infortune, il a vendu son bien,
Et l'asile du pauvre est maintenant le sien.

49.

CONTRE UN AMPHITRYON.

Tu me sers du verjus, tu bois l'opimien;
Fais-moi flairer ton vin : je te quitte du mien.

50.

CONTRE LIGURINUS.

C'est donc uniquement pour me lire tes vers
    Que d'un dîner tu me régales,
Ligurinus? je quitte à peine mes sandales,
    Que, pour début, à l'instant tu me sers,
Entre douce laitue et piquante saumure,
Une œuvre dont il faut essuyer la lecture.
    En attendant que de solides mets
      La table à loisir se garnisse,
Un second livre suit; un autre vient après,
      Et, durant le second service,
Deux autres arrivant encor sur nouveaux frais,
Jusqu'après le dessert prolongent mon supplice.
J'aime le sanglier; mais toujours et partout
Qu'on m'en serve, il devient un objet de dégoût.
      Si, pour habiller leur denrée,
    Mon cher ami, tu n'abandonnes pas
    Tes maudits vers aux vendeurs de marée,
      Désormais, j'en jure ma foi,
      Il te faudra dîner sans moi.

52.

A TONGILIANUS.

Ta maison pouvait bien valoir deux mille écus,
Tu la perds par le feu : malheur trop ordinaire.

On souscrit; tu reçois en dons quatre fois plus :
N'aurais-tu pas toi-même été l'incendiaire?

54.

A GALLA.

Quoi! pour quelques faveurs demander mille écus!
Peut-on avec plus d'art esquiver un refus?

55.

CONTRE OLLA.

Partout où vont tes pas, une vapeur d'essence
Qui se répand au loin, signale ta présence :
N'en sois pas vaine, Olla; quand je voudrai, mon chien
Aura la même odeur, par le même moyen.

56, 57, ET 57me DU LIVRE 1er.

A Ravenne, mieux vaut un puits qu'une taverne;
Le vin s'y vend moins cher que l'eau d'une citerne.
A mon hôte j'ai dit : Je veux du vin trempé,
Il me l'a donné pur; le fripon m'a dupé.
Mais la pluie a noyé sa nouvelle vendange;
Cette fois, malgré lui, je boirai du mélange.

58.

A BASSUS.

Bassus, notre Faustin, possède en Campanie,
Près de Baye, une bonne et grosse métairie,
Dont l'utile terrain ne nous offre, aligné,
Ni le myrte infécond, ni le buis bien peigné,
Ni du platane oiseux la stérile verdure;
C'est un vrai bien rural, agreste et sans parure.
Là, Cérès sous son poids affaisse les greniers;
Sur de larges rayons, l'opulente Pomone
De ses dons variés embaume les fruitiers;
Et Bacchus, à son tour, enrichit les celliers
Du nectar qu'il prodigue, au déclin de l'automne.
Aux approches des froids, les vignerons actifs
Recueillent les raisins oubliés ou tardifs.
L'indomptable taureau fait mugir la vallée,
Et près de lui, son fils, fier de ses dards naissants,
Bat la terre, et révèle, en ses jeux innocents,
Une ardeur qui bientôt sera mieux signalée.
Mais de la basse-cour les habitants ailés
Appellent mes regards : ici sont rassemblés
Et le paon dont la roue avec orgueil étale
De ses brillants trésors la pompe orientale;
Et l'oie aux cris aigus, à côté du canard
Qui répète, en ramant, son refrain nasillard;
La pintade enlevée aux champs de Numidie,
Et le faisan venu de la Colchide impie.
Le coq dans son sérail règne en sultan jaloux,

La palombe roucoule auprès de son époux ;
Près du flamant en feu la perdrix vergetée
Suit le cygne orgueilleux de sa robe argentée.
De sa tour le pigeon s'échappe au moindre bruit,
Et frappe à coups pressés le toit qui retentit.
Le porc glouton s'attache aux pas de la fermière.
L'agneau bêle, invoquant le retour de sa mère.
Bien propres, bien nourris, les fils du métayer,
Rangés en demi-cercle, assiégent le foyer
Abondamment garni du branchage des hêtres,
Qui rougissent le front des pénates champêtres.
Là, point de cabarets, de buveurs fainéants,
Ni de lutteur qui perde et son huile et son temps ;
Chacun a son emploi : l'un, aux grives avides
Va tendre des lacets ou des piéges perfides ;
L'autre, au bord d'un étang amorce le poisson,
Qui vient, saisit l'appât et pend à l'hameçon.
On rapporte à la ferme un daim pris dans les toiles.
Sous de larges chapeaux qui leur servent de voiles,
Les citadins, armés de bêches, de râteaux,
S'occupent, au jardin, de faciles travaux ;
Et de gais écoliers, libres du joug classique,
Goûtent mieux les leçons du précepteur rustique.
Tous ont la main à l'œuvre ; et le moindre valet
S'acquitte avec plaisir d'un travail qui lui plaît.

    De clients que l'intérêt guide
Le réveil des patrons à Rome est entouré ;
Le client villageois ne vient pas la main vide.
L'un apporte un rayon rempli d'un miel doré,
Ou d'un fromage épais la blanche pyramide ;
L'autre un loir endormi, surpris dans la forêt,
Ou de la basse-cour le gras célibataire,

Ou le jeune chevreau qui, privé de sa mère,
Se plaint de son absence, et réclame son lait.
Des filles du hameau l'essaim modeste et sage
Offre aussi ses présents. A la fin de l'ouvrage,
On invite au dîner un aimable voisin;
Il accourt. De la table, abondamment servie,
  Nul mets par une avare main
  N'est soustrait pour le lendemain.
Chacun suit en mangeant son goût, sa fantaisie,
Et l'esclave, enlevant les débris du festin,
A l'heureux convié ne porte point envie.
  Et toi, si pour passer le temps,
  De ton élégant belvédère,
  Tu vas à ta maison des champs
  (Car c'est ainsi que tu veux qu'on la nomme,
  Bien qu'elle touche aux murs de Rome),
Dans ton manoir rural, Bassus, que trouves-tu?
  Tu vois partout le superflu,
  Et nulle part le nécessaire.
  Tu n'aperçois que myrtes, que lauriers;
  Qu'as-tu besoin de jardiniers
Qui du marché tirent leur nourriture?
  Pour protéger tes espaliers
Il suffirait d'un Priape en peinture.
  Si le besoin de respirer
T'y conduit, dès la veille il faut te préparer
  Ainsi que pour un long voyage;
OEufs, légumes, poulets, poissons, fruits et fromage,
A grands frais par ton ordre à la ville achetés,
  Sont encaissés, empaquetés.
  Aux champs tout cela t'accompagne
  Chargé sur un large brancard;

Dis-moi, Bassus, ta maison de campagne
N'est-elle pas plutôt un hôtel à l'écart?

59.

SUR UN CORDONNIER ET UN FOULON.

A Bologne, naguère, on vit un cordonnier
Pour des gladiateurs faire ouvrir une arène;
Un foulon a suivi son exemple à Modène;
C'est à ton tour : allons, digne cabaretier,
Vois où tu soutiendras l'honneur de ton métier.

60.

CONTRE PONTICUS.

A ta table appelé, non plus comme naguère
Quand j'étais, Ponticus, ton client mercenaire,
Mais à titre d'ami, pourquoi, dans nos repas,
Cette inégalité que je ne comprends pas?
Dans les eaux du Lucrin des huîtres engraissées,
Pour t'ouvrir l'appétit, devant toi sont placées,
Et moi, pour premier mets je suce en grimaçant
Des moules dont l'écaille a mis ma lèvre en sang;
Quand tu dévores, seul et sans délicatesse,
Un plat de champignons de la plus fine espèce,
Des mousserons douteux, vil rebut d'un pourceau,
Me sont offerts à moi comme un friand cadeau.

Tu fêtes un turbot dont je n'ai que la vue,
Tandis que je déchire un lambeau de morue
Que j'abandonne aux chiens, jaloux d'un tel butin.
Au rôti, d'un ramier la croupe rebondie
Complète ton dîner; on me sert une pie
Qui dans sa cage étroite a péri par la faim.
Faut-il donc qu'avec toi, toujours sans toi je dîne?
Ponticus, de la loi que je profite enfin;
Plus de sportule? Eh bien, plus de double cuisine!

61.

CONTRE CINNA.

« Quoi! pour un rien, une misère,
  « N'obtenir qu'un refus! » — Eh bien,
Si tu ne veux qu'un rien, je crois te satisfaire,
  Cinna; je ne te donne rien.

62.

CONTRE QUINTUS.

De deux mille, et souvent de quatre mille écus
Nous te voyons, Quintus, payer un jeune esclave,
  Et tu ne veux admettre dans ta cave
Que des vins recueillis sous le roi Tatius;
Tu donnes un prix fou d'un meuble peu commode,
Même de mauvais goût, parce qu'il est de mode;
Ta vaisselle d'argent te coûte au moins cinq fois,
Si je sais calculer, la valeur de son poids;

De ton char une ferme a payé la dorure,
Et plus que ta maison te coûte ta monture.
Tu crois ainsi montrer une âme grande ; erreur !
Tu montres seulement peu d'esprit et de cœur.

63.

CONTRE COTILE.

On dit, et partout on répète,
Que vous êtes un élégant.
Si vous ne trouvez pas ma demande indiscrète,
Cotile, dites-moi par là ce qu'on entend.
—L'élégant est celui dont la tête soignée
Toujours artistement peignée,
Exhale au loin un nard délicieux ;
Qui fredonne avec goût les chants voluptueux,
L'ariette nouvelle ou d'Égypte ou d'Espagne,
Que son bras blanc et souple avec grâce accompagne
Des mouvements les plus moelleux ;
Qui, tous les jours assis dans des cercles de femmes,
Les entretient de leurs attraits ;
Et qui sans cesse a de nouveaux secrets
A débiter dans l'oreille des dames ;
Écrire, recevoir messages et poulets,
Y répondre, voilà ses plus rudes fatigues ;
Il craint surtout qu'un voisin étourdi,
S'approchant de sa robe, en dérange le pli ;
Toujours au fait des galantes intrigues,
Il court de table en table, et des coursiers fameux
Il vante la vitesse et cite leurs aïeux.

—Vous m'étonnez : voilà ce que la ville
Appelle un élégant? Pardon, mon cher Cotile,
Mais, tel qu'il est par vous ici représenté,
   Un élégant n'est qu'un être inutile,
Absorbé tout entier dans un art très-futile,
     Celui de la frivolité.

64.

A CASSIANUS, SUR CANIUS.

Ces dangers attrayants, ces piéges séducteurs
    Que jadis aux navigateurs
    Préparaient par leurs voix traîtresses
    Les sirènes enchanteresses,
Ulysse, nous dit-on, a su les éviter :
Je le crois volontiers. Mais si pouvant goûter
Auprès de Canius le charme et la justesse
D'un entretien mêlé de gaîté, de sagesse,
   On me disait qu'il a pu le quitter,
   Oh! c'est alors que je pourrais douter!

65.

A ISMÈNE.

La saveur d'un fruit mûr qu'une dent virginale
Presse avec volupté; le thym, le serpolet
Dont Flore le matin embaume le sommet
De Coryce, d'Hybla, d'Hymette ou de Ménale;

L'haleine que le myrte ou l'oranger exhale,
La vigne qui blanchit sous ses rameaux en fleur,
L'herbe que la brebis a fraîchement broutée,
La campagne en été doucement humectée,
De l'ambre et de l'encens l'odorante vapeur,
Le souffle d'un enfant, la guirlande légère
Qui parfume le front de la jeune bergère,
N'ont rien de comparable, Ismène, à tes baisers,
Baisers délicieux de nectar arrosés,
  Dont, hélas! ta rigueur barbare
  Comme à regret me fait le don;
Que seraient-ils, grands Dieux! dans un doux abandon,
  Si tu t'en montrais moins avare!

66.

CONTRE ANTOINE.

D'Antoine et de Photin, par un forfait égal,
La mémoire à jamais vivra déshonorée.
Pompée et Cicéron sous leur glaive fatal
  Ont vu tomber leur tête révérée.
Le premier illustra Rome par sa valeur,
Le second la charmait par sa noble éloquence;
Mais d'Antoine le crime excite plus d'horreur;
Photin servait son maître : Antoine, sa vengeance.

77.

CONTRE BÉTICUS.

Béticus, c'est en vain que la pêche et la chasse
De la terre et des eaux t'apportent les tributs;

Turbot et sanglier, lièvre, grive et bécasse,
T'inspirent du dégoût, provoquent les rebuts.
Tu ne veux ni faisans, ni poule de Libye;
Ni tourtes, ni gâteaux n'excitent ton envie;
Il te faut dans le sel un vieil oignon moisi,
Câpres et harengs saurs, et du jambon ranci;
Tu bois des vins gâtés, et tu crains le falerne.
Un goût si dépravé décèle un mal interne,
Quelque mauvais levain qui chez toi s'est aigri;
Car comment expliquer cette appétence impure
Qui de ton estomac fait un dépôt d'ordure?

94.

CONTRE RUFUS.

«Ce lièvre n'est pas cuit! Mon fouet! qu'on me l'apporte!»
  — Rufus, d'où vient contre ton cuisinier
    La colère qui te transporte?
Laisse en paix l'innocent que tu veux châtier,
Et découpe plutôt ton lièvre qu'on remporte.

95.

CONTRE NOEVOLUS.

Tu ne donnes jamais ton salut le premier,
Et ne fais que répondre à celui qu'on t'adresse,

Tandis que Curius, chef de notre noblesse,
    Donne le sien rarement le dernier.
Mais, d'où te vient, sur moi, le droit que tu t'arroges,
    Nœvole? en quoi m'es-tu supérieur?
    Te crois-tu donc et plus grand et meilleur?
Deux Césars m'ont comblé de présents et d'éloges,
Plus d'un gage a pour moi signalé leur faveur;
Car enfin, je tiens d'eux, quoique célibataire,
Les droits attribués au Romain trois fois père;
Et mon crédit, je crois, grâces à leurs bienfaits,
Fit plus de citoyens que tu n'as de valets.
Partout sont lus mes vers; dès mon vivant célèbre,
Ma gloire a prévenu mon éloge funèbre.
De plus, je fus tribun; et, pour ton désespoir,
En public je m'assieds où tu ne peux t'asseoir.
Mais que dis-je?... Ton bien, fruit du vol, du parjure,
Chaque jour croît encor par une infâme usure :
En cela je te cède; oui, sois fier : tu le peux;
Reçois donc mon salut, et rends-le si tu veux.

99.

CONTRE LE CORDONNIER DONNEUR DE SPECTACLES.

Pourquoi ce grand courroux et ces cris menaçants?
J'ai plaisanté ton art, et non pas ta personne.
Tes jeux coûtent du sang, et l'on te le pardonne :
Ne peux-tu pardonner quelques traits innocents?

100.

A RUFUS.

Aux mains de ton porteur, par l'effet d'un orage,
Mon livre ce matin t'arriva traversé.
Maint endroit en devait sans doute être effacé ;
　Le ciel, pour moi, s'est chargé de l'ouvrage.

FIN DU TROISIÈME LIVRE.

LIVRE QUATRIÈME.

1.

SUR L'ANNIVERSAIRE DE LA NAISSANCE DE DOMITIEN.

O jour qui de César signalas la naissance,
    Plus solennel, plus auguste à nos yeux
Que le jour où l'Ida, du plus puissant des Dieux
      En secret accueillit l'enfance!
Reviens toujours serein, et plus nombreux encor
Qu'on ne te vit jadis revenir pour Nestor..
Qu'ainsi puisse César, durant longues années,
Brillant de pourpre et d'or, dans les Panathénées,
De couronnes de chêne honorer les vainqueurs!
Qu'il préside au retour des grands jeux séculaires,
    Et renouvelle les mystères
Que consacra jadis Rome à ses fondateurs!
Nous implorons de vous de bien grandes faveurs,
Dieux du ciel! mais nos vœux pourraient-ils vous déplaire?
Il s'agit de César, notre Dieu sur la terre.

2.

SUR HORACE.

Aux jeux, hier, les spectateurs,
Chacun à son rang, sénateurs,
Chevaliers, et le peuple même,
Tous, ainsi que leur chef suprême,
En toge, en robe, en manteaux blancs,
Du cirque garnissaient les bancs.
Vêtu de noir, le seul Horace,
Dans tout le circulaire espace
Tranchait par sa sombre couleur;
Lorsque la neige, par bonheur,
Aux yeux de l'assemblée entière,
Vint du sinistre spectateur
Blanchir la robe réfractaire.

3.

SUR LA NEIGE QUI COUVRIT DOMITIEN AU SPECTACLE.

Quelle humide toison de neige condensée
Inonde de César le visage et le sein?
Il n'en murmure pas, et voit d'un œil serein
    L'eau sur sa tête en flocons amassée,
Accoutumé qu'il est à braver les frimas
    Et les glaçons des plus rudes climats.

Mais, quel Dieu te lutine, ô César? Je m'abuse,
    Ou, dans ce nuage innocent
    Qui du ciel sur ton front descend,
Je reconnais un jeu de ton fils qui s'amuse.

4.

CONTRE BASSUS.

D'un marais desséché l'exhalaison fangeuse,
De l'Albula dormant la vapeur sulfureuse,
Le bain où l'eau de mer a longtemps séjourné,
Du soldat vétéran le manteau suranné,
Du juif encor à jeun l'haleine aigre et fétide,
Celle de l'accusé que son juge intimide,
La lampe de Léda, qui meurt sans aliment,
L'huile dont le Sabin pétrit son liniment,
Le bouc avec ardeur poursuivant sa compagne,
La pourpre qui deux fois teint la laine d'Espagne,
Le gîte où la vipère a reposé la nuit,
L'urine du renard que la meute poursuit,
De ces mortels poisons, Bassus, aucun n'égale
L'horrible puanteur que ta personne exhale.

5.

A FABIEN.

Belle âme, cœur loyal, et parfait honnête homme,
Mais pauvre, Fabien, que viens-tu faire à Rome?

Peux-tu, vil complaisant d'un patron libertin,
Être son compagnon de débauche et de table;
Ou bien, chaque matin, d'une voix redoutable,
Citer aux tribunaux le fourbe ou l'assassin;
Corrompre d'un ami l'épouse belle et sage,
Ou d'une riche vieille épier l'héritage?
Te verra-t-on, des grands assiégeant les palais,
Trafiquer d'un crédit que tu n'auras jamais?
Tu ne peux seconder, louangeur mercenaire,
Des idoles du jour la vogue passagère;
Homme droit, ami vrai, tu crois percer? Erreur!
Tu n'atteindras jamais au destin d'un flûteur.

6.

A MASSILIANUS.

D'une vierge au front ingénu
Tu veux affecter l'innocence;
Mais toujours un cœur corrompu
Se trahit par quelque imprudence.
Oubliant ta feinte pudeur,
Chez Stelle, hier, l'après-soupée,
Je t'ai vu sourire à l'auteur
D'un écrit libre et corrupteur,
Ou plutôt d'une priapée.

8.

A EUPHÈME.

Des repas de César prudent ordonnateur,
Euphème, de mes vers deviens le protecteur.

Du jour l'heure première, ainsi que la deuxième,
Appartient aux clients; aux plaideurs la troisième.
Jusqu'à cinq, occupée à différents travaux,
A six, Rome respire; à sept, complet repos.
De huit à neuf, la lutte; ensuite vient la table;
Et la dixième enfin est l'heure favorable
Où tu peux à mes vers permettre un libre accès.
Dans l'instant où César goûte, mais sans excès,
Les mets chéris des Dieux, le nectar, l'ambroisie,
Introduis près de lui ma folâtre Thalie,
Dont les jeux n'oseraient, dans leur libre gaîté,
De Jupiter à jeun braver l'austérité.

10.

A FAUSTIN.

Cette feuille nouvelle écrite de ma main,
Et dont je n'ose encor poncer le parchemin,
Tant l'écriture est fraîche et craint d'être effacée,
Enfant, va la porter à mon ami Faustin,
C'est à lui qu'elle doit d'abord être adressée.
Pars, et joins cette éponge à mon faible présent,
De mes vers nouveau-nés digne accompagnement.
Ma main de leurs défauts n'a pu faire justice,
Mais un seul coup d'éponge en peut remplir l'office.

11.

CONTRE ANTOINE SATURNIN.

Ta vanité rougit du nom de Saturnin,
Et d'un nom plus fameux se pare enorgueillie.

Misérable! ce nom présage ton destin.
  Quand ton ambition sans frein
  Dans le fond de la Germanie
  Renouvelle la guerre impie
Qu'Antoine osa jadis faire au peuple romain,
Tu prétends imiter l'amant de Cléopâtre!
As-tu donc oublié que ce nom malheureux
A vu périr sa gloire en ces débats fameux
  Dont Actium fut le théâtre?
Tu comptes sur le Rhin; mais le Rhin fera-t-il
Pour toi, ce que pour lui n'a pu faire le Nil?
Cet Antoine lui-même a fléchi sous un maître :
Et qu'es-tu près de lui? sache enfin te connaître;
Il fut presque un César, et toi tu n'es qu'un traître.

13.

ÉPITHALAME DE PUDENS ET DE CLAUDIA.

Prépare tes flambeaux, ô riant Hyménée!
Pudens et Claudia joignent leur destinée.
De l'amome et du nard les parfums précieux
Pour flatter l'odorat ne s'unissent pas mieux.
  Tel nous voyons le généreux massique
Mêler sa sève au miel des coteaux de l'Attique;
La jeune vigne ainsi s'entrelace aux ormeaux.
  Tel, sur le bord des limpides ruisseaux,
    Le myrte figure avec grâce;
    Ou telle encor la feuille du lotos
    Pare d'un lac la paisible surface.
Bénis, heureuse paix, l'union de deux cœurs

Que sous ses lois l'hymen engage;
Et toi, Vénus, des plus douces faveurs
Comble, sans te lasser, un si rare assemblage!
Fidèle à son époux, jusqu'à son dernier jour
Que son épouse le chérisse;
Et que jamais, par un juste retour,
Aux yeux de son Pudens Claudia ne vieillisse!

14.

A SILIUS ITALICUS.

Honneur des vierges d'Aonie,
Qui nous peins à grands traits, d'un peuple détesté
Les cruautés, la noire perfidie,
Et le fourbe Annibal, si longtemps redouté,
Sous les grands Scipions abaissant sa fierté,
Silius, au repos Saturne te convie;
Décembre en ce moment permet qu'en liberté
Le cornet du joueur en tous lieux retentisse,
Et que sa main subtile, avec dextérité,
Du sort de temps en temps corrige l'injustice.
Laisse un moment la gravité,
Et daigne avec faveur accueillir mon ouvrage;
Ne juge pas avec sévérité
Ces vers empreints d'une vive gaîté,
Et songe qu'à Virgile offrant son badinage,
Catulle d'un moineau fit agréer l'hommage.

15.

A CÉCILIEN.

« Pour sept ou huit jours tout au plus,
Mon cher, prête-moi cent écus.
—Je ne le puis : sur ma parole,
Chez moi je n'ai pas une obole.
—Un ami m'arrive ce soir ;
Dans une occasion si belle,
Pour m'aider à le recevoir,
Prête-moi du moins ta vaisselle.
—Ou ton esprit est bien obtus,
Ou tu me crois bien imbécile :
Je t'ai refusé cent écus,
Ce n'est pas pour t'en donner mille. »

16.

CONTRE GALLUS.

Gallus, tant qu'a vécu ton père,
La chronique voulait que de ta belle-mère
   Tu fusses plus que le beau-fils ;
Mais, lui vivant, ce point paraissait indécis.
Aujourd'hui qu'il n'est plus, dans la même demeure
Elle reste, et te voit tous les jours, à toute heure.
Non, le grand Cicéron revînt-il des enfers,
Dût Régulus lui-même embrasser ta défense,

Tu verrais échouer toute leur éloquence
  Contre des faits si parlants et si clairs.
La veuve qui toujours reste ta belle-mère,
Gallus, ne l'était pas du vivant de ton père.

18.

SUR UN ENFANT TUÉ PAR UN GLAÇON.

Non loin du portique fameux
Qu'Agrippa fit construire, est une porte humide
Dont la voûte, en tout temps, sur un pavé fangeux
Distille goutte à goutte une eau froide et limpide.
  Le front penché, le cou tendu,
Un enfant s'avançait sous cette voûte obscure.
Un filet d'eau glacée aux parois suspendu
Se détache. O malheur! le trait inattendu
Dans le cou de l'enfant plonge sa pointe dure.
Le malheureux expire, et le glaçon aigu
S'attiédit dans la plaie et redevient fluide.
Ce sont là de tes coups, ô Fortune perfide!
Qui l'eût cru, qu'à défaut d'une épée ou d'un dard,
  D'un filet d'eau tu fisses un poignard?

19.

SUR UN MANTEAU APPELÉ ENDROMIDE.

Ami, reçois de moi cette épaisse fourrure,
Rempart impénétrable au vent, à la froidure,

Et qui contre l'hiver saura te protéger.
Gauloise d'origine, agreste mais solide,
A Sparte on l'adopta : sous un ciel étranger
Elle garde toujours son nom grec d'endromide.
Soit que ton corps, frotté d'un mélange onctueux,
Développe en luttant ses membres vigoureux,
Ou soit que par ta main une balle lancée,
Te revenant vingt fois, soit vingt fois repoussée,
Soit encore qu'au stade, à ton rival Athis
De la légèreté tu disputes le prix,
Dût l'aquilon sur toi déployer sa furie,
Dût Iris t'inonder par des torrents de pluie,
Tout trempé de sueur, tu peux impunément
Braver sous l'endromide et la pluie et le vent;
Du froid manteau de Tyr peut-on en dire autant?

20.

SUR CÉLIE ET SA SOEUR.

Célie est une enfant, et se dit déjà vieille;
Sa sœur, à soixante ans, n'en prend que la moitié :
   De toutes deux la sottise est pareille;
Célie est ridicule, et sa sœur fait pitié.

21.

SUR SÉLIUS.

Je n'admets pas de Providence,
   Dit Sélius, et ne crois pas aux Dieux;

Ma preuve, la voici : niant leur existence,
Tout me prospère et sourit à mes vœux.

23.

A THALIE, SA MUSE.

Muse, entre tes auteurs chéris
Pour assigner le rang, tandis que ton suffrage
Balance, et ne sait pas, trop longtemps indécis,
De l'épigramme grecque à qui donner le prix,
    Un de tes plus chers favoris,
Callimaque lui-même adjugeant la victoire,
Au Romain Brutien en a cédé la gloire.
    Mais si Brutien quelque jour,
    Laissant la muse athénienne,
    Courtise la nôtre à son tour,
Daigne marquer ma place après la sienne.

24.

A FABIEN.

Si Lycoris fait une amie,
C'est pour la voir bientôt ravie au jour.
Fasse le ciel qu'au gré de mon envie
    Ma femme lui plaise à son tour !

25.

SUR LES RIVAGES D'ALTINUM.

O d'Altinum délicieux rivage,
Qui de Baya me retraces l'image;
   Bois consacré par les douleurs
    Et les larmes des Héliades;
Lac Euganée, où le dieu des pasteurs,
Faune, épousa la perle des Dryades;
Et toi, belle Aquilée, où, par sept embouchures,
Le Timave à la mer roule ses ondes pures
Qui du fils de Léda baignèrent le coursier;
Beau lieu, de mes amours vous serez le dernier.
Si je puis disposer des jours de ma vieillesse,
   Je viendrai chercher parmi vous
    Le calme où j'aspire sans cesse;
   Je ne veux pas, pour ma chère paresse,
De port plus assuré ni d'asile plus doux.

26.

A POSTHUME.

Pour n'avoir point été pendant toute une année
Te porter le salut de chaque matinée,
Mon cher, veux-tu savoir combien d'as j'ai perdus?
Trente environ : ma robe eût coûté deux fois plus.

27.

A DOMITIEN.

Pour les légers enfants de mon joyeux cerveau
    Ton goût, César, est bien notoire ;
L'envieux n'en croit rien, ou feint de n'en rien croire,
Tandis que de ta part un éloge nouveau
Ajoute tous les jours un fleuron à ma gloire.
    Que dis-je? passant aux effets,
    Par le plus rare des bienfaits
    Tu viens d'appuyer tes suffrages.
    Grâce à ta libéralité,
    De la triple paternité
    Je recueille les avantages.
Poursuis, César, et que de ta faveur
La preuve à mon égard si bien se multiplie,
    Que mon Zoïle, en voyant mon bonheur,
    Sèche et meure de jalousie.

28.

A CHLOÉ.

    Au vil Lupercus, ton amant,
Tu ne sais refuser rien de ce qui le flatte,
Malheureuse Chloé! Rubis et diamant,
    Manteau d'Espagne et robe d'écarlate,

Sont les tributs dont chaque jour
Tu crois devoir payer son mercenaire amour.
Sans cesse, de sa part, c'est nouvelle demande,
De la tienne, nouvelle offrande;
Hier, en prétextant je ne sais quel besoin
Qu'il fit valoir avec adresse,
Il eut encor de toi (rougis de ta faiblesse!)
Cent écus d'or frappés au nouveau coin.
Bientôt, jusqu'à la peau pauvre brebis tondue,
Grâce à ton Lupercus, tu seras toute nue.

29.

A PUDENS.

Mes livres trop nombreux font tort à leur auteur :
Trop de vers à la fois rebutent le lecteur.
C'est de leur rareté que vient le prix des choses.
Ainsi nous préférons les fruits dans la primeur,
Et l'hiver à nos yeux double l'attrait des roses.
L'amant, que refroidit un trop facile accueil,
D'une prude, à tout prix, prétend dompter l'orgueil.
Quelques vers font à Perse un renom plus solide
Que n'en fait à Marsus sa longue Amazonide.
Toi, si de mon recueil un livre est sous tes yeux,
Suppose qu'il est seul : tu le jugeras mieux.

30.

A UN PÊCHEUR.

Porte loin de Baya tes filets imprudents,
Pêcheur; ignores-tu qu'un divin privilége

Consacre de ce lac les muets habitants,
Et qu'on n'y peut toucher sans être sacrilége ?
Tous connaissent leur maître, et baisent cette main
A qui de l'univers est remis le destin.
Chacun d'eux a son nom ; et quand le prince arrive,
Celui qu'il a nommé s'empresse vers la rive.
Naguère, un étranger, un profane Africain
Dans ces profondes eaux épiait son butin :
Frappé d'un coup du ciel, soudain il perd la vue,
Et ne voit plus sa proie au roseau suspendue.
Depuis, au bord du lac assis, dans son malheur
Il mendie, accusant sa criminelle erreur.
A ces poissons sacrés adresse ton hommage,
Ami pêcheur ; crois-moi, repliant tes filets,
Sans amorce perfide offre-leur quelques mets ;
Puis, innocent encor, fuis loin de ce rivage.

31.

A HIPPODAMUS.

Tu fais cas de mes vers, et te ferais honneur
De passer quelquefois sous l'œil de mon lecteur.
Ta demande me flatte : elle a de quoi me plaire,
    Et de grand cœur je veux te satisfaire.
Mais ta mère, au mépris et du goût et du son,
Loin des sources du Pinde alla te prendre un nom
Dont Phébus et ses sœurs, dans leur divin langage,
    Jamais ne voudront faire usage.
    Ainsi, dans mille noms divers,
    Pour être admis dans mon ouvrage,

Prends celui qui pourra leur plaire davantage ;
Le nom d'Hippodamus figure mal en vers.

32.

SUR UNE ABEILLE ENFERMÉE DANS UN MORCEAU DE SUCCIN.

Dans l'ambre transparent cette abeille inhumée,
En son propre trésor semble s'être enfermée ;
Pour prix de ses travaux tel est son noble sort :
Aurait-elle jamais pu mieux choisir sa mort ?

33.

A SOSIBIANUS.

Tu tiens en portefeuille un ouvrage piquant
Avec soin renfermé : dis-moi par quel caprice ?
— Mes héritiers un jour le publiront. — Mais quand ?
N'est-il pas temps qu'enfin on en jouisse ?

34.

A ATTALUS.

Qu'il est sale ton vêtement !
Mais on ne peut dire, pourtant,
Que tu n'es pas vêtu de blanc.

35.

SUR UN COMBAT DE DAIMS.

Nous avons vu deux daims timides,
Pour la première fois devenus intrépides,
　Front contre front, l'un l'autre se heurtant,
Frappés d'un coup pareil, tomber au même instant.
Témoins de leur combat, et privés de leur proie,
Les chiens sentent mourir leur sanguinaire joie.
Le chasseur étonné voit et ne comprend pas
Qu'il ne reste plus rien à faire au coutelas.
　　Comment un tel excès de rage
　　Entre-t-il dans un faible cœur?
Pour combattre, un taureau n'a pas plus de vigueur;
Pour mourir, le héros n'a pas plus de courage.

36.

A OLUS.

Tu portes barbe blanche et noire chevelure;
Ainsi l'art est chez toi trahi par la nature.

37.

A AFER.

« Coracinus me doit cinquante écus,
« Titius cent cinquante, et deux cents Albinus;

« Chez Sabin j'en ai placé mille,
« Autant encor chez Serranus;
« Mes biens de campagne et de ville
« M'en rapportent dix mille et plus;
« Sur mes troupeaux de Parme et sur ceux de Tarente,
    « Chaque année une forte rente
    « Accroît encor mes revenus. »
    — De cette longue litanie
Tu m'assommes, Afer, tous les jours de ta vie,
Et j'oublîrais plus tôt, je crois, mon propre nom.
S'il faut que pour entendre encor même chanson
    Mon oreille se sacrifie,
    Tu voudras bien, j'espère, trouver bon
Que je réclame un prix pour tant de complaisance,
Et que de mon ennui ton or me récompense.

38.

A GALLA.

Résiste-moi, Galla; l'amour vit de refus;
Mais finis par céder : il meurt par les rebuts.

39.

SUR CHARINUS.

Toute espèce d'argenterie
    De Charin remplit les buffets;

Les chefs-d'œuvre les plus parfaits,
Produits de la rare industrie
De Myron et de Phidias,
De Praxitèle, de Scopas
Et de Mentor en font partie.
Eh! que n'y rencontre-t-on pas?
Des Glanius bien authentiques;
De riches plaqués gallaïques,
Merveilles de tout genre; bref,
Des ciselures en relief,
Grand luxe des tables antiques.
Mais, quoi! dans ce trésor orné
Des objets les plus magnifiques,
Prodiges d'un art raffiné,
Qu'avec tant d'orgueil il nous montre,
Faut-il que mon œil n'en rencontre
Aucun qui ne soit profané?

40.

A POSTHUME.

Le palais des Pisons, riche en nobles images,
Sénèque, à triple droit qu'on pouvait envier,
A ma jeunesse offraient d'illustres patronages.
Pour toi, j'ai négligé tous ces grands personnages :
Posthume, pauvre encor, et simple chevalier,
Dans mon cœur, des consuls effaçait le premier.
Je te restai fidèle, et durant trente années
Auprès de toi j'ai vu s'écouler mes journées.
Toujours le même lit nous recevait tous deux.

Comblé d'honneurs et de richesses,
Aujourd'hui sur les malheureux
Tu peux répandre tes largesses,
Même les prodiguer ; où sont donc tes promesses?
Quoi! Rien?... Il est trop tard pour changer de patron!
Ah! je te reconnais, ô Fortune volage!
Posthume, mon espoir, l'ami de mon jeune âge,
M'oublie, et je vieillis, hélas! dans l'abandon!

41.

CONTRE UN MAUVAIS LECTEUR.

La laine dont ton cou, pour lire, s'embarrasse,
A mon oreille, ami, serait mieux à sa place.

44.

SUR LE VÉSUVE.

Le voilà donc ce mont dont les vignes ombreuses
Épanchaient les torrents d'un vin délicieux!
De ses bonds pétulants, de ses danses joyeuses,
Naguère le satyre animait ces beaux lieux
Que Bacchus préférait à ceux de sa naissance,
Et que le nom d'Hercule avait rendus fameux.
Vénus les consacrait souvent par sa présence :
Sparte elle-même avait moins de charme à ses yeux.
La flamme a tout détruit : partout laves et cendre!

Vésuve, te voilà tel que t'ont fait les dieux !
A de telles rigueurs devaient-ils donc descendre ?

45.

A PHÉBUS.

D'un père, pour son fils, accueille la prière,
O Phébus, et souris à ses vœux paternels !
Pour lui concilier ta faveur tutélaire
Il verse à pleines mains l'encens sur tes autels.
A Bromis, qui parvient à sa quinzième année,
Accorde une carrière et longue et fortunée !
Exauce Parthénus ! Du laurier de Daphné
Qu'ainsi puisse ton front être toujours orné !
Que de ta chaste sœur la clarté virginale
Brille toujours aux cieux d'une splendeur égale !
Et que, de tes cheveux, pour dernière faveur,
Jamais ceux de Bromis n'atteignent la longueur !

46.

SUR SABELLUS.

Aux saturnales, Sabellus,
De présents, cette année, a fait ample recette ;
Il en triomphe, il ne se connaît plus.
Il croit, et partout il répète

A qui veut l'écouter, qu'il n'est pas aujourd'hui,
Au barreau, d'avocat plus en crédit que lui.
   Et d'où lui vient cette forfanterie?
    Il a reçu de ses clients
   Des pois cassés, du poivre, de l'encens,
Demi-muid de farine et vin cuit de Syrie,
    Mortadelles de Lucanie,
  Long saucisson du pays des Toscans,
Et d'huîtres et d'oignons une bourriche pleine;
    Plus, il a reçu de Picène
D'olives un panier, mais non pas des plus grands,
De sept flacons une assez lourde cave
En terre de Sagonte, ouvrage d'un potier
Dont le travail décèle un art encor grossier,
Une serviette enfin brodée en laticlave.
    En fait de présents, Sabellus,
    En dix ans n'en a tant reçus.

47.

SUR UN PHAETON PEINT A L'ENCAUSTIQUE.

Phaëton fut brûlé par la foudre autrefois,
Par l'encaustique il brûle une seconde fois.

49.

A FLACCUS.

L'épigramme, Flaccus, et vous pouvez m'en croire,
N'est point un jeu, n'est point un simple amusement:

Rien n'est plus sérieux ; j'aimerais presque autant
Dans des vers ampoulés transmettre à la mémoire
Et Térée et Thyeste et leurs affreux repas ;
Le géant Polyphème, effroi de la Sicile,
Ou Dédale pleurant de son fils indocile
    La triste chute et le trépas.
Modeste en sa parure ainsi que dans son style,
Ma muse n'admet point l'emphase et le fracas.
Aux poëtes du jour laissant la bouffissure,
Elle fuit des grands mots l'ambitieuse enflure.
    Objets de tous les entretiens,
De leurs vers fastueux le vulgaire s'engoue ;
    Partout sur parole on les loue,
On prône leurs écrits ; soit ! mais on lit les miens.

51.

A CÆCILIANUS.

A mille écus ton bien ne montait pas encor,
Qu'on te voyait porté dans un large héxaphore.
Mais depuis que pour toi signalant son pouvoir,
La Fortune a deux fois décuplé ton avoir,
Tu vas à pied. Aux Dieux je fais une prière :
« Avec ses mille écus rendez-lui sa litière ! »

53.

A COSMUS.

Cet homme que tu vois, Cosmus, soir et matin,
Besace sur l'épaule et bâton à la main,

Venir assiéger le portique,
    Et qui même ose pénétrer
Dans l'enceinte du temple auguste et magnifique
Qu'à Pallas récemment on vient de consacrer;
    Ce vieillard dont la chevelure
  D'un blanc jauni, se dresse vers les cieux,
Et dont la barbe sale et d'un aspect hideux
    Lui descend jusqu'à la ceinture;
Cet objet de dégoût, au regard effronté,
Qui n'a pour compagnon sur sa triste couchette
Qu'un vieux manteau crasseux qu'il n'a jamais quitté,
    Et qui, par importunité,
Obtient un peu de pain qu'en passant on lui jette,
A le voir tu le prends pour un cynique? eh bien!
Ce n'est point un cynique.—Et qu'est-il donc?—Un chien.

54.

A COLINUS.

Toi qui naguère, au Capitole,
    Du chêne méritas l'honneur,
  Et dont la gloire orna le front vainqueur
    De sa plus brillante auréole,
Colinus, use bien de chacun de tes jours;
Mets-les tous à profit, et réfléchis toujours
Que chaque heure pour toi peut-être est la dernière.
Nul ne peut attendrir la Parque filandière,
Ni retarder la fin qu'elle marque à leur cours.
Quand tu réunirais de Crispus l'opulence,
    De Thraséas l'impassible constance;

Quand du généreux Mélior
La candeur, la bonté viendraient s'y joindre encor,
Près d'elle et de ses sœurs tout serait inutile ;
Toujours Clotho prépare et charge ses fuseaux,
Sans y rien ajouter; Lachésis toujours file,
Et toujours Atropos fait jouer ses ciseaux.

55.

A LUCIUS.

Lucius, de ton siècle et l'espoir et l'honneur,
  Qui ne veux pas que sur le Tage
 Arpi, par les talents, obtienne l'avantage;
  De notre Espagne illustre défenseur,
  Laissons aux enfants de la Grèce
Chanter Rhode, Mycène et leurs fameux remparts;
Thèbes aux cent palais, et Sparte où la jeunesse
S'exerce dans des jeux qui blessent les regards;
Nous, fils de la Celtique, ou nés dans l'Ibérie,
  Par quel ridicule travers
 Rougirions-nous d'honorer dans nos vers
Les noms, quoiqu'un peu durs, chers à notre patrie?
Citons donc Bilbilis dont l'utile métal,
Quelquefois dangereux, nulle part n'a d'égal.
Parlons de Platéa, cette cité bruyante
Sous les coups du marteau toujours retentissante;
Le Xalon qui l'entoure, et ses rapides eaux
Qui durcissent l'acier du glaive des héros;
Tudèle, Rixamare et ses danses joyeuses,
Cardua, qui se plaît aux tables somptueuses,

Pétéron, par la rose en tout temps couronné,
Et Rigas, autrefois par un théâtre orné.
N'oublions pas Silas et ses archers habiles,
Turgente, Pétusie, et leurs lacs immobiles,
De Baradon les bois plantés de chêne et d'if,
Où s'égare à plaisir le promeneur oisif;
De Matinesse, enfin, les vallons sinueux
Où Manlius conduit ses taureaux vigoureux.
De tous ces noms ingrats la liste un peu rustique
Te fait rire, lecteur; eh bien, ris, tu le peux;
    Quant à moi, je les aime mieux
Que tous les noms de l'île Britannique.

56.

CONTRE GARGILIANUS.

Aux veuves, aux vieillards, par pure politique,
Tous les jours de cadeaux tu fais nouvel envoi :
Et tu crois à mes yeux passer pour magnifique!
Mais non, Gargilius; je connais ta tactique;
Aucun n'est plus avare et plus ladre que toi.
Des piéges sont cachés sous ta feinte largesse.
Ainsi l'hôte des eaux, l'habitant des forêts,
    Dupes d'une amorce traîtresse,
Reçoivent le trépas sous ombre de bienfaits.
La libéralité toujours est gratuite.
  Et n'attend pas qu'un cœur reconnaissant
Des dons qu'il a reçus par d'autres dons s'acquitte;
Tu te dis libéral? fais-moi donc un présent.

57.

A FAUSTINUS.

Tandis que du Lucrin le lac voluptueux
Me retient dans les bains d'une grotte thermale,
Toi, Faustin, à Tibur, manoir délicieux
De Rome séparé par un faible intervalle,
Et fondé par Catile au temps de nos aïeux,
Tu jouis d'un bonheur que t'envîraient les Dieux.
Mais le chien de Procris dont l'ardeur nous dévore,
Aux chaleurs de Baya vient ajouter encore.
Adieu donc, prés et bois aux naïades si chers;
Adieu, bords consacrés aux Déesses des mers,
Belles sources, adieu! sur vous en ce moment
L'humide et frais Tibur obtient la préférence;
Au retour de l'hiver, oui, j'en fais le serment,
Je reviendrai goûter votre douce influence.

58.

SUR GALLA.

Pourquoi donc te cacher pour le pleurer? en somme,
Il était ton époux. — Oui, mais c'était un homme!

59.

SUR UNE VIPÈRE ENFERMÉE DANS UN MORCEAU D'AMBRE JAUNE.

Sur les rameaux du peuplier pleureur
Glissait une vipère, et voilà par malheur

(Ou bien si l'on veut par bonheur)
Que du succin la liqueur glutineuse
La saisit, l'enveloppe; et malgré maint repli,
L'animal empêtré, dans sa prison visqueuse
    Bientôt expire enseveli.
Superbe Cléopâtre! en ton dernier asile
Ne t'enorgueillis point de ton riche tombeau;
    Une vipère, un ignoble reptile,
    Du sort en obtient un plus beau.

60.

SUR CURIATIUS.

Désormais, au sommet des cieux,
Quand le soleil s'arrête en sa course enflammée,
Allons chercher Ardée, et Pestum, et les lieux
Qu'embrasent les fureurs du lion de Némée.
O Tibur! ô séjour naguère si vanté,
    Qu'as-tu fait de ta renommée?
Curiace chez toi vient chercher la santé,
Il y trouve la mort, et des vapeurs thermales
Il passe tout à coup aux rives infernales.
    Hélas! nous courons vainement,
La Mort partout nous suit : en tous lieux elle règne,
    Et quand arrive son moment,
Même au sein de Tibur nous trouvons la Sardaigne.

61.

L'autre jour, d'un air triomphant,
Mancinus, tu contas qu'un ami, galant homme,

En pur don, d'une forte somme,
De mille écus t'avait fait le présent.
Avant-hier, réunis au cercle des poëtes,
Tu nous as dit que Pampilla
(Apparemment une de tes conquêtes)
T'avait fait cadeau ce jour-là
De vêtements d'un prix inestimable;
Puis, tu nous assuras, et même avec serment,
Que Célie et Bassa t'avaient fait récemment
Accepter un bijou, sardoine véritable,
A triple cercle, avec un diamant
De très-belle eau, d'un effet admirable.
Hier, quand Pollion nous charmait par son chant,
Tu quittas le théâtre, et nous dis en courant
Que la veille au matin un immense héritage
T'était échu subitement,
Un autre vers midi non moins soudainement,
Et, pour compléter la journée,
Un autre encor l'après-dînée.
Quel mal t'avons-nous fait pour nous faire souffrir
Le dépit et l'ennui, cruel, que tu nous causes?
On n'y tient plus; tais-toi, sache te contenir;
Si c'est trop exiger, dis-nous du moins des choses
Que nous puissions entendre avec plaisir.

62.

SUR LYCORIS.

Quelqu'un dit qu'à Tibur le noir devenait blanc;
La brune Lycoris s'y rendit à l'instant.

63.

SUR CŒRELLIA.

Dans le trajet de Baulis à Baya,
Loin de son fils périt Cœrellia.
Ainsi perd son honneur cette onde qui naguère
A Néron refusa le trépas de sa mère.

64.

SUR LES JARDINS DE JULES MARTIAL.

Sur la cime du Janicule
Se prolongent quelques arpents,
Domaine de mon ami Jule.
Nuls jardins ne sont plus charmants,
Du parfait bonheur c'est l'asile.
Une solitude tranquille
S'étend au penchant du coteau,
Et sur la plaine au loin domine;
Puis, le sommet par un plateau
Sans trop s'élever la termine.
Là règne un ciel pur et serein;
Et tandis qu'encor la vallée
D'épaisses vapeurs est voilée,
Son front, d'un air de souverain,
Se couronne d'une lumière
A lui propre et particulière.
Du manoir le faîte élégant
Qui vers le ciel monte avec grâce,
Aplani, forme une terrasse

D'où j'aime à contempler souvent
De Rome la vaste étendue,
Avec ses palais, ses grandeurs,
Et les sept monts dominateurs.
De là, plus loin portant ma vue,
J'aperçois de nouveaux objets ;
Les coteaux d'Albe et de Tuscule,
Les bois, les asiles secrets
Où Rome va goûter le frais
Lorsque règne la canicule ;
Ici, l'antique Fidena
Et les vergers de Péranna,
Vergers de sanglante mémoire,
Si l'on s'en rapporte à l'histoire.
Là, sur un chemin fréquenté,
Avec rapidité s'avance
Un char dans sa course emporté,
Dont le bruit, grâce à la distance,
Jusqu'à moi n'est pas apporté.
De Mulvius le voisinage,
Ni les cris dont les débardeurs,
Les bateliers et les haleurs
Font retentir tout le rivage,
Ni ces mille et mille bateaux
Qui, dans leur rapide passage,
Du Tibre sillonnent les eaux,
Rien ne vient troubler mon repos.
Cette campagne que, peut-être,
Vous appelleriez mieux manoir,
Se recommande par son maître
Toujours prêt à vous recevoir ;
Chez lui si vous venez le voir,

Chez vous encor vous croirez être.
Tel on nous peint Alcinoüs
Ou l'humble pasteur Molorchus
Dont un temple honora naguère
La bienfaisance hospitalière.
Vous, à qui de tels agréments
Semblent d'une faible importance,
Sous vos lois rangez, j'y consens,
De Tibur les humides champs,
De Prœneste la plaine immense,
Et Sétie aux coteaux penchants;
A tous ces domaines si grands
Je préfère le monticule
Habité par mon ami Jule.

65.

SUR HÉLÈNE.

Hélène d'un seul œil pleure. Hé mais, dit quelqu'un,
Que fait-elle de l'autre?—Hélène n'en a qu'un.

66.

A LINUS.

Simple en ton goût, Linus, tu mènes l'existence
D'un bourgeois campagnard qui règle sa dépense.
Strictement ménager, dans les seuls jours fêtés
   Pour remplacer ta tunique grossière
   Ton court manteau sort de ton vestiaire;

Une seule chlamyde a fait tes dix étés.
Tu ne dépenses rien. La rivière voisine
De bon poisson bien frais entretient ta cuisine.
Pour ta table, ton bois nourrit dans ses halliers
La grive délicate et l'épais sanglier,
Et la plaine se plaît à te livrer ses lièvres.
Tu bois le vin du cru, qui te rougit les lèvres.
La flamme a respecté tes granges, ta maison;
Le vent d'été jamais ne brûla ta moisson.
Point de vaisseaux : partant, sans craindre des naufrages,
Tu peux dormir au bruit des vents et des orages.
A table, on ne voit pas, debout à ton côté,
Un bel esclave grec chèrement acheté;
Tu n'as, pour te servir, que la troupe rustique
Qui couronne le soir ton foyer domestique.
Jamais le dé fatal ne s'agite en ta main;
A quelques noix se borne ou ta perte ou ton gain.
Tu vis sans aucun luxe, et ta parcimonie
Défend chez toi l'entrée à la cérémonie.
Mais réponds-moi, Linus : où sont-ils donc passés
Ces trente mille écus par ta mère amassés?
Qu'en as-tu fait, dis-moi? je m'adresse à toi-même,
Car toi seul peux, je crois, m'expliquer ce problème.

67.

CONTRE PROETOR.

Au cens de trente mille écus
Pour l'ordre équestre nécessaire,

Dix mille manquaient à Gaurus,
Et pour compléter son affaire
Il va s'adresser à Prœtor,
Son vieil ami, tout cousu d'or.
Vous savez, lui répond notre homme,
Que pour Scorpus et pour Thallus,
Deux écuyers que l'on renomme,
Je dois compter pareille somme
Ou peut-être même encor plus.
On leur élève au sein de Rome
Une statue en beau métal.
—Voilà donc quelle est ta largesse !
Honte et malheur à la richesse
Qui place ses dons aussi mal !
Prœtor, rougis de tes excuses;
Ce qu'au chevalier tu refuses,
Tu le donnes donc au cheval ?

68.

A SEXTUS.

De ta table, pour toi splendidement servie,
Traité comme un client, je remporte ma faim.
En m'invitant, Sextus, quel est donc ton dessein ?
Ne prétends-tu qu'exciter mon envie

69.

A PAPILUS.

Ami, te voilà tout en nage;
Reprends haleine, et bois sans eau

Un grand verre de ce breuvage,
Vrai nectar, qui n'est pas nouveau,
Et dont j'ai même oublié l'âge.
—Mon cher, pour toi garde ton vin;
On prétend qu'il n'est pas très-sain,
Et que trois fois dans ton ménage
Il a fait entrer le veuvage.
Je n'en crois rien assurément;
Cependant, de ton ambroisie,
Sans façon je te remercie;
Je n'ai pas soif en ce moment.

70.

SUR AMMIANUS.

D'Ammien le père, en mourant,
Ne lui laissa par testament
Qu'une vieille robe râpée;
Le jeune homme alors, regrettant
De voir son attente trompée,
« J'aimerais, dit-il, tout autant
« Que le mort fût encor vivant. »

71.

A SOPHRONIUS RUFUS.

Depuis longtemps je cherche par la ville
Femme qui dise Non, et ne la puis trouver.

Dire Non leur paraît une chose incivile,
Et dont comme d'un crime on doit se préserver.
— Eh quoi donc, nulle part il n'est de femme chaste?
— Il en est des milliers très-dignes de ce nom.
— Et que font-elles donc? — Sans éclat et sans faste,
Elles n'accordent rien, mais ne disent pas Non.

72.

A QUINTUS.

« De ton ouvrage nouveau
« Ami, fais-moi le cadeau. »
— Je ne l'ai point; mais mon libraire
Pourra t'en vendre un exemplaire.
— Qui, moi, payer tes vers? te semblé-je idiot?
— Qui, moi, te les donner? me prends-tu pour un sot?

73.

SUR VESTINUS.

Vestinus, approchant de son heure fatale,
Allait bientôt passer dans la barque infernale.
Il conjure les sœurs qui tournent nos fuseaux
De suspendre un instant le coup de leurs ciseaux;
Mort pour lui, l'amitié le réclamait encore.
Atropos est sensible à la voix qui l'implore.
Vestinus lègue alors ses biens à ses amis,
Puis, il meurt en disant : Mes jours sont bien remplis.

74.

SUR DES DAIMS.

Vois quels combats affreux ces faibles daims se livrent,
O César! quel courroux, quels transports les enivrent !
Leur front promet la mort et semble la braver;
Lance tes chiens sur eux, si tu veux les sauver!

75.

SUR NIGRINA.

Cœur d'or, heureuse épouse, honneur de nos Romaines,
Tu veux que ton mari partage tes domaines,
Et que, liés tous deux d'une égale amitié,
Dans ton riche héritage il entre pour moitié.
Qu'aux cendres d'un époux Évadné soit fidèle,
Qu'un noble dévoûment rende Alceste immortelle,
Ta gloire les efface; et, sans perdre le jour,
Ta vie attestera ton pur et chaste amour.

76.

SUR L'AVARICE D'UN AMI.

Je reçois quinze écus quand j'en demandais trente;
Pour en obtenir vingt, demain j'en veux quarante.

77.

CONTRE LE JALOUX ZOÏLE.

Jamais d'une voix importune
Je n'ai, Plutus, invoqué tes faveurs;
Content de mon humble fortune,
Je te disais : Verse tes dons ailleurs.
Mais aujourd'hui, propice à ma demande,
Comble-moi de bienfaits nombreux
Sans craindre que je m'en défende.
Et pourquoi ces contraires vœux?
Afin qu'en me voyant heureux,
Le jaloux Zoïle se pende.

78.

CONTRE VARUS.

A dîner chez Varus l'autre jour invité
Avec grand appareil, je trouvai maigre chère.
Je vois, par les valets sur la table apporté,
Bassin d'argent et d'or, vase, soucoupe, aiguière,
Tout pour la vue et rien pour l'appétit.
Alors, cédant à mon dépit :
« Varus, lui dis-je, ou bien fais disparaître
« De ce luxe indigent l'étalage ennuyeux,
« Ou sers-moi quelques mets qui me conviennent mieux.
« Je suis à table pour repaître
« Mon estomac et non mes yeux. »

79.

CONTRE AFER.

Déjà fuit loin de toi ta soixantième année;
Déjà le temps blanchit ta barbe surannée,
Et tu cours cependant la ville et les faubourgs,
Colportant au matin tes ennuyeux bonjours.
Des tribuns, des consuls escortant la litière,
Tu leur rends les devoirs d'un client mercenaire.
    Dix fois par jour le mont Sacré
    Te voit accourir hors d'haleine,
Du palais des Césars assiéger le degré.
Des plus illustres noms ta bouche est toujours pleine.
Laisse à nos jeunes gens tant de soins et de peine,
Afer, et vis en paix dans ton coin retiré;
Rien n'est plus déplaisant qu'un vieillard affairé.

80.

A MATHON.

Tu ne quittais point ma campagne,
Et mon Tibur était plutôt le tien;
Je te le vends, et doublement je gagne,
Mon cher Mathon; je t'ai vendu ton bien.

81.

CONTRE MATHON.

Déclamer, voilà ta folie,
Même durant la fièvre et ses accès brûlants;

Pauvre Mathon! si tu ne sens
Qu'en ton état pareille fantaisie
Est véritable frénésie,
Tu n'es pas, certe, en ton bon sens.
Pourtant, si tu ne peux de quelque autre manière
Provoquer la sueur, qu'on te dit nécessaire,
Eh bien, déclame, j'y consens.
Déclamer au milieu des douleurs qu'on endure,
C'est, je l'avoue, un grand effort ;
Mais se taire, Mathon, quand le mal nous torture,
M'en paraît encor un plus fort.

82.

SUR FABULLE.

Fabulle a lu, sans doute, l'épigramme
Où je soutiens que jamais fille ou femme
Aux soupirants ne répond par un Non.
Depuis ce temps elle est un vrai dragon ;
Et tous les jours ma poursuite empressée
Est, par ce mot, vivement repoussée.
Mais si j'ai dit qu'une belle, en amours,
Doit dire Non, je n'ai pas dit : Toujours

83.

A RUFUS.

A Vénuleius, ton patron,
Cher Rufus, présente en mon nom.

Ces deux livres nouveaux que pour lui je t'adresse.
Aux travaux sérieux qui l'occupent sans cesse
    Qu'il dérobe quelques instants,
    Et qu'avec des yeux indulgents
Il accueille ces vers, enfants de ma paresse.
   Du reste, fais qu'il ne les lise pas
   Vers le début ni la fin du repas,
   Mais au milieu, quand la gaîté plus vive,
Sans l'exalter encor, anime le convive.
Si deux livres sont trop, tiens roulé le second;
L'ouvrage divisé lui paraîtra moins long.

84.

SUR NÉVOLUS.

Névol, quand tout lui rit, est rogue, impertinent,
Pour maîtres et valets il est inabordable.
Craint-il quelques revers? affable, prévenant,
Il tend la main, salue, il invite à sa table.
Si tu n'es pas un sot, tu devines, je croi,
Névol, quels sont les vœux que nous formons pour toi.

86.

CONTRE PONTICUS.

Je bois dans du cristal et toi dans des murrhins;
   Craindrais-tu que la transparence
    De nos deux sortes de vins
    Ne trahît la différence?

87.

A SON LIVRE.

Mon livre, écoute mes avis;
Heureux s'ils sont par toi suivis!
Aux gens de goût prétends-tu plaire?
Charme le docte Apollinaire.
Parmi nous, personne aujourd'hui
N'est plus judicieux que lui :
Goût exquis, science profonde,
Franchise, chez lui tout abonde.
Si tu pénètres dans son cœur,
S'il se déclare en ta faveur,
Des malveillants, de la censure,
Désormais ne crains plus l'injure;
Tu ne verras pas tes feuillets
Habiller tanches et brochets :
S'il te blâme, dans les cuisines
Cours envelopper les sardines,
Et qu'aux faiseurs de méchants vers
Tes pages prêtent leur revers.

88.

SUR BASSA.

Bassa mène toujours un enfant avec elle;
Elle joue avec lui, sans cesse elle l'appelle

Mon bijou, mon mignon. On s'étonne d'un goût
Que rien jusqu'à présent n'annonçait chez la belle,
    Et qui s'est montré tout à coup.
   Le pourquoi, c'est qu'un peu gourmande,
    Elle est sujette à certain accident ;
Et, malgré ses efforts, laisse échapper souvent
    Quelques parfums de contrebande.

89.

CONTRE UN HABLEUR.

De Saturne déjà les cinq jours sont finis ;
   En échange de mon ouvrage,
Cadeau qui, j'en conviens, n'était pas d'un grand prix,
Je n'ai reçu de toi nul envoi, nul message,
   Ni plat d'argent, ni le moindre tapis,
Que t'envoie un plaideur dont le sort t'est remis.
Point de thon mariné, de menu coquillage,
Ni de figue en panier, ni d'olive en barils ;
   Enfin aucun de ces présents d'usage
Qui de ton souvenir m'auraient offert un gage.
Trompe qui tu voudras par ton dehors flatteur,
Désormais à mes yeux tu n'es plus qu'un hâbleur.

90.

PASSE-TEMPS A LA CAMPAGNE.

Ce que je fais aux champs ? je réponds en deux mots :
Dès le matin aux Dieux j'adresse mon hommage,

J'inspecte mes valets, parcours mon héritage ;
    Je me rends compte des travaux
De la veille, et j'assigne à chacun son ouvrage.
Je rentre, prends un livre, et du sacré vallon
Je rappelle ma muse et son frère Apollon.
Dans ces détails divers coule ma matinée.
Libre quand aux deux tiers arrive la journée,
Je cherche l'exercice; aussitôt de mon corps
Une olive onctueuse assouplit les ressorts,
Puis la lutte lui rend une vigueur nouvelle.
Ainsi j'atteins le soir : Que te dirai-je enfin ?
Je chante, bois et ris ; du jeu je passe au bain,
Puis je soupe et je dors ; mais ma lampe fidèle
Veille, et bientôt je donne à quelques vers nouveaux
Une part de ma nuit dérobée au repos.

91.

A SON LIVRE.

Arrête, c'est assez ! livre ennuyeux, arrête !
Eh quoi ! des vers toujours ajoutés à des vers !
    Chez toi déjà la page et le revers
    Sont tout remplis, et ta verve indiscrète
      A poursuivre encore s'apprête.
Quand donc dois-tu finir ? on a beau t'en prier,
Le lecteur aux abois en vain demande grâce.
    Si tu voulais seulement l'ennuyer,
Ton but était rempli déjà dès la préface ;
Mais tu parles encor quand manque le papier.

Ne l'entends-tu pas s'écrier :
Arrête, ou je dors sur la place !
Le copiste, bâillant avec laide grimace,
De sa main laisse échapper le cahier,
Et, d'accord avec lui, répète :
Arrête, c'est assez ! livre ennuyeux, arrête !

FIN DU QUATRIÈME LIVRE.

LIVRE CINQUIÈME.

1.

A DOMITIEN.

Toi qui des Dieux pour nous est la vivante image,
Colonne de l'empire, ô toi dont la santé
De la faveur du ciel est pour nous l'heureux gage,
Et pour l'état celui de sa prospérité ;
César, soit que ta cour en ce moment habite
D'Albe, chère à Pallas, le fortuné séjour,
 D'où ton regard contemple tour à tour
Le temple de Diane et les flots d'Amphitrite ;
  Ou que tu te sois prononcé
Pour les bords de Gaëte ou le mont de Circé ;
Soit qu'aux murs d'Antium caressés par Neptune,
Tu dictes les décrets de la double fortune ;
 Soit que d'Anxur les rochers blanchissants
Dans leurs salubres eaux rafraîchissent tes sens ;
Où que tu sois enfin, de ce nouvel ouvrage,
 César, je t'adresse l'hommage.
Reçois-le ; tu le lis, ou du moins je le crois :
 Et, simple comme un franc Gaulois,
  Je m'applaudis de ton suffrage.

2.

L'AUTEUR A SES LECTEURS.

Lis, chaste mère de famille;
Jeune garçon et jeune fille,
Lisez : pour vous ce livre est fait.
Mais ceux à qui la gravelure
Présente un plus piquant attrait,
Qu'ils cherchent ailleurs leur pâture,
Ils n'y trouveraient pas leur fait.
Quoiqu'il ait osé se permettre
De folâtrer avec son maître,
Et d'assaisonner ses ébats
De temps en temps, du mot pour rire,
Sans scrupule et sans embarras
Germanicus pourra le lire
Même aux prêtresses de Pallas.

3.

A DOMITIEN.

Du Danube asservi ce Dégis qui t'arrive,
César, du Tibre à peine avait touché la rive,
   Que tout à coup, à ton auguste aspect,
Il s'arrête; et frappé, saisi d'un saint respect :
Voilà du monde entier l'arbitre tutélaire,
Dit-il; combien je suis plus heureux que mon frère,
   Moi qui puis voir, et de près adorer
Ce dieu que de si loin il ne peut qu'honorer!

4.

CONTRE MYRTALE.

Myrtale, dont l'haleine est souvent avinée,
A mâcher du laurier passe sa matinée;
Par ce moyen, la belle, assise en un festin,
Se dispense le soir de tremper d'eau son vin.
Paullus, si tu la vois, la face enluminée,
Avec la veine enflée et le regard altier,
Tu peux dire à coup sûr : Elle a bu du laurier.

5.

A SEXTUS.

Des arts chers à Pallas digne dépositaire,
    Et de César intime secrétaire,
A sa personne auguste en tout temps attaché,
Qui de près jouissez des traits de son génie,
Et de son cœur, pour vous qui n'a rien de caché,
Sextus, dans ce dépôt que César vous confie,
    Parmi ces mille écrits divers
Ne pourriez-vous trouver une place à mes vers?
A côté de Pédon, de Marsus, de Catulle,
    Peut figurer mon opuscule.
Quant au divin poëme où brille retracé
César au Capitole, et sa jeune vaillance
D'un parti révolté terrassant l'insolence,
Auprès du grand Virgile il sera mieux placé.

6.

A PARTHÉNIUS.

A toi, Parthénius, des muses favori,
Les muses vont porter les vœux de ton ami.
Que puissent tes vieux jours, sans douleur, sans danger,
Sous les yeux de César longtemps se prolonger!
De bonne heure imitant l'exemple de ta vie,
Vois ton fils sur tes pas prompt à se diriger,
Et jouis d'un tel sort sans exciter l'envie!
D'un recueil nouveau-né que je viens d'abréger,
    Ami, ma missive est suivie;
C'est un enfant timide, il faut le protéger.
Je te connais prudent; fais si bien qu'il pénètre
Au fond du sanctuaire où réside ton maître.
    Choisis l'instant où la gaîté,
    Désarmant son austérité,
    Rend Jupiter plus abordable;
    Où la paix, la sérénité,
    Se peignent sur son front aimable,
    Où nul placet n'est rejeté :
Mon livre, en ce moment, peut être présenté.
    Ne crains pas qu'il te compromette;
    Sur le cèdre un livre roulé,
  Garni d'ébène et de pourpre habillé,
Ne fait point redouter de demande indiscrète.
  Ne l'offre pas; mais, comme sans dessein,
    Négligemment tiens-le en ta main,
Et crois que des neuf Sœurs le protecteur suprême
    Le demandera de lui-même.

7.

A VULCAIN.

Ainsi qu'après mille ans, le fabuleux oiseau
Brûle son nid et meurt pour renaître plus beau ;
Ainsi Rome aujourd'hui, dépouillant sa vieillesse,
De son maître revêt l'immortelle jeunesse.
Épargne-la, Vulcain; ne lui sois plus cruel !
Ton vieux ressentiment doit-il être éternel ?
Tes feux ont de ton front assez vengé l'injure ;
    Pardonne enfin ; grâce, je t'en conjure !
Nous sommes fils de Mars, mais aussi de Vénus.
Oubliez, toi ses torts, elle tes lacs tendus ;
Et qu'ainsi puisses-tu, laissant toute querelle,
Dans Vénus retrouver une épouse fidèle !

8.

SUR PHASIS.

« A César notre Dieu que grâces soient rendues !
  « Depuis longtemps les places confondues,
« Au peuple, dans les jeux, mêlaient les chevaliers :
« César leur a rendu leurs bancs particuliers.
« Par son nouvel édit devenu nécessaire,
« L'ordre équestre reprend sa dignité première,
« Et, plus commodément sur nos siéges assis,
« Nous ne les verrons plus par le peuple envahis,

« Ni nos manteaux froissés, salis par un vil pâtre. »
  Ainsi parlait hier en plein théâtre,
Au rang des chevaliers Phasis en s'asseyant,
Phasis, fier d'un manteau dont la noble écarlate
Sur son dos plébéien avec regret éclate.
  Tandis que d'un ton arrogant
Il se donnait carrière, étendu sur son banc,
Arrive Lectius qui, d'un geste sévère,
Fait lever avec lui sa pourpre mensongère.

9.

CONTRE UN MÉDECIN.

 J'étais étendu sur ma chaise,
 Éprouvant un léger malaise ;
 Arrive le docteur Clément
 Que suit, en marchant à la file,
 D'élèves tout un régiment.
Il faisait froid : la troupe auprès de moi défile,
M'interrogeant l'artère avec un doigt gelé ;
Je n'avais pas la fièvre, et maintenant je l'ai.

10.

A RÉGULUS, SUR LA RÉPUTATION DES POETES.

Me dira-t-on pourquoi l'ingrate renommée,
Faisant honneur aux morts, néglige les vivants ?

Pour les contemporains, sa main, toujours fermée,
En faveur des anciens s'ouvre, et brûle l'encens.
A ces traits, Régulus, on reconnaît l'Envie;
Pour mériter qu'enfin on s'occupe de nous,
Il faut depuis longtemps avoir quitté la vie,
Et l'éclat du présent blesse son œil jaloux.
Nos vieillards à l'envi vantent le temple antique
Dont le nom de César usurpa le portique;
Les arbres que Pompée autrefois a plantés
Dans leur décrépitude encor sont fréquentés.
Rome lit Ennius et possède Virgile;
Homère, dans son temps, fut honni par Zoïle,
Et Ménandre jadis, pour fruit de ses travaux,
Au théâtre n'obtint que de rares bravos.
Ovide n'a point vu sa gloire répandue.
Certes, la gloire est belle et vaut qu'on s'évertue;
Pourtant, mes vers, s'il faut, pour vous donner l'essor,
Que mon ombre aux enfers d'abord soit descendue,
Se presse qui voudra : je puis attendre encor.

11.

SUR STELLA.

De mon Stella, la main à mes regards présente
    Jaspe, sardoine, émeraude et rubis;
A ses doigts, et surtout dans ses charmants écrits,
    Vous ne trouvez que bijoux d'un haut prix :
Voilà ce que j'appelle une main élégante.

13.

CONTRE CALLISTRATE.

Il est vrai, je suis pauvre et l'ai toujours été,
Callistrate, et pourtant j'ai quelque renommée.
Chevalier, dans mon ordre avec honneur cité,
Je suis aussi poëte, et la foule charmée
Qui lit mes vers, me suit avec un bruit flatteur,
    Et du doigt désigne l'auteur.
    Ainsi j'obtiens par ses suffrages,
  De mon vivant, ce que n'obtiennent pas
    Tant d'autres après leur trépas.
    Et toi, quels sont tes avantages?
Dans un vaste palais de marbre revêtu,
Tu vois ton coffre-fort regorger de richesses;
Syène pour toi seul épuise ses largesses,
Et les toisons de Parme enflent ton revenu.
Oui, nous voilà tous deux : mais sache te connaître;
Tu n'as, pour tant d'orgueil, que de faibles appuis;
Chacun peut devenir ce que je te vois être,
  Tu ne seras jamais ce que je suis.

14.

SUR MANNÉJUS.

Aux jeux du cirque, assis toujours aux premiers bancs,
Avant que l'empereur eût assigné les rangs,

On voyait Mannéjus, même après l'ordonnance,
    Aux mêmes bancs toujours prendre séance.
Mais bientôt, expulsé par l'un des inspecteurs,
    Force lui fut d'aller siéger ailleurs.
    Notre homme alors, muni de sa sellette,
      Passe à la troisième banquette,
      Après Caïus et Lucius,
Tous deux vrais chevaliers et pour tels reconnus.
Bien encapuchonné, désormais sans obstacle
Il croit pouvoir, d'un œil du moins, voir le spectacle :
      Mais par l'inspecteur aperçu,
Pour la deuxième fois son espoir est déçu.
      Devant Lectius qui le chasse,
      Il recule de place en place,
Et du banc à grand'peine il occupe le bout.
      Dans cette équivoque posture
Peut-être croyez-vous qu'il se plaint? point du tout;
Parmi les chevaliers, presque assis, il figure;
      Pour Lectius, il est debout.

15.

A CÉSAR DOMITIEN.

Auguste, je poursuis; ma muse peu sévère
Pour la cinquième fois rentre dans la carrière.
Aucun nom jusqu'ici dans mes vers enchâssé
Ne se plaint par mes traits d'avoir été blessé.
Même, beaucoup de ceux que je loue en mon livre
Sont enchantés de voir que leur gloire y doit vivre.
Mais que m'en revient-il? en suis-je plus heureux?
Non; mais quoi? Je m'amuse, et c'est ce que je veux.

16.

AU LECTEUR.

Je pourrais m'imposer un travail sérieux;
Mais le genre badin est mon genre ordinaire;
Et pourquoi? Cher lecteur, c'est que je veux te plaire,
 A toi qui vas récitant en tous lieux
Les folâtres produits de ma muse légère.
 Mais, cher lecteur, tu ne sais guère
Ce qu'il m'en coûte afin d'être aimable à tes yeux.
 Si je voulais, orateur mercenaire,
  Dans le forum interprétant les lois,
   Consacrer mon temps et ma voix
Aux accusés tremblants, aux débats du vulgaire,
  Je recevrais de maint client
   Toûjours quelque nouveau présent;
Mes celliers s'empliraient de vins de toute espèce
  Et de l'Espagne et de la Grèce,
Mon buffet, de vaisselle, et mon coffre, d'argent.
Mais mon livre, qu'est-il? un convive agréable
Qu'on appelle aux soupers, que l'on caresse à table,
 Dont on jouit, sans bourse délier,
Et qu'on n'admettrait pas s'il fallait le payer.
Jadis la gloire avait un plus digne salaire;
Pour Virgile, Alexis fut un prix ordinaire.
Aujourd'hui, d'un *C'est bien* il faut nous contenter.
 Mais tu cesses de m'écouter,
Cher lecteur, et tu feins de ne pas me comprendre;
Plaidons; c'est, je vois bien, le parti qu'il faut prendre.

17.

CONTRE GELLIA.

Fière de ses aïeux, renommés dans l'histoire,
  En épousant un chevalier
 Gellie eût craint de se mésallier ;
Un consul pouvait seul prétendre à tant de gloire !
  La belle (on ne pourra le croire !)
  Elle épouse un porte-panier.

18.

A QUINCTIANUS.

 Dans ces moments où Saturne est fêté,
 Où nous voyons voler de tout côté
 Riches tapis et fines aiguillettes,
 Petits bijoux, et bougie et tablettes,
 Et de Damas les délicats pruneaux
  Encaissés dans leurs longs bocaux,
Si, pour te tenir lieu de quelque objet plus rare,
Je ne te fais passer qu'un livre de mon cru,
 Bien que ce don soit assez peu congru,
Ne me soupçonne pas, ami, d'être bizarre,
  Incivil, ou peut-être avare.
Je hais de tout présent l'échange intéressé ;
Tout don est un appât, et nous voyons le scare

Par une mouche être amorcé.
Ainsi de tout cadeau je me suis dispensé.
Le pauvre est libéral lorsque son indigence
Jamais d'un riche ami n'amorce l'opulence.

19.

A CÉSAR DOMITIEN.

Non, grand César, nul siècle au tien n'est préférable,
Et jamais règne au tien ne sera comparé.
En quel temps de nos Dieux le concours favorable
Par de plus grands bienfaits s'est-il mieux déclaré?
Sous quel chef plus aimé, Rome jamais fut-elle
Au dedans, au dehors, et plus grande et plus belle?
Quand fut-elle plus libre, et son sort plus heureux?
Quand vit-on plus d'exploits, de triomphes fameux?
Un seul point cependant, mais d'extrême importance,
Semble de tant d'éclat obscurcir la splendeur.
Le client dévoué que poursuit l'indigence
Ne trouve en son patron que dédain et froideur.
De ses plus vieux amis la mémoire est ingrate :
A peine il en reçoit quelque stérile accueil ;
Quel est le chevalier, s'il n'est de fraîche date,
Qui daigne l'honorer seulement d'un coup d'œil?

20.

AU MÊME.

Aux saturnales, lorsqu'un grand
Daigne envoyer à son client

Un manteau de couleur vermeille
Ou quelque autre chose pareille,
Il s'admire dans son présent,
Et prétend avoir fait merveille.
Un seul ou deux peut-être encor
Y joindront quelques pièces d'or,
Et là se bornent leurs largesses.
Où sont les patrons généreux,
O César! si tu nous délaisses?
Pourtant, à quoi bon les richesses,
Si l'on n'en fait pas des heureux?
C'est la vertu d'un chef suprême,
Vertu qui l'égale aux Dieux même.
— Je t'entends et te vois de loin,
Marcus; ton adresse est extrême :
Mais c'est prendre ici trop de soin;
Ton conseil est bon en lui-même,
Mais César n'en a pas besoin.

21.

A JULES MARTIAL.

Que ne puis-je à mon gré disposer de ma vie,
Cher Jule, et, près de toi, maître de mes loisirs,
Rentrer dans la nature et goûter ses plaisirs,
Les seuls réels, qu'ignore ou respecte l'envie!
Loin du triste Forum et des fâcheux procès,
Que de bon cœur alors, laissant tout patronage,
   Je dirais adieu pour jamais
Aux superbes hôtels, aux fastueux palais

Qu'habitent à la fois l'orgueil et l'esclavage!
Les riants entretiens, le murmure des eaux,
    Du portique les frais arceaux,
    Les promenades, la lecture,
    L'ombre des bois et leur verdure,
    Le Champ de Mars et les bains chauds,
Tels seraient tour à tour nos plaisirs, nos travaux.
Mais que nous sommes loin de ce bonheur suprême!
Cher Jule! de nous deux nul ne vit pour lui-même.
Notre temps se gaspille, et tous nos meilleurs jours,
    Inaperçus, s'échappent pour toujours.
Ils nous comptent, pourtant! hâtons-nous donc; la vie
    N'est qu'un éclair prompt à s'évanouir;
    Qui la connaît et l'apprécie
    Peut-il différer d'en jouir?

22.

SUR APOLLONIUS.

Naguère, mon cher Régulus,
Le rhéteur Apollonius
Dont on nous cite mainte histoire,
En saluant Quintus l'appelait Décimus,
    Et d'un Macer il faisait un Crassus.
Mais, de l'étude effet qu'on aura peine à croire!
Maintenant à chacun il applique son nom.
    —Certes, l'effort est méritoire;
Comment le retient-il?—Il le prend au crayon,
    Puis le confie à sa mémoire.

23.

CONTRE PAULLUS.

Si je n'ai projeté de te voir ce matin,
    Si tel n'était pas mon dessein,
Que du mien ton logis s'éloigne plus encore!
Mais, Paullus, ton manoir est au mont Esquilin;
Des piliers de Tibur le mien est fort voisin,
Près du temple écarté d'où la champêtre Flore
    Voit Jupiter Capitolin.
Du chemin de Suburre il faut gravir la pente,
Que la boue en tout temps rend encor plus glissante,
Éviter les fardeaux et les pesants haquets
Que traîne avec effort un long rang de mulets.
Mais le pis, c'est qu'après tant de soins et de peine,
    Lorsque tout suant, hors d'haleine,
A ta porte, à la fin, j'arrive anéanti,
En m'ouvrant, ton valet me dit : Il est sorti!
Et voilà le loyer de ma fatigue vaine
Dont ton meilleur accueil ne m'eût payé qu'à peine!
Un client a toujours des patrons inhumains;
Veux-tu rester le mien? Paullus, dors les matins.

24.

A BASSUS.

Avant qu'eût repris sa vigueur
La loi qui, dans les jeux, marque à chacun sa place,

Tes vêtements de modeste couleur
Ne te distinguaient pas de la vulgaire classe.
Mais depuis que, sans bruit, un vigilant censeur
A la loi périmée a rendu l'existence,
Et que le chevalier, sans craindre un inspecteur,
    Jouit en paix du droit de préséance,
On voit tes vêtements afficher l'opulence;
Et tu crois nous tromper par ce luxe imposteur!
    Pauvre Bassus, reviens de ton erreur!
    Ton beau manteau ne vaut pas la finance
Qui donne aux chevaliers une place d'honneur,
Où mon Codrus sur tous aurait la préférence.

26.

SUR CHÉRESTRATE.

Tu n'as pas le cens nécessaire
    Aux chevaliers de bon aloi,
Bon Chérestrate; ici, dis-moi, que viens-tu faire?
Lectius vient : debout, fuis, cours et cache-toi.
    Mais, ô bonheur! qui t'arrête en ta course,
      Et te ramène auprès de moi?
Quel ami généreux veut, en t'ouvrant sa bourse,
Mériter que son nom, avec honneur cité,
Soit transmis par mes vers à l'immortalité?
Qu'est-elle auprès de lui, l'âme crasse et terrestre
    De ce Crésus qui siége dans nos rangs,
      Et de nuages odorants
      Inonde les bancs et l'orchestre?

Ou qui jette vingt mille écus
Pour élever une statue équestre
Où doit briller en or (que de frais superflus!)
Le nez grotesque d'un Scorpus?
O richesse inutile! amitié prétendue!
A de semblables traits je vous vois applaudir,
Et pour les imiter, aucun ne vient s'offrir :
O pour vous, que d'argent, que de gloire perdue!

27.

A CODRUS.

Dans un de mes écrits, en plaisantant, naguère
Des gens à manteau long je t'ai nommé l'Alpha.
Codrus, le mot peut-être aura pu te déplaire;
Eh bien, des manteaux courts nomme-moi le Bêta.

28.

SUR UN FAUX CHEVALIER.

L'esprit et les talents, les mœurs et la naissance,
Sont chez toi, j'en conviens, dignes d'un chevalier;
Mais ton cœur, je le vois, est encor roturier.
Flétri, découragé par la triste indigence,
De nos quatorze bancs tu dédaignes l'honneur,
Et, toujours circonspect, tu n'as pas l'assurance
D'y venir prendre place, et braver l'inspecteur.

29.

SUR MAMERCUS.

Tu peux m'en croire, cher Aulus,
Quand tu réunirais de Nerva la sagesse,
  La piété des frères Curius,
    De Marcus la délicatesse,
    La probité de Mauricus,
    Et de Ruson la politesse;
    Lorsqu'à la gaîté de Paullus
Tu joindrais le talent du fameux Régulus;
  Non, jamais tu ne pourras faire
Que Mamercus sur toi pense ou dise du bien;
Sa dent noire toujours ronge et n'épargne rien.
— C'est un censeur malin, un critique sévère?
— Non, c'est un malheureux à qui nul ne peut plaire.

30.

A GELLIA.

« Mange ce lièvre, ami, que je te donne;
  « Tu seras beau pendant sept jours. »
    — Si ton dicton est vrai toujours,
  Tu n'en as donc jamais mangé, ma bonne?

31.

A VARRON.

Varron, toi que Sophocle avoûrait pour émule,
Dont Horace envîrait la lyre et les accents,

Fais trêve à tes travaux, et laisse, pour un temps,
   Les jeux badins de l'élégant Catulle,
Et l'élégie en pleurs que fit gémir Tibulle.
Mais, près de ton foyer, parcours ces vers nouveaux,
Que dans ce mois oisif je t'envoie à propos;
A moins que dans ces jeux où l'esprit se repose
Tu ne perdes les jours dont Saturne dispose.

33.

SUR CRISPUS.

Crispus, à son heure suprême,
   A sa femme, par testament,
N'a pas légué deux écus seulement.
— Qui donc a-t-il nommé son héritier? — Lui-même.

34.

CONTRE UN AVOCAT.

Un avocat, dit-on, s'est égayé sur moi ;
Si j'apprends quel il est, avocat, gare à toi !

35.

SUR LA JEUNE ÉROTION.

A sa mère Flaccille, à toi, Fronton, son père,
Je remets cette enfant, ma joie et mon amour.

Vous l'avez précédée au souterrain séjour,
Elle va retrouver votre appui tutélaire.
Vous me l'aviez léguée, hélas ! pour peu d'instants !
Six ans, moins quelques jours, ont borné sa carrière.
   Rassurez-la contre les aboîments
De votre affreux gardien, du terrible Cerbère,
Et dans l'obscurité guidez ses pas tremblants.
Des champs élysiens, habitante nouvelle,
Parmi ses vieux parents rassemblés autour d'elle,
La folâtre, en jouant, leur bégaîra mon nom.
Terre ! ne laisse point s'épaissir le gazon
Sur les os délicats qu'ici ton sein récèle,
   Et que je confie à ta foi :
     Elle ne pesa pas sur toi,
     Terre, ne pèse pas sur elle !

36.

SUR EUCLIDE.

« Je touche de Patras, par an, vingt mille écus,
« Du faubourg de Corinthe autant, même encor plus ;
« Et mes nobles aïeux de Léda sont issus ! »
Fier d'un manteau de pourpre, ainsi, dans le théâtre,
Euclide s'écriait, et, malgré l'inspecteur,
Voulait se maintenir aux banquettes d'honneur.
   Mais tandis qu'il s'opiniâtre,
Et lutte en répétant toujours même refrain,
Une très-grosse clef, qui glisse de son sein,
   Tombe, et trahit l'esclave dans Euclide :
Fut-il jamais, Fabulle, une clef plus perfide ?

37.

A FAUSTIN.

J'ai loué dans mes vers certain particulier,
Et n'en ai rien reçu ; c'est un banqueroutier.

38.

SUR LA MORT D'UNE JEUNE ESCLAVE.

Je l'ai perdue, hélas! cette jeune merveille,
Mes uniques plaisirs, mes seuls amusements;
Cette enfant dont la voix flattait plus mon oreille
Que les accents du cygne à ses derniers moments.
Douce comme l'agneau qui sur les bords du Tage
    Broute le cytise fleuri,
Sa peau du pur ivoire égalait le poli;
Sa blancheur eût terni le brillant coquillage
Dont la mer Érythrée enrichit son rivage,
La neige encor récente, et le lis du matin.
Des toisons du Bœtis et des tresses du Rhin
Dont une poudre d'or embellit la souplesse,
  Ses blonds cheveux surpassaient la finesse.
Le folâtre écureuil n'était pas plus lutin.
    L'ambre qu'on froisse dans la main,
      La myrrhe et l'encens arabique,
La rose de Pœstum, et le miel de l'Attique,
N'exhalèrent jamais de plus douces odeurs.

Auprès d'elle le paon eût perdu ses honneurs,
   Et le phénix eût cessé d'être unique.
   Elle n'est plus! son bûcher fume encor.
   En la perdant, j'ai perdu mon trésor!
Adieu, plaisirs, amour, délices de ma vie!
Qui l'eût cru, que si tôt elle me fût ravie?
     Cruel, inflexible destin,
   Tu l'as frappée, et sa sixième année
      N'était pas encor terminée!
    — Ami, d'où vient tant de chagrin?
Pour une esclave enfant j'excuse ta tendresse :
Mais, c'est trop la pleurer, te déchirer le sein,
T'arracher les cheveux; rougis de ta faiblesse,
   Et réprime ce noir transport.
Mon épouse était riche, et jeune, et belle, et sage,
Et naguère en mes bras elle a fini son sort :
Pourtant je vis! — Pœtus, j'admire ton courage;
Vingt mille écus te sont dévolus par sa mort,
Et tu consens à vivre!... O le sublime effort!

39.

CONTRE CALLIODORE.

Je sais, mon cher Calliodore,
   Et personne, je crois, n'ignore
Que pour vous faire admettre au rang de chevalier,
Vous possédez le taux strictement régulier;
   Mais, nous vous connaissons un frère
Qui comme vous réclame, à titre d'héritier,

La moitié de ce cens qui vous est nécessaire.
Un seul cheval ne peut avoir double écuyer.
    D'Océanus redoutez l'œil sévère.
Irez-vous, confondant pluriel et singulier,
Et bravant à la fois les lois et la grammaire,
Lui dire : *Je montons* tous deux un seul coursier?
Levez-vous, dira-t-il, ainsi que votre frère !
Nouveau Castor, laissant ce Pollux importun,
Avec lui, croyez-moi, n'ayez rien de commun.
Des enfants de Léda suivez l'exemple sage,
Et faites de vos droits l'alternatif usage.
    Surtout, gardez qu'au même jour
    Le même banc tous les deux vous rassemble.
    Vous ne pouvez siéger ensemble;
    Eh bien! siégez donc tour à tour.

40.

CONTRE CHARIN.

Charin, dans cette année, a fait son testament
Trente fois, et toujours disant : C'est la dernière;
    Et chaque fois, afin de lui complaire,
        Je lui fais passer en présent
        Des gâteaux du plus pur froment,
        Que mon habile ménagère
        A pétris d'un miel odorant.
C'est assez : prends pitié, Charin, de ma détresse;
    De grâce, plus de testaments nouveaux
        Qui m'obligent à des cadeaux.

Ou plutôt, hâte-toi de remplir la promesse
Dont ta perfide toux nous amuse sans cesse.
　　Tu me ruines en gâteaux :
A force de tester, chaque jour tu m'achèves ;
　　Eussé-je été plus riche que Crésus,
Aujourd'hui je serais aussi pauvre qu'Irus,
Quand je ne t'eusse offert chaque fois que mes fèves.

41.

A ARTÉMIDORE.

Tu peins Vénus ; Minerve a seule ton hommage ;
Ne t'étonne donc plus qu'on blâme ton ouvrage.

LA MÊME AUTREMENT.

Ta Vénus est manquée, et j'en suis peu surpris ;
Sur elle, dans ton cœur, Minerve obtient le prix.

43.

IL FAUT DONNER AUX AMIS.

Un habile voleur de ton coffre enfoncé
Emportera tout l'or par tes soins amassé ;
La flamme en un instant peut faire disparaître
Les lares paternels dont tu te vois le maître ;

Un parjure emprunteur n'ira te rien devoir,
Souvent un sol ingrat trahira ton espoir.
La mer peut engloutir tes vaisseaux, ta richesse,
Ou bien ils passeront aux mains d'une maîtresse;
Mais un bienfait, du sort ne craint pas les retours :
Les dons que tu répands seuls te restent toujours.

44.

SUR THAÏS ET LECANIA.

Lise a les dents d'un noir d'ébène,
Sa sœur les a d'un ivoire éclatant:
Pour l'une, le pourquoi se devine sans peine ;
Pour l'autre, c'est le secret du marchand.

45.

CONTRE DENTON.

Mais, qu'arrive-t-il donc à notre ami Denton?
Chose étrange! A dîner quatre fois je l'invite,
 Et quatre fois il m'a répondu : Non.
  S'il me rencontre, il passe vite.
Lui qui, naguère encor, de salon en salon,
Au théâtre, aux bains même, était à ma poursuite,
 Aujourd'hui partout il m'évite.
Un pareil changement a de quoi m'étonner.
Quel en est le motif?... Ah! parbleu, je devine.

Alléché par l'odeur de meilleure cuisine,
Denton préfère au mien un plus friand dîner.
Mais ton triomphe, ingrat, ne sera pas durable.
Quand le riche patron pour qui tu m'as laissé,
En te connaissant mieux, de toi sera lassé,
Confus, tu reviendras à ta première table.

46.

CONTRE BASSA.

Bassa nous soutient qu'elle est belle,
Et qu'aux amants elle est rebelle ;
Je n'y crois pas trop, quant à moi ;
Elle brille dans ces deux rôles :
Mais, on sait bien que ses paroles
Ne sont pas articles de foi.

47.

Je n'aime le baiser que s'il est disputé ;
Ton air mutin me plaît bien plus que ta figure ;
Résiste-moi toujours, Paula, je t'en conjure :
Je veux n'être de toi chéri ni redouté.

48.

SUR PHILON.

Philon, qui n'a pas de cuisine,
Me jure que jamais il ne mange chez lui ;

Je le crois ; s'il ne dîne en effet chez autrui,
  Le malheureux jamais ne dîne.

50.

A LABIÉNUS.

Hier si je me suis mépris,
Il ne faut pas que tu t'étonnes ;
Lorsque je t'ai vu seul, assis,
En toi j'ai cru voir trois personnes.
Ton front, d'un et d'autre côté,
Porte un bouquet de chevelure
Si peu touffu, qu'en vérité
D'un jeune enfant emmaillotté
Il ne ferait pas la coiffure.
Un sillon dont l'aridité
N'offre pas un poil qui l'ombrage,
De ton occiput qu'il partage
Étale en long la nudité ;
D'une telle difformité
Pourtant tu tiras avantage.
En décembre, quand l'empereur
Donna les sportules d'usage,
Tu fis un triple personnage
Et tu reçus triple faveur.
De Géryon vivante image,
Si tu veux éviter son sort,
De Philippe fuis le portique ;
Là, figure un Hercule antique :
S'il t'aperçoit, te voilà mort.

51.

CONTRE CHAROPINUS.

Si je dîne chez moi sans t'avoir invité,
    Aussitôt tu me fais la guerre,
Et, l'épée à la main, dans ta grande colère,
Tu vas, dis-tu, punir mon incivilité.
    Ami, calme cette furie!
Un tel acharnement me devient importun;
Je veux, sur cent dîners dont je te gratifie,
Pouvoir impunément du moins t'en voler un.

52.

A RUFUS.

Cet homme que tu vois, Rufus, jusqu'au menton
    Enfoncé dans la paperasse,
Que de clercs empressés assiége un escadron,
Et qui, sans se lasser, toujours sasse et ressasse
Testaments et dossiers que sans cesse on lui passe;
Cet homme qu'on prendrait pour un grave Caton,
    Pour un Brutus, un Cicéron,
N'est rien qu'un ignorant de la première classe.
Tu ris! aborde-le; par prière ou menace,
Tu n'en obtiendras pas qu'il te rende à son tour,
En grec plus qu'en latin, réponse à ton bonjour.

53.

A POSTHUME.

Si, malgré ma reconnaissance,
Sur les biens dont tu m'as comblé
Je garde toujours le silence,
C'est que toi-même en as parlé.
Toutes les fois qu'en ton absence
Je veux citer à mon égard
Quelque trait de ta bienfaisance,
On m'arrête; on me dit : D'avance
Lui-même nous en a fait part.
Dans mainte et mainte circonstance,
Pour que tout soit fait à propos,
Agir deux n'est pas nécessaire;
Un seul suffit : reste en repos,
Mon cher Posthume; en cette affaire
Je dois parler, tu dois te taire.
Les dons que de toi j'ai reçus,
Indiscret! tu les as perdus.

54.

A BASSUS.

Quoi! toujours nous chanter, et sur le même ton,
La triste Niobé, Thyeste, Agamemnon,
Andromaque, Médée, et tels sujets semblables!
Il en est, pour tes vers, de bien plus convenables;

Crois-moi, Bassus, choisis Deucalion,
  Ou la chute de Phaëton.

55.

SUR UN RHÉTEUR.

Mon rhéteur, je le vois, finira par s'instruire.
  Hier au soir, le croira-t-on ?
  Il m'a salué par mon nom
  Sans avoir pris soin de l'écrire.

56.

SUR L'AIGLE DE JUPITER.

Aigle, que portes-tu ? — Des cieux le roi suprême.
  — Eh quoi ! sans foudre ? — Amour l'a désarmé.
  — Quel objet ?... — Ganymède, un enfant l'a charmé.
  — D'où vient ce bec ouvert, cet œil moins enflammé ?
  — Je lui parle de ce qu'il aime.

57.

A LUPUS.

« Quel maître, ami, donnerai-je à mon fils ?
« Qu'en dois-je faire, et que doit-il apprendre ?
« Depuis longtemps mon choix flotte indécis,
« Et sur ce point je désire t'entendre. »

—Loin de ton fils rhéteur, grammairien,
Vrais charlatans dont le savoir futile
Ne peut l'aider ni le conduire à rien.
Mets de côté Cicéron et Virgile,
Très-beaux diseurs et fort hommes de bien,
Mais pour percer n'offrant aucun moyen.
Qu'il laisse en paix avec sa renommée
Rutilius épris de sa fumée;
Et si jamais, de la gloire entêté,
Il fait des vers, qu'il soit déshérité !
Mais, s'exerçant dans un art moins stérile,
S'il veut mêler l'agréable à l'utile,
Ne peut-il pas, ou danseur ou chanteur,
Avec éclat figurer dans un chœur,
Pincer la harpe ou jouer de la flûte?
A ces états ne pouvant se plier,
Si dès l'abord tu vois qu'il se rebute,
Fais-le architecte, ou, si tu veux, huissier.

58.

A CINNA.

Lorsque je t'appelle mon maître,
Garde-toi de te méconnaître,
Cinna; de ce nom qui te plaît
J'appelle souvent mon valet.

59.

A POSTHUME.

« Oui, je veux vivre, et dès demain. »
Voilà ton éternel refrain.
Mais ce demain qu'il faut toujours attendre,
Quand le verrons-nous donc enfin?
Qu'il est lent, qu'il tarde à paraître
Ce demain toujours prêt à naître,
Déjà plus vieux que Priam et Nestor!
Peut-il s'obtenir à prix d'or?
Où donc est-il, où faut-il l'aller prendre?
En l'attendant, la mort peut te surprendre.
Tu vivras dès demain! Et pourquoi pas, dis-moi,
Dès aujourd'hui? c'est déjà tard s'y prendre;
Déjà c'est un jour de perdu;
Dès hier que n'as-tu vécu?

60.

A STELLA.

Au lieu de vases d'or, d'un prix inabordable,
Je t'en donne de terre, et je crois faire bien;
Qui fait un grand présent en attend un semblable :
Le mien, mon cher Stella, ne te coûtera rien.

61.

CONTRE UN DÉTRACTEUR.

Misérable envieux, qui nous viens des enfers
Pour semer parmi nous et l'insulte et l'outrage,

Tu t'agites en vain ; gronde, aboie et fais rage,
Non, tu n'obtiendras pas que dans tout l'univers
Ton nom déshonoré circule avec mes vers.
  Je ne veux pas, même pour ma défense,
D'un monstre tel que toi révéler l'existence.
   Vis détesté, meurs inconnu,
   C'est le supplice qui t'est dû.
Pourtant quelques auteurs, peut-être, en cette ville,
   Voudront du cerbère nouveau
  A belles dents mettre en pièces la peau ;
   Pour moi, d'une proie aussi vile
Je rougirais d'arracher un lambeau.

62.

CONTRE MARIANUS.

Dis-moi, mon cher Marianus,
Quel est ce beau jeune homme, aux cheveux si crépus,
Qui chez toi se comporte avec un air d'aisance,
Qui toujours à ta femme, et même en ta présence,
   Rend les soins les plus assidus?
  Partout il la suit et l'assiége ;
Et souvent, à l'oreille, appuyé sur son siége,
   Lui débite quelque fadeur
   Qu'elle entend sans trop de froideur.
A chacun de ses doigts une bague étincelle,
Et la ponce a poli sa jambe fine et belle.
Dis-moi donc quel il est : a-t-il un nom, un rang?
Occupe-t-il chez toi quelque poste important?
— De mon épouse, ami, c'est le chargé d'affaires,

Actif, intelligent, et des plus nécessaires.
Sa figure décèle un habile intendant;
Aufide, près de lui, ne serait qu'un novice.
— Que tu mérites bien, pauvre Marianus,
L'affront qu'à son valet prodigue Latinus!
Qu'en te traitant de même on te rendrait justice!
    Ouvre les yeux : ce jeune dameret
N'a point l'air occupé d'affaires d'intérêt;
Ta femme à lui, dit-elle, a confié les siennes,
Mais je croirais plutôt qu'il s'est chargé des tiennes.

63.

A SON HÔTE.

Use comme du tien de mon manoir des champs,
Cher hôte, si tu peux reposer sur la dure;
Ou d'un fort mobilier amène une voiture
Pour remplacer le mien, volé depuis longtemps.
Mes lits brisés n'ont plus coussin ni couverture;
Les sangles en lambeaux, sur le plancher poudreux
De leurs sales débris traînent la pourriture.
Pourtant à frais communs on peut y loger deux;
J'ai payé le local : fournis la garniture,
Et tu ne seras pas dupe de l'aventure.

64.

A PONTICUS.

« Ami, que penses-tu, dis-moi, de mes écrits? »
Vingt fois par jour de toi j'entends la même phrase.

Ils sont parfaits : j'admire; et j'en suis en extase!
Sur ceux de Régulus ils emportent le prix.
— C'est bien là ton avis, Marcus, en conscience ?
   Dans les faveurs de César et des Dieux
Que ta sincérité trouve sa récompense.
   — Je fais pour toi les mêmes vœux.

65.

A SES ESCLAVES.

D'un falerne vieilli que l'eau n'a pas trempé,
Esclaves, remplissez une double mesure;
Que de glace à l'instant ce nectar soit frappé,
   Et que de fleurs mon front enveloppé
En exhale partout l'odeur suave et pure.
Jouissons : ce tombeau, qui dans mon voisinage,
   D'Auguste est le dernier séjour,
Du temps qui fuit me dit de faire usage;
Un Dieu même a subi ce terrible passage :
   Je puis demain le subir à mon tour.

67.

CONTRE PONTILIANUS.

Toutes les fois que dans la rue
Je te rencontre et te prévien
Du mot civil : « Je te salue, »
Tu passes et ne réponds rien.

Puisque ce mot que tu dois rendre
Toujours en vain se fait attendre
Et se refuse à mon appel,
Désormais tu ne dois entendre
De moi que l'adieu solennel
Qui des morts honore la cendre.

68.

SUR UNE HIRONDELLE.

Quand les hirondelles frileuses,
A l'approche des noirs frimas,
Vont sur des plages plus heureuses
Chercher de moins âpres climats,
Une d'entre elles, paresseuse,
Au fond de sa couche moelleuse
Se blottit et ne partit pas.
Quand la saison moins rigoureuse
A leur gîte les ramena,
Toute la troupe, furieuse,
Sur la transfuge se tourna,
Et du bec si fort s'acharna,
Qu'elle en mourut, la malheureuse!
Procné, mère du jeune Ithys,
Aurait dû, cent fois plus coupable,
Subir un supplice semblable
Quand elle déchira son fils.

69.

A LESBIE.

On vante des Germains la chevelure d'or :
Compare-lui la tienne, elle est plus blonde encor.

70.

CONTRE M. ANTOINE.

Va, ne reproche rien au barbare Photin,
Antoine; des proscrits exécrable assassin,
La mort de Cicéron t'accuse plus encore.
L'affreux Catilina, qu'à bon droit Rome abhorre,
Jamais d'un tel forfait n'aurait souillé sa main.
Toi, c'est le sang romain dont la soif te dévore.
Un infâme soldat par ton or soudoyé,
En frappant Cicéron, l'a forcé de se taire;
Le silence d'un seul, si chèrement payé,
Que te vaut-il? pour toi quel en est le salaire?
Oui, Cicéron se tait : mais entends Rome entière !

71.

CONTRE SYRISCUS.

Toujours errant de buvette en buvette,
    Près des quatre bains, Syriscus,
    Sans presque quitter la sellette,
Vient de manger, dit-on, huit mille écus

De son patron récemment obtenus.
    O gourmandise détestable!
En peu de jours manger huit mille écus!
Un pareil trait sans doute est incroyable;
Mais ce qui doit le paraître encor plus,
C'est qu'il les a mangés sans s'être mis à table.

72.

A FAUSTIN.

Non loin de Trébula, dans une plaine humide
Qui du midi brûlant brave le souffle aride,
Il est une retraite où, durant la chaleur,
L'été n'exerce point d'influence perfide;
Le doux zéphyre seul en tout temps y préside.
Là, Faustin, je t'attends; là, goûtant la fraîcheur,
Tu pourras du Lion défier la fureur
A l'ombre de nos bois, aux bords d'une eau limpide;
Déjà Phébus s'allume aux ardeurs du Cancer;
Viens; de Tibur, ici, tu trouveras l'hiver.

73.

SUR L'ORIGINE DE BACCHUS.

Jupiter, a-t-on dit, de Bacchus fut la mère:
A ce compte, Rufus, Sémélé fut son père.

74.

A THÉODORE.

De mes œuvres vingt fois tu réclamas le don;
    Vingt fois je t'ai répondu : Non.

D'un refus qui te semble étrange
Tu me demandes la raison?
Tu voudrais me donner les tiennes en échange.

LA MÊME, AUTREMENT.

De ton nouvel ouvrage on dit beaucoup de bien,
Lis-le-moi.—Non.—Pourquoi?—Tu me lirais le tien.

75.

SUR POMPÉE ET SES ENFANTS.

De l'illustre Pompée et de ses jeunes fils
La fortune s'est plue à semer les débris.
En Europe, Cnéïus, et Sextus en Asie
Ont leur tombeau; leur père a vu trancher sa vie
En Afrique, où, peut-être! il a trouvé le sien.
Qu'un autre en soit surpris; moi, je comprends très-bien
Qu'une maison, en gloire, en grandeur si féconde,
De sa vaste ruine ait dû couvrir le monde.

77.

SUR CINNA.

Mithridate, que le poison
A chaque instant tenait en crainte,

A force d'en prendre, dit-on,
Cessa d'en redouter l'atteinte.
Cinna, depuis vingt ans, a tant jeûné, qu'enfin
Le voilà convaincu qu'on ne meurt pas de faim.

79.

A TARANIUS.

Si tu te vois réduit à dîner seul chez toi,
Viens dîner, ou plutôt viens jeûner avec moi.
Mais apprends quelle chère, ami, t'est préparée.
Un saucisson couché sur un lit de purée,
Allumera ta soif; des œufs garnis d'anchois,
Un fin lard, escorté de fèves et de pois,
Un chou bien frais, baigné dans l'huile la plus pure,
Et qui dans un plat noir près d'un jambon figure,
Voilà ce qui t'attend; ami, ces simples mets
Ne m'ont pas, tu le vois, coûté beaucoup d'apprêts.
Pour fruits, des raisins secs, la poire de Syrie,
Et la châtaigne au feu lentement amollie.
Tu feras en buvant l'éloge de mon vin.
Et si Bacchus encor veut réveiller ta faim,
Je t'offre pour surcroît la verte et douce olive,
Qui, comme exprès pour toi, de Pinénum m'arrive;
J'ajoute la lentille et le tiède lupin;
Et voilà, tout compté, le menu du festin.
C'est peu : mais à défaut de meilleure cuisine,
Tu trouveras chez moi bon hôte et bonne mine,
Franc parler, cœur ouvert, entière liberté.
Point d'indiscrets; partant, pleine sécurité;

Surtout point de lecture : une musique exquise
Couronnera la fête. Accours, la nappe est mise;
Claudia, qui t'attend, t'a déjà prévenu;
Viens donc, et sois certain d'être le bienvenu.

80.

CONTRE ZOÏLE.

Dix fois dans un repas, prétextant la sueur,
Tu sors pour reparaître en nouvelle chlamyde;
   Tu crains, dis-tu, que la synthèse humide
Sur ta peau ne retienne une tiède moiteur
Qu'un léger vent soudain changerait en fraîcheur.
     Je te vois plus vain que timide,
     Zoïle, dans tous ces apprêts;
Moi, qui dîne avec toi, vois-tu que je transpire?
     C'est que, pour me maintenir frais,
Je n'ai qu'une chlamyde; elle sait me suffire.

81.

A SÉVÈRE.

   Si tu n'as rien de mieux à faire,
Pour lire, examiner ces légers impromptu,
Dispose en ma faveur d'un instant, cher Sévère.
« Dois-je ainsi gaspiller mes loisirs? » diras-tu.
Pardon; mais ton ami t'en prie avec instance,
     Et cet acte de complaisance,
     Crois-moi, ne sera pas perdu.
     Même (suis-je assez téméraire?)
Si tu veux m'accorder la grâce tout entière,

Tu t'adjoindras le docte Secundus;
   Mon livre alors te devra plus
   Qu'il ne devra même à son père.
   En effet, il ne craindra plus
D'aller voir, au séjour habité par Cerbère,
Sisyphe, qui s'épuise en efforts superflus,
Quand il aura subi ta critique sévère
   Et la lime de Secundus.

82.

A ÉMILIEN.

Es-tu pauvre? ton sort est de l'être toujours;
L'argent court à l'argent : c'est le train de nos jours.

83.

CONTRE GAURUS.

Après m'avoir promis un don de mille écus,
Tu ne peux, me dis-tu, m'en prêter cent cinquante;
Si ta volonté seule a dicté ton refus,
Cette insulte, Gaurus, est doublement choquante.
Va donc, et que ton or te porte un jour malheur!
Tu n'es qu'un idiot, sans foi, comme sans cœur.

84.

A DINDYMUS.

Tu m'appelles, je fuis; tu me fuis, je t'appelle;
Je dis oui, tu dis non; tu veux blanc, je veux noir :

De nos goûts opposés la lutte est éternelle,
Et nous suivra, je crois, au souterrain manoir.

45.

A GALLA.

Décembre expire : adieu les jeux de noix !
L'enfant qui de son maître a reconnu la voix
Retourne à ses travaux, quoiqu'à regret, docile.
Cornet et dés en mains, le rebelle joueur,
Au fond de son tripot surpris par l'inspecteur,
  Se voit traîné devant l'édile
  Dont il redoute la rigueur.
Ils sont passés, les jours des saturnales,
  Où partout des mains libérales
Vont aux amis prodiguer leurs présents.
De toi, Galla, malgré les coutumes anciennes,
  Je n'en ai vu venir petits ni grands,
  Et mon décembre a perdu ses étrennes.
Mais bientôt mars nous sera ramené,
  Mois où tu comptes sur les tiennes ;
Alors je te rendrai ce que tu m'as donné.

FIN DU CINQUIÈME LIVRE.

LIVRE SIXIÈME.

1.

A JULES MARTIAL.

O toi! dont l'amitié m'est précieuse et chère,
Jule, reçois de moi ce sixième recueil;
    Mais au lieu d'un léger coup d'œil,
Je réclame pour lui ta censure sévère.
    Grâce à tes soins, craignant moins de déplaire,
Du palais de César il franchira le seuil;
    Et sa démarche téméraire
Y trouvera peut-être un favorable accueil.

3.

SUR LA NAISSANCE D'UN FILS DE DOMITIEN.

Parais, auguste enfant, promis au fils d'Énée,
Viens, digne fils des dieux, remplir ta destinée.
    Lorsqu'après maint siècle écoulé,
Ton père, chargé d'ans, sur ta verte jeunesse
    Voudra reposer sa vieillesse,
A partager son trône à ton tour appelé,

Tu seras son émule ; et vos mains souveraines
D'un empire éternel gouverneront les rênes.
Pour lui faire des jours de soie et d'or tissus,
Julia va filer la toison de Phryxus.

4.

COMPLIMENT A DOMITIEN.

Vous, pour qui le triomphe épuisa ses honneurs,
  Vous, chef suprême des censeurs,
  Arbitre et modèle des princes ;
Vous, à qui Rome doit ses temples, ses grandeurs,
Tant de cirques, de dieux, de villes, de provinces,
Rome encor vous doit plus : elle vous doit des mœurs.

5.

A CÉCILIANUS.

L'achat d'un bien rural me met dans l'embarras ;
Prête-moi mille écus, ami, je t'en supplie.
Tu sembles réfléchir et te dire tout bas :
« C'est de l'argent perdu ! » — Je n'en disconviens pas,
  Aussi, tu vois que je t'en prie.

7.

SUR THÉLÉSINA.

Depuis que de César la loi renouvelée
  A recouvré sa vigueur parmi nous,

Et ramené la décence exilée,
Thélésine a cinq fois pris un nouvel époux,
Et la moitié d'un mois est à peine écoulée.
    Changer de maris tant de fois,
Ce n'est pas, Thélésine, user du mariage;
C'est en couvrir l'abus sous le manteau des lois;
Je serais moins blessé d'un franc concubinage.

8.

A SÉVÈRE.

Pour obtenir certaine belle
Qu'un barbon tenait en tutelle,
De l'hymen briguant les faveurs,
Quatre tribuns et deux préteurs
A l'envi s'empressaient près d'elle.
Ajoutons-y sept avocats,
Et de plus encor maint poëte,
Et nous aurons des candidats
La liste, je crois, bien complète.
Pour un autre que d'embarras!
Le bonhomme n'hésite pas;
A l'éclat préférant l'utile,
Sans bruit, à sa jeune pupille
Il donne un huissier pour époux;
Ma foi, j'en connais de plus fous.

9.

SUR LEVINUS.

Au théâtre, en nos bancs, quand Lévinus sommeille,
Doit-il être surpris qu'Océanus l'éveille?

10.

APPEL INDIRECT A LA LIBÉRALITÉ DE DOMITIEN.

« Daigne, grand Jupiter, m'envoyer de l'argent ! »
   Le dieu m'entend : Adresse ta prière,
  Me répond-il, à ton prince obligeant,
  Qui de mes dons est le dépositaire.
Il vient de relever mes temples à ses frais.
    — A son maître il rend ses bienfaits ;
Il te bâtit un temple, et je ne m'en sens guère.
Mais, c'est ma faute, aussi ! j'ai demandé trop peu :
Fallait-il pour un rien importuner un dieu ?
Pourtant, lorsqu'il a lu ma supplique dernière,
Son œil n'a témoigné ni dédain ni colère ;
   Je croyais même y lire son aveu.
    Son front n'est pas plus bénévole
Lorsqu'en triomphateur il monte au Capitole,
    Ou lorsque, sur son trône assis,
Il rend le diadème aux rois qu'il a soumis.
    Toi, sa confidente chérie,
Vierge auguste, dis-moi : De celui qui supplie,
D'un air si bienveillant s'il rejette les vœux,
   Quel est-il donc quand il fait un heureux ?
Ainsi je me plaignais ; déposant son égide
Qui glace de terreur l'œil le plus intrépide :
« Insensé, dit Pallas, un bienfait attendu,
Pour être différé, le crois-tu donc perdu ? »

11.

CONTRE MARCUS.

Je t'entends répéter parfois d'un air chagrin :
« Il n'est plus, dans nos jours, d'Orestes, de Pylades ! »
Sais-tu pourquoi ? Tous deux buvaient du même vin,
    Tous deux mangeaient du même pain,
  En tout, partout, ils étaient camarades ;
Entre eux régnait toujours parfaite égalité.
A table, ici, je vois placer de ton côté
L'huître que du Lucrin engraissent les parages,
Et l'on me sert, à moi, quelques vils coquillages
    Que ne sucerait pas un chien.
Me crois-tu le palais moins friand que le tien ?
De ton riche manteau Tyr a fourni la laine :
Une laine gauloise et dégraissée à peine
Forme l'épais tissu qui compose le mien ;
Et tu veux qu'entre nous il existe un lien ?
Le nom d'ami, pour toi, n'est qu'un nom de parade :
Près de mon vil sagum ta pourpre se dégrade ;
L'amitié n'admet pas cette inégalité :
Pour moi sois un Oreste, et je suis ton Pylade.
Surtout, pénètre-toi de cette vérité :
    Marcus, si tu veux que l'on t'aime,
    Commence par aimer toi-même.

12.

SUR FABELLA.

Quelqu'un disait à Fabelle :
  Ces cheveux si blonds, si beaux,

Quel dommage qu'ils soient faux !
Ils sont bien à moi, dit-elle,
Je le jure hardiment.
Moi qui tiens de son marchand
Qu'il en fut payé comptant,
Je déclare que la belle
N'a point fait un faux serment.

13.

SUR LA STATUE DE JULIE.

Vrai prodige de l'art inventé par Pallas,
Et qui sembles sorti des mains de l'immortelle,
  Es-tu l'œuvre de Phidias,
  Où du ciseau de Praxitèle?
Oui, ce marbre est vivant; quelle sérénité
Relève de son front la grâce et la beauté !
Dans ses doigts délicats se joue une ceinture :
C'est ton ceste, ô Vénus, ta plus belle parure,
Dérobé par Julie au cou de ton enfant.
 Mais, quoi ! déjà pour réveiller la flamme,
Junon de son époux, Vénus de son amant,
L'une vient l'emprunter, et l'autre le réclame.

14.

CONTRE LABÉRIUS.

Je puis être poëte, et poëte excellent.
— Si tu dis vrai, pourquoi nous cacher ce talent?

Le posséder, et n'en pas faire usage,
C'est, à mon gré, l'effort du plus rare courage.

15.

SUR UNE FOURMI RENFERMÉE DANS UN MORCEAU DE SUCCIN.

Des sœurs de Phaëton une larme échappée
Saisit une fourmi qui meurt enveloppée.
Cet insecte, vivant, n'obtint que du mépris ;
Mort, il est recherché : sa tombe fait son prix.

18.

A PRISCUS, SUR SALONICUS.

Salonicus repose aux champs de l'Ibérie ;
Jamais le Styx ne vit mortel plus regretté.
Mais, retenons nos pleurs : Priscus nous est resté,
    Priscus, la moitié de sa vie ;
Et se survivre en lui fut sa plus chère envie.

19.

CONTRE POSTHUME.

Il ne s'agit dans mon affaire
    Ni de meurtres, ni de poisons ;
    Mais seulement de trois moutons
Qu'un voleur a su me soustraire ;

Et ce voleur est mon voisin.
Le juge attend que du larcin
On lui serve une preuve claire;
Et toi, d'une voix de tonnerre,
Avec de grands gestes, voilà
Que tu nous cites Scévola,
Cannes, Mithridate et sa guerre,
Annibal, Marius, Sylla,
Tous gens dont je n'ai point affaire.
C'est assez te donner carrière,
Ami; ménage tes poumons,
Et dis un mot de mes moutons.

20.

CONTRE PHÉBUS.

Tu m'as dit un jour: Cher Marcus,
A tes talents, à tes vertus,
Je me plais à rendre justice;
Mes sentiments te sont connus;
Puis-je te rendre un bon office?
— De tes bontés je suis confus,
Mais l'occasion m'est propice:
Ami, prête-moi cent écus,
Et tu me rendras grand service.
Depuis tu ne me parles plus;
Est-ce refus? est-ce caprice?
Pour mettre fin à mon supplice,
Mon cher, au lieu de cent écus,

Donne-moi tout net un refus,
Et tu m'auras rendu service.

21.

SUR IANTHIS ET STELLA.

En donnant Ianthis au poëte Stella,
Vénus, s'applaudissant d'un si bel assemblage,
Dit : Je ne puis pour vous ni mieux, ni davantage.
L'épouse était présente. Ensuite elle ajouta,
Mais en secret : « Époux, ne deviens point volage.
« Lorsque Mars autrefois m'adressait son hommage,
  « J'ai dû souvent, dans mes justes fureurs,
« De mon ceste punir ses coupables erreurs.
« Depuis qu'il est à moi, plus constant et plus sage,
« Il peut servir d'exemple à tous les séducteurs ;
« Junon à son époux le voudrait pour modèle. »
Vénus dit. A l'instant, sa main, avec douceur,
Du secret talisman frappe l'époux au cœur.
Stella chérit sa plaie : O puissante Immortelle !
Si tu voulais encor mieux assurer tes droits,
Tu devais les frapper tous les deux à la fois.

22.

CONTRE PROCULINA.

Aujourd'hui qu'une loi sévère
Frappe un nœud justement flétri,

De ton complice d'adultère
Tu consens à faire un mari ;
Proculina, ton mariage
Atteste ton concubinage.

24.

SUR CHARISIEN.

Charisien, ô comble des scandales,
Pour endosser sa toge attend les saturnales !

25.

A MARCELLINUS.

Digne fils d'un vertueux père,
Toi qui, dans ce moment, au milieu des combats,
De l'ourse glaciale affrontes les climats,
 Si, dès longtemps, ta famille m'est chère,
Si tu m'as vu toujours au rang de tes amis,
Marcellinus, écoute et retiens mes avis.
 Sois brave et non pas téméraire,
 Garde qu'une imprudente ardeur
Au-devant du trépas ne pousse ton jeune âge,
Et laisse le sang-froid diriger ta valeur.
 Ne sois pas ce soldat vulgaire
 Qui n'a d'instinct que celui de la guerre,
 Et qui, de Mars imitant la fureur,

Le front baissé se jette au milieu du carnage.
La patrie aujourd'hui réclame ton courage,
    Sois son généreux défenseur,
Mais songe que tu peux en être aussi l'honneur.

27.

A NÉPOS.

Népos, mon voisin doublement
(Car, aux champs ainsi qu'à la ville,
De notre double logement
La distance à peine est d'un mille),
Le ciel t'a fait don d'un enfant
Fidèle image de son père,
Son vrai portrait, qui m'est garant
De la chasteté de sa mère.
Cependant, parmi tes tonneaux
Qui dorment pleins d'un vieux falerne,
Choisis, crois-moi, le moins moderne,
Qu'en ta coupe il coule à grands flots;
Puis, ta tendresse paternelle
Y plaçant un autre trésor,
Le remplira de pièces d'or
Qui doteront un jour la belle.
En attendant le prétendu,
Qu'elle boive le vin du cru,
Et que la récolte nouvelle
Mûrisse et vieillisse avec elle.
Des vieillards veufs et sans enfants
Les vins corrigés par les ans

Sont-ils donc l'exclusif partage?
Un père aussi, je le prétends,
Peut boire les vins de son âge,
Et prendre encore du bon temps.

28.

ÉPITAPHE DE GLAUCIAS.

De Melior l'esclave favori,
  Par son patron récemment affranchi,
Dont Rome a déploré la fin prématurée,
Le jeune Glaucias, si connu, si chéri,
Sous la tombe, à jamais par son nom consacrée,
Au bord de ce chemin repose enseveli.
  A la candeur, à l'innocence
Il unissait esprit, beauté, grâce, décence;
A deux lustres à peine il ajoutait trois ans;
    Cœurs tendres et compatissants
    Qui versez des pleurs sur sa cendre,
Pour vous-mêmes jamais n'ayez lieu d'en répandre!

29.

SUR LE MÊME SUJET.

Ce n'était pas un esclave vulgaire,
  Ni tel que ceux qu'en vente on expose au marché;
C'était un jeune enfant à son maître attaché,
Et que son maître aimait d'une amitié sincère.

Trop charmant Glaucias! Melior, son patron,
De tous ses droits sur lui lui faisait l'abandon,
Qu'il ignorait encor le prix d'un pareil don!
Présent si bien placé! cette faveur insigne,
Ses grâces, ses vertus l'en avaient rendu digne.
Ses traits, ses beaux cheveux nous peignaient Apollon.
Mais, ô de tant d'éclat jouissance éphémère!
Ainsi passe en sa fleur tout ce qui sait nous plaire!
Passants, qui déplorez son précoce trépas,
Tremblez de trop aimer ce qui brille ici-bas!

30.

CONTRE POETUS.

Si, lorsque profitant de ton offre obligeante,
    Je t'ai demandé cent écus,
  Tu m'eusses dit : En veux-tu cent cinquante?
    Les voilà, prends; mon cher Pœtus,
Je croirais aujourd'hui t'en devoir mille et plus.
Mais lorsqu'enfin, après huit ou neuf mois d'attente,
Je les tiens, arrachés bien plutôt qu'obtenus,
    Mon cher, en deux mots comme en trente,
    Ce sont cent écus de perdus.

32.

SUR LA MORT D'OTHON.

Deux concurrents se disputaient l'empire ;
Mars allait prononcer. Le faible Othon soupire,

Il hésite, il se dit que le suprême rang
Serait trop acheté par des torrents de sang.
Il pourrait triompher : son âme généreuse
Préfère au succès même une mort glorieuse.
Caton vivant, sans doute, éclipsa son rival ;
Mourant, du noble Othon Caton n'est point l'égal.

34.

A LYCORIS.

Donne-moi, Lycoris, donne-moi des baisers.
— Combien ? — Autant qu'on voit sur leurs rivages
L'Océan chaque jour jeter de flots brisés,
Et l'Égée entasser de brillants coquillages ;
Que l'Hymette, embaumé des plus douces odeurs,
Voit d'abeilles piller les trésors de ses fleurs ;
Autant que du milieu de la foule idolâtre
S'élèvent de bravos dans notre amphithéâtre,
Alors que de César le retour imprévu
L'enivre d'un bonheur trop longtemps attendu.
Je les veux, mais sans compte, et non comme Catulle ;
En demande trop peu l'amant qui les calcule.

35.

A CÉCILIEN.

Dans une affaire assez frivole,
Ton juge, trop facile et trop bon, selon moi,

A sept clepsydres vient pour toi
De limiter le temps de la parole.
Toi, sans perdre un moment de ce temps qui s'envole,
Tu pars, bats la campagne, et devant toi tu cours,
Déclamant, à briser le tympan des plus sourds.
A mesure qu'une fiole
Est descendue, afin de rafraîchir ta voix,
Tu la saisis, d'un seul trait tu la bois,
Et n'en repars que de plus belle.
Ton infatigable loquèle
Comme un torrent roule et roule toujours;
De tes clepsydres la cinquième
Est écoulée, et déjà la sixième
Touche à sa fin : c'est assez donner cours
A ta faconde sans pareille,
Mon cher; tu parles à merveille,
Mais, sans te perdre en de plus longs détours,
Pour soulager ta soif, ta voix et notre oreille,
Avale la septième, et finis ton discours.

38.

SUR LE FILS DE RÉGULUS.

Le fils de Régulus déjà sait, à trois ans,
De ce grand orateur distinguer les talents.
A peine il l'aperçoit, que, du sein de sa mère,
Il voudrait s'élancer dans les bras de son père,
Dont son naissant orgueil partage les succès.
Les siéges d'où Thémis proclame ses arrêts,

Les graves centumvirs ont seuls droit de lui plaire.
Il aime les clameurs dont le bruyant vulgaire
Fait retentir ce temple, ornement du Forum,
Que l'illustre César honora de son nom.
Tel le fils du coursier, émule de son père,
Se plaît à soulever une noble poussière;
Tel le jeune taureau, dans ses premiers ébats,
D'un front sans arme encor, provoque les combats.
Daignez, ô Dieux puissants! exaucer ma prière,
Et conservez le fils d'une race si chère!
Que le père longtemps puisse, au gré de ses vœux,
Applaudir à son fils, et la mère à tous deux.

40.

A DIRCÉ.

Nulle beauté, jadis, ne t'égala, Dircé :
De Glycère, à son tour, le règne vient de naître;
Ton sceptre de ta main dans la sienne a passé.
Elle est ce que tu fus, et tu ne peux plus l'être;
Telle que je te vois je la verrai peut-être.
Quel changement le temps nous amène avec lui!
Je t'aimais autrefois, et je l'aime aujourd'hui.

41.

SUR UN POETE ENRHUMÉ.

Cette laine à ton cou, qu'en ses plis elle enserre,
Prouve que tu ne peux ni parler ni te taire.

42.

A OPPIEN, SUR LES THERMES D'ETRUSCUS.

Il vous faut renoncer à vous baigner jamais,
Si des bains d'Etruscus vous ne faites usage :
    Exprès pour vous il semble qu'ils soient faits.
Eh ! quels autres pourraient vous plaire davantage?
Les thermes de Passer et leur vive chaleur,
Ceux d'Apone, où préside une austère pudeur,
La molle Sinuesse aux eaux voluptueuses,
Cume, chère à Phébus, le mont altier d'Anxur
Et les sources de Baye encore plus fameuses,
N'ont point un ciel si doux, si serein et si pur.
Là, le jour plus longtemps prolongeant sa carrière,
Ne semble qu'à regret retirer sa lumière ;
Là de l'Onyx s'exhale une sèche vapeur,
Taygète à l'émeraude emprunte sa couleur,
Et d'un reflet de feu brillent les serpentines.
    Là, pour le plaisir du baigneur,
Et l'Asie et l'Afrique ont épuisé leurs mines.
Si l'usage de Sparte a pour vous plus d'attraits,
Suez dans une étuve, et baignez-vous au frais
    Dans l'eau vierge d'une fontaine
    Si diaphane et si pure, qu'à peine
        On en distingue le cristal,
Et qu'on croit voir à sec le marbre du canal.
Vous ne m'écoutez pas ; mon éloquence est vaine,
    Et mon conseil est par vous dédaigné :
Oppien, vous mourrez sans vous être baigné.

43.

A CASTRICUS.

Tandis que de Baya le séjour enchanté
Vous retient, Castricus, dans ses eaux sulfureuses,
Moi, près de Nomentum propice à ma santé
Je file de mes jours les heures paresseuses.
Ma maison est modeste, et mon champ limité.
Ici, sans m'imposer d'onéreux sacrifices,
De Baya, du Lucrin je trouve les délices,
Tous les plaisirs enfin que vous payez si cher.
Jadis, vous le savez, j'aimais à changer d'air;
    Sans calculer les frais ni la distance,
Aux bains les plus fameux j'allais de préférence.
A mes goûts maintenant mon Nomentum suffit;
Les voyages lointains n'ont plus rien qui me plaise;
J'aime mieux près de Rome un commode réduit,
Toujours bien, si j'y puis paresser à mon aise.

44.

CONTRE CALLIODORE.

Calliodore, aucun, prétends-tu, ne manie
    Mieux que toi la plaisanterie,
Et toujours tes bons mots sont d'un excellent goût.
Aussi, dans les festins, dans les cercles, partout,

Présents, absents, homme ni femme,
   Nul n'échappe à ton épigramme.
Mais de ces traits d'esprit dont tu fais tant de cas,
   Veux-tu savoir quels sont les résultats?
Crois-en, Calliodore, un moniteur sincère :
Tu peux bien amuser, mais on ne t'aime pas;
Et, ma véracité dût-elle te déplaire,
Malgré tout ton esprit, jamais dans un repas
Un convive, du tien n'approchera son verre.

46.

A CATIANUS, SUR UN QUADRIGE EN BRONZE.

Le fouet a beau presser ce venète quadrige,
Il demeure immobile : on croit voir un prodige.

47.

A LA NYMPHE IANTHIS.

Nymphe de mon ami, dont l'onde cristalline
Sous ses riches lambris entretient la fraîcheur,
   Dis-moi quelle est ton origine,
   A qui doit-il cette faveur?
   Serait-ce la nymphe Egérie,
   La chaste épouse de Numa,
   Qui, pour complaire à mon Stella,
T'envoie à lui de la grotte chérie

Où dans l'été Diane évite la chaleur?
  Des muses serais-tu la sœur,
  Ou la nymphe de Castalie?
  Naguère, affaibli, languissant,
J'osai furtivement boire à ta source pure,
  Et te promis que, mieux portant,
Une laie encor vierge expîrait cette injure.
Je dégage mon vœu; mais toi, je t'en conjure,
Permets qu'à l'avenir je vienne en liberté
  Y boire encor même en santé.

48.

SUR POMPONIUS.

  Lorsqu'à ta table un essaim parasite
Fait de ses longs bravos retentir le fracas,
  Ta vanité tout bas se félicite,
  Pomponius; mais, ne t'y méprends pas,
  C'est qu'on applaudit au mérite
    De ton repas.

51.

A LUPERCUS.

Souvent sans m'inviter tu donnes à manger,
Mais bientôt tu verras si je sais me venger.
Par lettre, par message, ou même par prière,
Appelle, invite-moi : dans ma belle colère
  Tu verras ce que je ferai !
—Eh bien! que feras-tu?—Pour te punir, j'irai.

52.

ÉPITAPHE DE PENTAGATHUS.

Ici Pentagathus a sa froide demeure,
Pentagathus, l'amour d'un maître qui le pleure.
 Instruit dans l'art de retrancher
Le luxe d'une épaisse et longue chevelure,
Et le poil hérissé qui voile la figure,
 Il ne semblait pas y toucher.
Ravi dès le début de sa courte carrière,
De son deuxième lustre à peine il vit la fin ;
Autant que tu le dois, terre, sois-lui légère,
Jamais tu ne pourras l'être autant que sa main.

53.

SUR UNE MORT SUBITE.

 Nous avions pris ensemble un bain
 Suivi d'un repas assez fin.
 Le cœur joyeux, le corps bien sain
 Nous nous quittons. Le lendemain
 J'apprends, non sans un vif chagrin,
 Que notre convive Germain
 Dans son lit vient par un voisin
 D'être trouvé mort le matin.
 Longtemps je me demande en vain
 D'où vient un trépas si soudain ;
 Je crois le deviner enfin :

En rêvant, le pauvre Germain
Aura cru voir son médecin.

55.

CONTRE CORACINUS.

Semblable aux sachets de senteurs
Préparés chez les parfumeurs,
Coracinus, de sa personne,
Fait un vrai magasin d'odeurs.
Chacun le fuit : il s'en étonne ;
Mais qu'il se persuade bien
Qu'il vaudrait mieux ne sentir rien
Que de sentir odeur si bonne.

57.

CONTRE PHÉBUS.

La pommade à ton front prête une chevelure,
Et ton crâne est couvert de cheveux en peinture.
　Si quelque jour tu veux, par propreté,
　En nettoyer la sale nudité,
D'appeler un barbier il n'est pas nécessaire ;
Une éponge, Phébus, fera mieux ton affaire.

58.

A AULUS PUDENS.

Tandis que, visitant la zone glaciale
Tu contemples le cours de l'ourse boréale,
Qu'il s'en est peu fallu que, sur les sombres bords,
J'allasse contempler le royaume des morts !
Mes yeux éteints, ma bouche au moment de se clore,
Cher Pudens, te cherchaient et t'appelaient encore.
Si les trois Sœurs pour moi ne filent point en noir,
Si pour toi, près des dieux ma voix a du pouvoir,
Puissions-nous nous revoir de retour à la ville,
Moi bien portant, et toi, chevalier primipile !

59.

CONTRE BACCHARUS.

Fier de six cents manteaux bien garnis de fourrure,
Sans cesse Baccharus appelle la froidure,
Et dans chaque saison se plaint de nos climats.
    Pour lui notre automne est trop tiède,
    Notre hiver tempéré l'excède ;
Il lui faut des brouillards, des neiges, des frimas,
Pour étaler l'orgueil des manteaux qu'il possède.
Cruel, quel mal t'ont fait nos surtouts écourtés,
Par le plus léger vent soulevés, emportés ?
Tu serais plus humain, et bien moins ridicule,
D'endosser la fourrure en pleine canicule.

60.

SUR POMPILLUS.

« Pompillus a rempli son but : il sera lu ;
« Son nom dans l'univers va courir répandu. »
— Qu'il soit lu, j'y consens ; c'est ainsi qu'on renomme
Le roux Usipien, et tout rival de Rome.
— Ses ouvrages pourtant ne manquent pas d'esprit.
— L'esprit seul ne saurait faire vivre un écrit ;
Chaque jour nous en donne une nouvelle preuve.
Que d'auteurs qu'on a lus, que de livres diserts
Enveloppent le poivre, ou sont mangés des vers !
Il faut plus, si du temps on veut franchir l'épreuve :
Seul le sceau du génie éternise les vers.

61.

CONTRE UN ENVIEUX.

Rome applaudit mes vers, les vante, les répète ;
On me tient à la main, on me porte avec soi.
Voilà qu'un envieux, dans sa rage indiscrète,
Frémit, rougit, pâlit, déclame contre moi ;
    Je suis enfin sa bête noire.
Mon triomphe est complet, rien ne manque à ma gloire.

62.

SUR OPPIANUS.

Avec son fils unique, en sa fleur moissonné,
Silanus a perdu son soutien et sa joie.
Vite, que ta largesse, Oppian, se déploie!
As-tu quelque présent qui lui soit destiné?
Cours, ou crains qu'un rival encor plus acharné
Ne lui porte le sien, ou déjà ne l'envoie.
 Destin cruel! ô père infortuné!
 De quel vautour deviendras-tu la proie?

63.

A MARIANUS.

Tu vois, Marianus, qu'on cherche à te séduire,
Et tu sais à quel but tout captateur aspire.
Or, nul ne fut jamais plus âpre que le tien;
Tu ne l'ignores pas; et pourtant, de ton bien
Tu le fais l'héritier, l'unique légataire.
—De ses présents nombreux c'est le juste salaire.
—Insensé! ces présents cachent un hameçon;
Et que doit au pêcheur le malheureux poisson?
—Il pleurera ma mort.—Oui, de pleurs mercenaires;
Point de legs, et ses pleurs alors seront sincères.

64.

CONTRE UN DÉTRACTEUR.

Tu ne rappelles point l'austère Fabius ;
Rien en toi ne nous peint l'agreste Curius,
Dont l'épouse rustique accoucha sous un chêne,
Portant à son mari son dîner, dans la plaine
Qu'il sillonnait, aidé de ses bœufs vigoureux.
Fils d'un père sans mœurs et d'une mère infâme,
Toi, qui sembles plutôt l'épouse de ta femme,
Te sied-il de blâmer mes vers partout fameux,
Et d'affecter le ton d'un censeur rigoureux ?
Ces jeux de mon esprit, dont la fortune est faite,
Chez les grands, au sénat, partout on les répète.
Sura, qui de Diane est le proche voisin,
Et qui de son logis sur le mont Aventin
Peut voir les jeux du Cirque, à mes légers ouvrages
    Ne refuse pas ses suffrages ;
L'éloquent Régulus les cite à chaque instant ;
L'immortel Silius les aime, les accueille,
Et daigne leur donner place en son portefeuille.
Je dis plus : l'empereur lui-même, assez souvent,
Au milieu des travaux qu'entraîne un vaste empire,
Sait trouver le moment de les lire et relire.
    Mais ton esprit, apparemment divin,
    N'a point d'égal, et ta raison plus saine
Aux leçons de Minerve a puisé dans Athène

Un tact, un goût plus pur, un jugement plus fin.
Eh! malheureux! ton goût, ce goût dont tu te vantes,
Peut tout au plus juger les vapeurs rebutantes
Qu'exhalent les débris dont un boucher sanglant
Offense le regard et le nez du passant!
Et pourtant contre moi ta verve poétique
Ne craint pas d'exercer sa rage satirique!
Pauvre papier perdu que personne ne lit!
Prends garde, cependant! si ma bile allumée
De stygmates brûlants une fois te flétrit,
Tout l'art de Cinnamus, malgré sa renommée,
N'en effacera point l'empreinte envenimée;
Et ton nom conspué, courant dans l'univers,
Pour ta honte y vivra tant que vivront mes vers.
Prends pitié de toi-même, et crains dans ta folie,
Mordant un ours vivant, d'éveiller sa furie.
Il est paisible encor, et même caressant;
Mais, jouant avec lui, si tu vas l'agaçant,
Si tu le blesses, tremble! en sa juste colère,
L'animal offensé reprend son caractère,
Il redevient un ours. Pour exercer ta dent,
Crois-moi, choisis un ours qui ne soit pas vivant.

65.

A TUCCA.

L'épigramme est, chez moi, traitée en hexamètre;
Tu m'en blâmes, Tucca? Qu'y vois-tu d'étonnant?

Quel mal, si le public veut bien me le permettre?
Tant d'autres, avant moi, l'ont fait impunément!
—Mais leur longueur!—C'est chose encor fort ordinaire.
Si la brièveté seule a droit de te plaire,
  Lis les distiques seulement.
Or, transigeons : à toi permis de ne pas lire
Les sujets que tu crois traités trop longuement;
  A moi permis de les écrire.

70.

A MARTIANUS.

Douze lustres entiers, surchargés de trois ans,
  De Cotta sont maintenant l'âge;
Et sur son corps bien sain, qui triomphe du temps,
Nul mal, jusqu'à présent, n'exerça son ravage.
  Il faut le voir, d'un doigt moqueur,
  Narguant et droguiste et docteur,
  Dont il n'a jamais fait usage !
  Et nous, de nos jours de santé
  Si, par un partage équitable,
Nous voulons séparer les jours où nous accable
L'ennui, la toux, la fièvre, et mainte infirmité,
Chargés d'ans, nous mourons presque encor dans l'enfan.
Lorsque, dans nos calculs, à Priam, à Nestor,
  A tant d'autres vieillards encor,
 Nous supposons une longue existence,
 Que nous sommes souvent loin de la vérité!
Ne comptons point les jours perdus dans la souffrance;
  La seule vie est la santé.

72.

SUR LE VOLEUR CILIX.

Cilix, fameux voleur, pénètre en un jardin
Dont un Priape en marbre était l'unique garde;
  Il se flattait d'y faire un grand butin.
Mais dans ce vaste enclos c'est en vain qu'il regarde,
Qu'il furète partout, il n'y rencontre rien :
Faute de mieux, le drôle emporte le gardien.

74.

A ESCULANUS.

Cet homme que tu vois à table, au second rang,
Dont le front dépouillé semble faire parade
De cheveux en sillons tracés sur la pommade;
Qui du lentisque aigu s'escrime à chaque instant,
Il n'a que trois cheveux, et n'a pas une dent.

57.

CONTRE PONTIA.

Pontia, tu me dis, quand parfois il t'arrive
  De m'envoyer un pigeon, une grive,
Une cuisse de lièvre, ou bien quelques perdreaux :
« Je m'ôte, en ta faveur, les morceaux de la bouche. »

— Merci du compliment ; mais garde tes cadeaux,
Je n'en dispose pas, et jamais je n'y touche.

77.

CONTRE AFER.

Aussi pauvre qu'Irus, peut-être plus encore,
Quand tu n'as rien perdu de ta jeune vigueur
Qui pouvait défier l'athlète Artémidore
Au temps où dans le Cirque éclatait sa valeur,
Tu te fais donc porter dans un large hexaphore?
Afer, on te bafoue avec plus de raison,
Que si, nu, tu passais au milieu du Forum.
Ainsi l'on montre au doigt sur sa chétive mule
Atlas, cet avorton moins que toi ridicule,
Ou le noir Africain, qui d'un air triomphant
Se pavane, juché sur son noir éléphant.
Pourquoi donc afficher l'orgueil d'une litière,
Toi qui n'as pas de quoi payer même une bière?

78.

A AULUS, SUR UN BORGNE.

Aulus, tu connais Phryx, ce buveur si fameux,
　Borgne d'un œil, de l'autre, chassieux ;
　Son médecin lui dit : Veuillez m'en croire,
Le vin vous est contraire ; ami, cessez d'en boire,
　Ou vous perdrez la vue entièrement.
Eh bien, adieu mon œil ! répond Phryx très-gaîment :

Qu'on me verse à pleins bords double et triple mesure
 D'un vin sans eau, mais surtout qu'il soit bon !
Aulus, veux-tu savoir la fin de l'aventure ?
 Phryx but le vin, et son œil le poison.

79.

A LUPUS.

Heureux et mécontent ! Paix ; ne fais point d'éclat !
La Fortune aurait droit de t'appeler ingrat.

80.

SUR DES ROSES ENVOYÉES A CÉSAR.

Fière de ses jardins, l'Égypte en t'envoyant
De ses roses d'hiver un tribut volontaire,
 Divin César, a cru te faire
 Un rare et merveilleux présent.
Mais l'envoyé du Nil dans notre capitale
A peine a mis le pied, qu'il s'arrête, surpris :
Le printemps, en janvier, dans sa pompe s'étale,
Et Rome est un jardin où partout Flore exhale
De l'odorant Pœstum les trésors réunis.
Partout où vont ses pas, où son regard s'arrête,
 La rose au-dessus de sa tête
Se balance en guirlande ou se groupe en bouquets ;
Il voit les murs parés des festons les plus frais,
Et les chemins, de fleurs sous les frimas écloses.
Cède aux hivers de Rome, ô Nil, et désormais
 Viens échanger tes blés contre nos roses.

82.

A RUFUS.

Hier, je me vis accosté
D'un sot que je ne connais guère,
Qui, lorsqu'il m'eut bien inspecté
Du doigt, de l'œil, devant, derrière,
(A peu près comme pourrait faire
Pour un esclave un acquéreur,
Ou, si l'on veut, un revendeur)
Me parlant d'un air de mystère :
« Ne seriez-vous pas, me dit-il,
Ce Martial, ce demi-sage
Dont l'esprit caustique et subtil,
A toute oreille non sauvage
Fait agréer son badinage? »
Baissant les yeux modestement,
Je laisse échapper un sourire
D'une façon qui voulait dire :
Oui, c'est moi-même justement.
Mon questionneur continue :
« Puisque j'ai si bien rencontré,
Pourquoi vous montrer dans la rue
Avec un manteau déchiré ?
— C'est que je suis mauvais poëte. »
Pour m'éviter à l'avenir
Cette question indiscrète
Et l'aveu qui m'a fait rougir,
Rufus, ne pourrais-tu couvrir
D'un meilleur manteau ton poëte ?

83.

A DOMITIEN.

De son père exilé compagnon volontaire,
    Un fils, par son beau dévoûment,
De l'empereur a su désarmer la colère,
O généreux César! et le fils et le père
    A ton bienfait ont part également,
Et près de toi, tous deux ils sont rentrés en grâce.
Quand tu lances ta foudre, un pieux mouvement
En amortit l'atteinte, et ta bonté l'efface.
Que n'est par Jupiter ton exemple imité!
Il frapperait en père et souvent à côté.
Ta clémence, ô César! doublement nous est chère;
Elle nous rend le fils en rappelant le père.

84.

SUR PHILIPPE.

Un octaphore à toi! quelle sottise extrême!
Si tu n'es pas un fou, j'en veux être un moi-même.

85.

PLEURS DONNÉS A LA MORT DE RUFUS.

J'espérais vainement présenter à Rufus
Ce sixième recueil des produits de ma muse;

C'en est fait! il ne lira plus
   Ces jeux badins où mon esprit s'amuse.
Funeste Cappadoce, ô séjour dangereux
   Qu'il visita sous le plus noir auspice,
Toi qui fus de sa mort et témoin et complice,
Devait-il approcher de tes bords malheureux,
A son père éploré si tu ne devais rendre
Que de froids ossements, qu'une insensible cendre?
Ton fils chéri n'est plus, Bologne! prends le deuil,
Des pleurs les plus amers arrose son cercueil,
Et remplis de tes cris la voie Émilienne!
Eh quoi! si jeune encor! près de l'Alphée à peine
Il avait vu cinq fois couronner le vainqueur,
Et la mort tout à coup l'a ravi dans sa fleur!
Toi qui lisais mes vers, et qui dans ta mémoire
Aimais à déposer ces fruits de mes loisirs,
Rufus, avec mes pleurs et mes tristes soupirs,
Reçois ce grain d'encens que je brûle à ta gloire
Lorsque tu ne vis plus que dans nos souvenirs!

86.

CONTRE LES BUVEURS D'EAU.

De Cécube et Falerne, ô nectar précieux!
Que la neige a saisi d'un frais délicieux,
Quand pourrai-je, affranchi d'un régime sévère,
Au gré de mes désirs te sabler à plein verre?
Bacchus, pour tes amis réserve tes douceurs;
Et qu'ils en soient privés, tous ces tristes buveurs
Dont le cœur sec, ingrat, à ton divin breuvage
Préfère de Midas l'opulent héritage!
   Que sont, au prix de tes faveurs,

Les blés d'Afrique et les trésors du Tage ?
   Je suis loin d'envier vos goûts,
   Vous que l'amour de l'or possède ;
   Si des miens vous êtes jaloux,
   Quand je vous laisse votre eau tiède
   Je suis assez vengé de vous.

87.

A CÉSAR.

César tient son bonheur de lui-même et des cieux ;
Le mien est dans la main de César et des Dieux.

88.

A CÉCILIANUS.

Ce matin, négligeant l'ordinaire formule,
   Je t'ai salué par ton nom,
Sans ajouter celui de maître ou de patron ;
Mais tu me fais payer ma fierté ridicule ;
   Elle me coûte une sportule.

92.

SUR AMMIANUS.

Dans ta coupe un serpent fut gravé par Myron,
Aussi ton vin toscan n'est-il qu'un vrai poison.

93.

SUR THAÏS.

Le vieux pot qu'un foulon dans la rue a jeté,
    Le bouc échauffé de luxure,
L'haleine du lion, le poulet avorté,
    D'un chien le cadavre empesté,
L'amphore où s'est aigrie une vieille saumure,
    N'égalent point l'odeur impure
Dont auprès de Thaïs on se sent infecté.
Pour couvrir de sa peau l'exhalaison fétide,
Elle se rend aux bains, et, quittant ses habits,
Se frotte d'un mordant et d'une craie acide;
Puis, à quadruple couche, étend sur ces enduits
    Une pâte de fève grasse.
Inutiles efforts! Thaïs, quoi qu'elle fasse,
  Sent, et toujours sentira la Thaïs.

94.

SUR CALPÉTIANUS.

Calpétien, qu'il dîne en ville, à la campagne,
En voyage ou chez lui, se fait servir partout
Une vaisselle d'or qui toujours l'accompagne;
Le travail en est riche et d'un merveilleux goût.
— Il n'en a donc point d'autre? — Il n'en a pas du tout.

FIN DU SIXIÈME LIVRE.

LIVRE SEPTIÈME.

1.

A DOMITIEN, SUR SA CUIRASSE.

Reçois cette cuirasse, ô César! son airain
Allume de Pallas le courroux homicide;
Elle est cuirasse encor, tant qu'elle est en ta main;
Place-la sur ton cœur, elle sera l'égide.
Toi que garnit partout l'ongle du sanglier,
Armure de mon maître, ouvrage impénétrable
Aux flèches du Sarmate, et cent fois préférable
A ces remparts de peaux dont le Gète grossier
   Dans les combats charge son bras guerrier,
     Combien ton sort doit faire envie!
   Applaudis-toi de ton noble destin,
Compagne de César; tu vas toucher son sein
Et t'échauffer du feu de son divin génie;
Hâte-toi de le rendre aux vœux de la patrie;
   Reviens intacte, et du triomphateur
Qu'il unisse la palme au laurier du vainqueur.

2.

A PONTITIANUS.

— Donne-moi ton ouvrage. — Oh! je n'en ferai rien!
— Pourquoi?— C'est que demain tu m'enverrais le tien.

3.

SUR OPPIANUS.

Oppianus, pâle de maladie,
  Se croit poëte, et versifie.

4.

A DOMITIEN.

Assez et trop longtemps a duré ton absence;
Écoute les regrets du peuple et du sénat;
Si tu n'es insensible au bonheur de l'état,
César, daigne à ses vœux rendre enfin ta présence.
En vain de tes exploits l'éclat nous éblouit;
Bien plus heureux le peuple à qui tu fais la guerre!
Il contemple de près le maître de la terre :
Si ton aspect l'effraie, au moins il en jouit.

5.

SUR LE BRUIT DU RETOUR DE DOMITIEN.

Est-il vrai que César, enfin quittant le Nord,
Se prépare à revoir les bords de l'Ausonie?

Le bruit en court : serait-ce un faux rapport?
Rome entière pourtant aujourd'hui le publie.
 Cette fois, tes récits sont vrais,
 J'aime à le croire, ô Renommée!
 Par l'annonce de nos succès
L'allégresse publique est partout confirmée.
 Déjà je vois de nos guerriers
 Les javelots se parer de lauriers.
Rome, sortant enfin d'une attente pénible,
D'un triomphe nouveau te décerne l'honneur,
Et partout à ton nom joint celui d'invincible;
Mais, pour mieux confirmer encor notre bonheur,
Du Sarmate bientôt montre-nous le vainqueur.

6.

A DOMITIEN.

Maître de l'univers, magnanime César,
 Tandis que, près de l'Ourse, une île âpre et sauvage
 Des bouches de l'Ister te fermant le passage,
 De glace à tes coursiers oppose un vain rempart,
 Et que, vaincu trois fois, le Rhin, trois fois rebelle,
 T'occupe à subjuguer son rivage infidèle,
 Rome toujours vers toi dirige son regard;
 Et son amour, vainqueur du temps et de l'absence,
 Pour s'élancer vers toi, sait franchir la distance.
  Toi seul remplis sa pensée et ses vœux;
Même au Cirque où s'assemble un concours si nombreux,
Toujours indifférent aux prix qu'on se dispute,
Le peuple ne sait plus ni qui court, ni qui lutte.

7.

SUR LE RETOUR DE DOMITIEN.

Voici, voici le temps où doit régner la joie :
Muses, qu'en liberté la vôtre se déploie !
Applaudis-toi, décembre, ô mois trois fois heureux,
Qui confirmes enfin le plus cher de nos vœux !
Sois fier de ton destin ! la voix, longtemps captive,
Grâce à toi se dégage et s'écrie : Il arrive !
Sur Janus cependant ne crois pas dominer :
Tu promets des plaisirs, il va nous les donner.
Au soldat couronné, s'égayant sur son maître,
Combien de traits malins ce grand jour va permettre !
Puisqu'un triomphateur aime ces libertés,
Daigne donc, ô César, accueillir mes gaîtés.

8.

SUR CASSÉLIUS.

Paul, depuis soixante ans, amasse du savoir :
Quel âge attend-il donc pour nous le faire voir ?

9.

CONTRE OLUS.

IMITATION.

Que je sorte, ou rentre chez moi,
A toute heure, Olus, je te voi

Assis ou debout à ta porte,
Scrutant avec des yeux malins
Ce qui se fait chez tes voisins;
Eh! quoi qu'ils fassent, que t'importe?

— Tous les jours notre ami Germain
Chez lui voit entrer, le matin,
De créanciers une cohorte,
Et n'a pas le premier denier.
— Pour lui, tu ne dois pas payer,
Ainsi donc, Olus, que t'importe?

— Alcidon, sitôt qu'il fait noir,
Se glisse au tripot chaque soir,
Et Dieu sait l'argent qu'il y porte!
Il rentre au petit jour, sans bruit.
— Toi qui ronfles toute la nuit,
Qu'il joue et veille, que t'importe?

— Paul a mangé tout son argent,
Et pour emprunter, maintenant
Il va frappant de porte en porte.
— Plains-le d'être dans l'embarras,
Mais ne lui prête pas un as,
Et qu'il jeûne ou non, que t'importe?

— Huit fois par mois, le beau Damis,
Pour régaler ses bons amis,
Fait une dépense très-forte,
Et je crains bien qu'avant un an
Il ne dépose son bilan.
— Encore une fois, que t'importe?

Mon cher Olus, je m'aperçoi
Que tu sais bien, hors de chez toi,
Ce qui se fait, ce qu'on rapporte;
Mais ce qui te touche de près,
Tu ne t'en occupe jamais;
Et cependant cela t'importe.

Tu vois que ta fille a grandi :
Il faut lui donner un mari;
Dis-moi, la dot est-elle forte?
A ceci tu ne réponds rien,
Et tu n'y songes guère; eh bien!
Voilà pourtant ce qui t'importe.

On dit (à peine je le croi)
Que, lorsque tu n'es pas chez toi,
Ta femme assez mal se comporte,
Qu'elle écoute un jeune galant;
Tu n'en sais rien certainement,
Et cependant cela t'importe.

Et ces habits, ces vêtements,
Qu'à crédit depuis si longtemps
Un honnête marchand t'apporte,
Attends-tu donc pour les payer
Que l'on t'en somme par huissier?
Prends-y garde! cela t'importe.

Je pourrais bien, mon cher voisin
Sans me lasser, jusqu'à demain
T'arraisonner de même sorte;
Mais je finis discrètement,

Car tu me pourrais justement
Répondre à ton tour : Que t'importe?

10.

A PUDENS AULUS.

Les voici, cher Pudens, ces frivoles écrits,
Ces vers auxquels veut bien attacher quelque prix
    Ton amitié que pour moi rien n'égale.
Reçois-les, par ma main corrigés et transcrits;
Tu pourras te flatter d'avoir de mes délits
    L'édition originale.

11.

A FAUSTIN.

S'il est vrai qu'en mes vers je n'offense personne,
Si, pour me faire un nom, jamais je n'empoisonne
Le trait que ma main lance, et ne fais pas rougir
Ceux même que j'ai droit peut-être de haïr,
Que ton maître, Faustin, accepte cet ouvrage
Avec ce front riant dont il daigne accueillir
    Depuis longtemps mon badinage.
    Vainement on veut me prêter
  Les traits mordants du satirique Iambe,
  Qui sous ses coups a fait périr Lycambe;
Qu'importe que dans l'ombre on ose m'imputer
    Quelque affreux et noir dithyrambe

Qui ne saurait du jour affronter la clarté?
 Je laisse la malignité
Distiller sous mon nom sa bave envenimée;
Mes jeux sont innocents : de ma véracité
 J'atteste ici l'auguste Renommée
 Dont le génie est partout respecté.
Je vous atteste aussi, nymphes de Castalie,
Et j'en appelle à toi, mon bienveillant lecteur,
 A toi qui, dégagé d'envie,
 En ce moment, es mon Dieu protecteur.

12.

SUR LYCORIS.

« Le séjour de Tibur blanchit les dents d'ébène, »
 Ainsi croyait la brune Lycoris;
 Elle s'y rend : grâce à l'air du pays,
Elle en revient d'un vrai noir d'Africaine.

15.

A RÉGULUS.

Ami, je n'ai plus rien chez moi; pour subsister,
Je vends jusqu'à tes dons : veux-tu les acheter?

16.

A LA BIBLIOTHÈQUE DE JULE MARTIAL.

 Jule, dans ce manoir chéri
 Que chaque jour ton goût décore,

Il est un local favori
Qu'aux autres je préfère encore,
Et d'où j'aime à voir d'un coup d'œil
Rome étaler tout son orgueil :
C'est la riche bibliothèque
Où, sous la main, sont réunis
Les plus admirables produits
Des deux muses, latine et grecque.
Si dans ce dépôt érudit
Il te reste encor quelque espace,
Aux jeux badins de mon esprit,
Veuille accorder la moindre place.
Ces sept livres pour toi transcrits
Sont surchargés de mes censures :
De ma propre main, les ratures
En font le mérite et le prix.
Toi, que je fais dépositaire
De ce gage d'un cœur sincère,
Beau Muséum, reçois mes vers ;
En retour d'une telle grâce,
Peut-être un jour leur dédicace
T'illustrera dans l'univers.

18.

SUR UN FRAGMENT DU NAVIRE ARGO.

Ce fragment qui sur lui n'arrête point ta vue,
   Ou que tu vois peut-être avec mépris,
Vient du premier vaisseau dont l'audace, jadis,
A sillonné les flots d'une plage inconnue.

De la mer de Scythie il brava la fureur,
   Et triompha des roches Cyanées,
Puis il a succombé sous le temps destructeur;
Mais, quoiqu'il ait subi le pouvoir des années,
Qui pourrait sans respect voir ce faible débris?
Le vaisseau, même entier, n'avait pas tant de prix.

19.

CONTRE SANCTRAT.

Où trouver un gourmand plus vil que ce Sanctrat?
S'il s'est fait inviter d'un dîner d'apparat
(Qu'il a pendant un mois sollicité sans cesse,
Et qu'il obtient enfin à force de bassesse),
A peine est-il placé, que des morceaux de choix
     Il s'empare, le misérable!
     Et, dût jeuner toute la table,
  Il y revient à trois et quatre fois.
Sert-on un lièvre? Il prend les cuisses et le râble;
  Du sanglier, les glandes, le filet,
La croupe du pigeon, les ailes du poulet;
    Quand déjà sous sa dent vorace
   A disparu mainte et mainte bécasse,
Il en demande, et jure, l'effronté,
    Qu'il n'en a pas encor goûté.
Sur les huîtres aussi, le glouton fait main basse,
  Et rien n'échappe à sa rapacité.
   Ensuite, au fond d'une serviette grasse
Il étend une tourte, et pêle-mêle entasse
    Figues, raisins secs, mousserons,

Grains de grenade et champignons,
Auxquels il joint la peau d'une panse de truie.
Quand jusqu'à rompre enfin la serviette est remplie;
Il a recours à son manteau,
Et, continuant le pillage,
Y place, avec quelque sec coquillage,
Le tronc décapité d'un chétif tourtereau;
Puis, allongeant la main, sans rougir il ramasse
Les débris du dîner demeurés dans les plats,
Ou que les chiens ont laissés sur la place.
Mais un si grand butin ne lui suffisant pas,
D'une amphore bien pleine il charge encor son bras,
Et part enfin. Le larron, non sans peine,
Gravit deux cents degrés, rentre en son galetas,
Où, tombant de fatigue, excédé, hors d'haleine,
Il s'enferme avec soin sous double et triple clé;
Et vend le lendemain tout ce qu'il a volé.

20.

ANNIVERSAIRE DE LA NAISSANCE DE LUCAIN.

Il revient, ce grand jour à jamais mémorable
Par le double bienfait dont il se signala,
Donnant Lucain au monde, un époux à Polla!
De mille cruautés, Néron, tu fus coupable,
Mais des forfaits par toi commis,
Le trépas de Lucain est le plus exécrable;
Êtes-vous innocents, Dieux qui l'avez permis?

21.

SUR LE MÊME ANNIVERSAIRE.

Nous honorons d'un sacrifice
Le jour heureux qui nous donna Lucain.
Chœur des Muses, venez, et soyez-nous propice;
Il fut l'honneur du Parnasse latin ;
Et le fleuve Bœtis, en lui donnant naissance,
Des sources d'Hélicon mérita l'alliance.

22.

SUR LE MÊME SUJET.

Descends, Phébus, parais dans ta splendeur,
Tel qu'on te vit, charmé de sa trompette épique,
A Lucain, de Virgile émule et successeur,
Décerner l'autre prix du poëme héroïque !
Quel vœu dans ce grand jour avons-nous à former?
Vis longtemps, ô Polla, pour révérer sa cendre !
Que ne peut-il se ranimer
Pour jouir des honneurs qu'on se plaît à lui rendre !

23.

CONTRE UN CALOMNIATEUR.

Avec mon ami Juvénal,
Toi qui prétends me compromettre,

Vil imposteur, en fait de mal,
Que n'oses-tu point te permettre?
Jadis ton génie infernal
Aurait su, par son art funeste,
A Pylade opposer Oreste,
Et Thésée à Pyrithoüs.
Dans la Sicile, Amphinoüs
De la concorde fraternelle
N'aurait point offert le modèle;
De Léda l'on eût vu les fils,
Et même les fameux Atrides,
Trompés par tes fourbes perfides,
Devenir frères ennemis.
Objet de ta noire imposture,
Quel souhait te dois-je en retour?
Puissé-je voir ta langue impure
Aller de rue en carrefour,
Ainsi qu'un chien, léchant l'ordure!

24.

CONTRE UN MAUVAIS POETE.

Toujours ta naïve candeur
Vient nous servir avec douceur
Des épigrammes à l'eau rose,
Que le plus petit grain de sel
Ni la moindre goutte de fiel
Jamais n'assaisonne ou n'arrose.
Ce sont gâteaux pétris de miel;
Et tu veux pourtant qu'on les lise!

Insensé! vois, dans un repas,
Quels sont les morceaux que l'on prise?
Il faut aux palais délicats
Des mets que le vinaigre aiguise.
La plus régulière beauté,
Pour exercer tout son empire,
Doit permettre que la gaîté
L'anime des plis du sourire.
Crois-moi, garde pour un enfant,
Ou pour le palais d'un malade,
Ta figue doucereuse et fade;
Je trouve, à mon goût, plus piquant
De Chio le fruit agaçant,
Ou l'acide de la grenade.

25.

ENVOI DE SON LIVRE A APOLLINAIRE.

Rends-toi, mon livre, auprès d'Apollinaire,
Mon digne ami: s'il est libre d'affaire,
Saisis l'instant: ose lui présenter
Les jeux badins dont ma muse légère
Chez lui parfois emprunta la matière.
Si volontiers il daigne t'écouter,
Demande-lui cet appui tutélaire
Dont en tout temps il honora mes vers;
Autant qu'à moi je sais qu'ils lui sont chers.
Crains-tu les traits d'une critique amère?
Rends-toi, mon livre, auprès d'Apollinaire.

26.

SUR UN SANGLIER.

Ce monstre destructeur des glands de la Toscane,
   Et qui longtemps s'engraissa dans ses bois,
Comparable en grosseur à celui qu'autrefois
Aux champs de Calydon avait lancé Diane,
     Enfin, l'intrépide Dexter
     L'a fait succomber sous son fer;
Et, grâce à l'amitié du vainqueur qui l'envoie,
Je contemple à mes pieds une si riche proie.
     Vite, à l'ouvrage, cuisinier!
     Que dans ton fumeux atelier
   En ce moment tout prenne un air de fête,
     Et, pour le régal qui s'apprête,
Qu'en ton âtre s'allume un immense brasier!...
Réfléchissons, pourtant : en pareille aventure,
Que de falerne exquis, de piquante saumure
     En dépôt depuis si longtemps,
     Vont pour les assaisonnements
     Être prodigués sans mesure!
Non, non; sors de chez moi, ruineux sanglier,
     Tu n'es pas un mince gibier
     Qu'en mon foyer je puisse admettre;
     Retourne à l'instant chez ton maître.
     Sans tant de peines et d'apprêts,
     Je puis dîner à moins de frais.

27.

A FUSCUS.

Qu'à Tibur, ta forêt, de jour en jour plus belle,
T'enrichisse souvent d'une coupe nouvelle;
Que Pallas et Bacchus, surpassant ton espoir,
De leurs dons tour à tour fatiguent ton pressoir!
Toujours par tes talents, dignes de nos hommages,
De César et du peuple entraîne les suffrages;
Règne au barreau, Fuscus; et qu'au retour des plaids,
Cent palmes à ta porte attestent tes succès!
 Mais dans son cours, décembre qui s'avance
Au temple de Thémis ramène le silence;
Donne ce court loisir à mes folâtres jeux,
 Et juge-les en censeur rigoureux.
  N'écoute pas ton indulgence;
  Je veux savoir la vérité,
  Et de toi j'ai droit de l'attendre :
  Fuscus, qui se plaît à l'entendre,
Doit me la dire avec sincérité.

30.

A RÉGULUS.

 Tous ces oiseaux de basse-cour,
 Ces œufs ravis à la poule couveuse,
Ces chevreaux que leur mère appelle nuit et jour,
Ces figues qu'un feu lent a fait jaunir au four,

L'olive dont le froid ride la peau frileuse,
Et ce chou qu'ont blanchi les frimas du matin,
Tu les crois des présents que t'a faits mon jardin?
Cher Régulus, reviens de ton erreur extrême;
Mon domaine indigent ne porte que moi-même.
    Sans basse-cour, sans jardinier,
    Tout ce qui t'arrive d'Ombrie,
    De Tusculum ou d'Étrurie,
    Tous les envois que ton fermier
    T'adresse de ta métairie
    Qui touche presque à nos faubourgs,
Tous ces objets, je te le certifie,
Pour m'en pourvoir moi-même, au marché j'ai recours.

31.

A ATTICUS.

Des doctes Atticus, toi qui portes le nom,
Et défends de l'oubli leur illustre maison,
Entouré des auteurs de Rome et de la Grèce,
Tu vis dans la retraite au sein de la sagesse.
Que tous nos jeunes gens courent chez des rhéteurs,
Sur leurs bancs enroués affronter leurs clameurs,
Ou qu'au Gymnase un maître, en les salissant d'huile,
Leur vende chèrement sa science inutile;
On ne te voit jamais, en pénibles efforts,
Sans profit pour l'esprit te fatiguer le corps.
A la balle, à la lutte, aux jeux de toute espèce,
Tu crains de perdre un seul des jours de ta jeunesse.
Seulement, sur la place où le divin taureau
Nage, brûlant d'amour, sous son léger fardeau,

Ou sur les bords fleuris d'une limpide source,
On te voit quelquefois t'exercer à la course.
Le Champ de Mars, le Cirque, en vain t'offrent leurs jeux,
La course te suffit; pour l'homme studieux,
Tous ces jeux, où sans but la force est épuisée,
Ne sont que la paresse en plaisir déguisée.

32.

A CINNA.

Dieux! quel manteau fangeux, tandis que ta chaussure
Efface en sa blancheur la neige la plus pure!
Cinna, prends garde! il glisse et descend à tes pieds;
Relève-le bien vite! il salit tes souliers!

33.

A SÉVÈRE.

Tu demandes, mon cher Sévère,
Si des hommes le plus méchant
Et le plus enclin à mal faire,
Si Charin, en sa vie, une fois seulement
A fait quelque chose de bon,
D'agréable ou de nécessaire?
Je vais en bref te satisfaire.
Fut-il jamais mortel plus pervers que Néron?
Est-il rien cependant de meilleur que ses Thermes?
Mais j'entends maint épilogueur,

Dénaturant ma pensée et mes termes,
Me répliquer d'un ton d'aigreur
Accompagné de malveillance :
Quoi donc ! à ces beaux monuments
Qui de César, d'un dieu que Rome encense,
Signalent la munificence,
Vous pouvez d'un Néron préférer les présents?
— Non, sans doute ; mais je préfère,
Par goût, des Thermes excellents
Aux bains impurs d'un infâme adultère.

35.

A STELLA.

Lorsque, dans l'arrière-saison,
La pluie inondait ma maison,
De tuile une énorme voiture,
Qui de ta part était un don,
Vint en réparer la toiture ;
Mais aujourd'hui que l'aquilon
Me frappe d'un mortel frisson
Qui dans mes entrailles pénètre,
Toi qui couvris si bien le toit,
Ne saurais-tu contre le froid
Comment défendre aussi le maître?

36.

A CASTRICUS.

Cher Castricus, veux-tu savoir
Par quel signal sinistre et redoutable

Certain préteur à mort condamnait un coupable?
Pour s'essuyer le nez s'il prenait son mouchoir,
C'était l'arrêt fatal. Un jour qu'à l'audience
Il jugeait un délit d'assez faible importance
(Décembre sévissait dans toute sa rigueur),
De son nez par le froid une goutte exprimée
   Sollicitait l'éponge accoutumée.
  Déjà son bras s'allongeait : l'assesseur
    Qui l'aperçoit, soudain l'arrête,
Et, malgré ses efforts, le tient jusqu'au moment
   Où fut absous par jugement
  Le malheureux qui tremblait pour sa tête.

37.

SUR L'ESCLAVE POLYPHÊME.

En grandeur, en grosseur, l'esclave Polyphême
Est énorme, à tel point que le cyclope même
   A son aspect pourrait trembler de peur.
Scylla, sous maint rapport, offre sa ressemblance;
Ces colosses hideux, qu'on les mette en présence,
Tous deux on les verra reculer de frayeur.

38.

SUR COELIUS.

  Lassé d'être toujours en route
  Pour colporter, chaque matin,

Son bonjour qu'un patron hautain,
Sans y répondre, à peine écoute,
Ou qu'il reçoit avec dédain,
Cœlius feint d'avoir la goutte.
Et pour qu'un air de vérité
Confirme aux yeux son imposture,
D'un gras liniment bien frotté
Son pied très-sain, empaqueté,
Gémit sous mainte ligature.
Chaque pas semble au malheureux
Coûter un effort douloureux.
Mais, en jouant la maladie,
(De sa feinte effet merveilleux !)
Frappé du mal qu'il parodie,
Il devient en effet goutteux :
Ainsi finit la comédie.

39.

ÉPITAPHE D'ÉTRUSCUS LE PÈRE.

Ici gît Étruscus, l'exemple des vieillards,
Qui figura longtemps à la cour des Césars ;
Toujours ferme, d'un maître ou propice ou sévère
Il reçut les faveurs ou subit la colère.
De ses pieux enfants l'amour fidèle et tendre
Aux cendres d'une épouse a réuni sa cendre ;
Tous deux de l'Élysée habitent le séjour.
L'épouse, avant le temps, fermant les yeux au jour,
   Dans la tombe entra la première ;
L'époux y descendit presque nonagénaire.

Jeune Étruscus, à voir l'excès de ta douleur,
On croirait qu'il te fut enlevé dans sa fleur !

40.

A TUCCA.

Cotta, qui court le monde, a cru gagner au change ;
Partout, du bien, du mal, il a vu le mélange.

41.

A CASTRICUS.

De tes vers, de tes dons honoré chaque jour,
Que puis-je, Castricus, t'envoyer en retour ?
Indigent de tout point, d'une lutte insensée
Mon cœur ne nourrit pas l'orgueilleuse pensée.
Je te cède sans honte, et doublement vaincu
En vers comme en présents, je me tiens pour battu.
Le repos, le sommeil, voilà mon seul partage ;
Cependant, de ma Muse accepte cet hommage ;
Des jardins d'un ami, le riche Alcinoüs
Jamais ne dédaigna les modestes tributs.

42.

CONTRE CINNA.

Être accueilli de suite, ou refusé de même,
Voilà de toi, Cinna, la faveur que j'attends ;

J'excuse un refus prompt : qui m'oblige, je l'aime ;
Mais tu ne sais donner ni refuser à temps.

43.

A OVIDE.

Du grand Césonius, Ovide, vois l'image
Que la cire vivante offre ici trait pour trait.
Néron l'a condamné : ton généreux courage
De l'injuste Néron ose flétrir l'arrêt
En suivant un ami dans l'exil qu'il partage.
Césonius consul n'obtint jamais de toi
Ce que dans sa disgrâce il obtient de ta foi.
Ah ! si ces faibles vers consacrés à ta gloire
Peuvent, après ma mort, vivre dans la mémoire,
On saura que d'Ovide il reçut aujourd'hui
Ce qu'autrefois Sénèque avait reçu de lui.

44.

AU MÊME.

Ovide, reconnais ici Césonius
Si chéri de Sénèque, et qui de ce grand homme,
  Avec Carus et Sérénus,
Fut un ami de cœur (Sénèque ainsi le nomme
 Dans les fréquents et glorieux saluts
  Qu'il lui fit parvenir de Rome).

Toi qui, sans craindre un tyran irrité,
As suivi ton ami sur la mer de Sicile,
Ovide, que ton nom en tous lieux soit vanté !
Quand d'une injuste mère Oreste est rejeté,
Pylade, sur ses pas errant de ville en ville,
    Fait preuve de fidélité ;
    Mais un dévoûment si facile,
    N'en déplaise à l'antiquité,
Peut-il, auprès du tien, encore être cité ?
Toi, tu suis un ami, lorsqu'un Néron l'exile.

45.

A PRISCUS.

Voulant par de beaux vers rehausser tes présents,
Cher Priscus, tu nous mets tous deux à la torture :
    Tu te fatigues, moi j'attends.
    Je suis pauvre, et l'hiver qui dure
Me fait bien vivement ressentir sa froidure.
Garde aux riches ta Muse et tes vers bien ronflants,
Et, cessant d'exercer ta verve à mes dépens,
Fais-moi vite passer une épaisse fourrure ;
    Je te quitte des ornements.

46.

A LICINIUS SURA.

Des savants de notre âge, ô toi le plus illustre,
    Cher Sura, dont la gravité

A l'ancienne éloquence a rendu tout son lustre,
　　Des tristes rives du Léthé
Quel heureux coup du ciel parmi nous te ramène,
Échappé d'une mort que l'on croyait certaine?
　　Notre douleur déjà de tout côté
　　　Se manifestait sans contrainte;
　　Nous cessions des vœux superflus,
Tout espoir était mort : il ne nous restait plus
　　Même la douceur de la crainte.
　　Par nos regrets, par notre juste plainte,
Le dieu du sombre empire, en ce moment vaincu,
Renoua de tes jours le fil interrompu,
Et du ciseau fatal il retarda l'atteinte.
　　Ainsi, tu sais combien de pleurs amers
Nous a coûtés ta mort faussement affirmée;
　　Et tu jouis, revenu des enfers,
　　　De ta future renommée.

　　Ami, du temps qui t'est rendu
　　Saisis chaque moment qui passe;
　　Tous tes jours sont des jours de grâce,
　　Que pas un seul n'en soit perdu!

47.

SUR ANNIUS.

Annius habite un palais
Où, dans de vastes galeries,
Cent tables sont, par cent valets,
A la fois lestement servies.

Chaque mets sur table apporté
Se voit par une main subtile
Presqu'aussitôt escamoté,
Pour aller, plus loin présenté,
Des tables parcourir la file.
Tout est en l'air, bassins et plats :
C'est un pillage, une mêlée !
Riches, gardez vos grands repas,
Libre à vous ; moi, je n'aime pas
Les dîners pris à la volée.

48.

A SÉVÈRE.

De ma maison des champs, voisine de la ville,
   Ami, reçois ces modestes produits ;
J'ai réuni pour toi l'agréable à l'utile :
Pour ta gorge, des œufs ; pour ta bouche, des fruits.

49.

A LA FONTAINE D'IANTHIS.

De la jeune Ianthis, ô fontaine chérie,
   Digne ornement de sa belle maison !
Quand d'esclaves charmants une troupe choisie,
Comparable en blancheur au céleste échanson,
     S'ébat sur ta rive fleurie
    Qu'embellissent encor ses jeux,

Que fait Alcide en son bois ténébreux,
 Si rapproché de ton cristal limpide?
Des Nymphes connaissant les penchants amoureux,
  Du fond de sa retraite humide
Je crois qu'il les surveille; et pour ce jeune essaim
  D'enfants qu'il aime et protége sans doute,
   Faut-il s'étonner qu'il redoute
De son Hylas le funeste destin?

50.

A URBICUS.

Sans acheter mes frivoles écrits,
 Urbicus, si tu veux connaître
Les traits malins ou gais dont ils tirent leur prix,
 Va chez Auctus, que tu connais peut-être.
   Près du temple de Mars vengeur
   Il a fixé son domicile.
   C'est un jurisconsulte habile
  Qui de nos lois est l'organe au barreau,
   Et dont l'expérience extrême
Dans leur dédale obscur sait porter le flambeau.
De mon livre, Urbicus, ce n'est point un lecteur,
   C'est plutôt mon livre lui-même.
   Tous mes vers, il les sait par cœur;
  En mon absence il les dit de mémoire
Sans en omettre un mot: si bien qu'on pourrait croire
   Que lui-même il en est l'auteur.
   Mais il m'en laisse tout l'honneur,
Et préfère, en ami, travailler à ma gloire.
Vers les deux tiers du jour, à l'approche du soir,

Heure où, libre d'affaire, il peut te recevoir,
Va le trouver, et demande à l'entendre.
Notre homme, sans se faire attendre,
T'invite à partager son modeste repas ;
Tu l'acceptes ; il lit pendant que tu boiras.
Si, fronçant le sourcil à quelque gravelure,
Tu lui dis : C'est assez! il n'arrêtera pas,
Et jusqu'au bout il suivra sa lecture.

51.

A AUCTUS.

J'approuve qu'à Céler vous lisiez mes écrits,
Si Céler toutefois se plaît à leur lecture ;
En Ibérie, il fut préfet jadis ;
Et son équité, sa droiture,
Lui valurent dans mon pays
Un renom justement acquis.
Je l'honore et je le révère ;
Mais il m'impose, et je crains aujourd'hui,
Mon cher Auctus, de rencontrer en lui,
Non pas un auditeur, mais un juge sévère.

52.

A UMBER.

Umber, tu m'as passé les offrandes banales
Que t'ont valu cinq jours de saturnales :

Tablettes à triple feuillet,
Éponges, cure-dents, et nappe et gobelet,
D'un épais vin d'Espagne une amphore noircie,
Des fèves, un bocal de figues de Lybie,
   Des raisins secs; de plus, quelques paniers
De prunes de Damas, d'olives de Picènes;
   Le tout, valant au plus trente deniers,
   Me fut remis par huit grands estafiers,
Quand ton jeune valet pouvait seul et sans peines
M'apporter, en argent, de plus riches étrennes.

53.

A NASIDIÉNUS.

Tous les matins tu viens me raconter un songe
   Où je me trouve intéressé;
D'un grand danger, dis-tu, tu me vois menacé.
Pour conjurer le mal dont la crainte me ronge,
   A chaque instant j'ai recours au devin
Qui vient, vieux et nouveau, me boire tout mon vin.
   Que d'encens, que de sacrifices
   Pour me rendre les Dieux propices!
Je n'ai plus de brebis, de porcs, d'œufs, de poulets;
Et chaque jour m'annonce une ruine prompte;
Ami, je n'y tiens plus : veille donc désormais,
   Ou, si tu dors, rêve au moins pour ton compte.

55.

A RABIRIUS.

Rabirius, ta pensée immortelle
Embrassant à la fois et la terre et les cieux,
  D'après la demeure des Dieux
Du palais des Césars a conçu le modèle.
Si Pise, à Jupiter, ainsi qu'on le publie,
Prépare un monument qui soit digne de lui,
A César, notre Dieu, qu'elle emprunte aujourd'hui
De son Rabirius la main et le génie.

56.

SUR CÉCILIEN.

Cécilien veut qu'on apprête
Pour ses repas un sanglier;
D'un convive aussi singulier
J'aimerais fort le tête-à-tête.

59.

A JUPITER.

De notre Capitole auguste Souverain,
Dont le salut du prince atteste la puissance,

J'invoque en ce moment toute la bienveillance.
Quand de solliciteurs un innombrable essaim
De mille vœux outrés chaque jour t'importune,
Pour moi-même jamais, dans la foule commune,
Tu n'entendis ma voix réclamer tes faveurs,
Non par orgueil ; de toi je n'en demande qu'une :
Veuille entourer César de tes soins protecteurs,
César prendra celui de mon humble fortune.

60.

A DOMITIEN.

Sous les boutiques des marchands
Rome entière était disparue,
Et bientôt leurs empiétements
A ses malheureux habitants
Ne laissaient plus aucune issue.
César ordonne, et chaque rue,
Libre de ses encombrements,
Reprend toute son étendue ;
Et son ensemble régulier
Nous ouvre une large avenue
Où rampait un étroit sentier.
Nous ne voyons plus les tavernes,
Que signalaient de longs cordons
De bouteilles et de flacons,
Élargir leurs sombres cavernes
Et fermer la route aux piétons.
L'inspecteur, en faisant sa ronde,
Peut, grâce à de libres trottoirs,

Remplir ses austères devoirs
Sans plonger dans la fange immonde.
Plus d'outils aigus ou tranchants
Prêts à tomber sur les passants.
Rentrés dans la ligne prescrite,
Désormais bouchons et barbiers,
Rôtisseurs et cabaretiers
N'osent plus franchir leur limite.
Rome enfin, qui précédemment
N'était qu'une immense boutique,
Aujourd'hui, cité magnifique,
De l'univers est l'ornement.

62.

SUR SILIUS ITALICUS.

En lisant l'immortel ouvrage
Où Silius du vainqueur de Carthage
A tracé les exploits, d'un si brillant pinceau
Qu'il semble que dans Rome il ait eu son berceau,
On croirait qu'à la cour des vierges d'Aonie,
Le front orné de lierre, il a passé sa vie.
Mais il suivit les pas du divin Cicéron
Avant de se montrer l'émule de Virgile.
La toge, avec honneur, répète encor son nom,
Et les nombreux clients dont il fut le patron
L'ont gravé dans leur cœur d'un trait indélébile.
Il géra les faisceaux à l'époque où Néron,
Par le juste trépas qu'il subit sans courage,
Affranchit l'univers de son long esclavage.

Libre enfin, il se voue au culte d'Apollon,
Et son Forum est l'Hélicon.

63.

CONTRE CINNAMUS.

Barbier jadis, Rome t'a vu,
Grâce aux largesses de ton maître,
Au rang équestre parvenu;
Puis, aux tribunaux attendu,
Et redoutant d'y comparaître,
Tu fuis, et vas de ville en ville
Cherchant un séjour peu connu
Que tu trouves dans la Sicile.
Mais, Cinnamus, par quel moyen
Soutiendras-tu dans ton asile
Les jours d'un loisir inutile?
Tu n'es, si je te juge bien,
Ni rhéteur, ni grammairien;
Tu ne peux instruire l'enfance,
Tu ne connais même de nom
Ni Diogène, ni Zénon;
Tu n'entends rien à l'éloquence,
Pas plus à la jurisprudence;
Je ne te crois pas même bon
A faire un mauvais histrion.
Sans aucun argent dans ta bourse,
Et sans moyen pour en avoir,
Je ne te vois qu'une ressource :
Cinnamus, reprends le rasoir.

64.

CONTRE GARGILIUS.

Dans nos trois tribunaux, tu suis depuis vingt ans
Un ruineux procès qui te mine et te tue;
Tu gagnes ton affaire; ah! dès les premiers temps,
Malheureux insensé! que ne l'as-tu perdue!

65.

SUR LABIÉNUS.

Labiénus, par mille complaisances,
A force de présents, de soins, de prévenances,
S'est fait par Fabius nommer son héritier.
    De ses cadeaux, de ses avances,
L'aubaine que le ciel lui veut bien envoyer
      Saura l'indemniser sans doute?
      Non, l'héritage tout entier
      Ne lui vaut pas ce qu'il lui coûte,
Et sa bonne fortune est une banqueroute.

LA MÊME, PLUS BRIÈVEMENT.

Paul, qui des biens de Luce hérite sans partage,
Dit qu'il en méritait encore davantage.

67.

A RUFUS.

Rufus, je crains que ton grave beau-père
De mes écrits ne blâme la gaîté;
Mais s'ils avaient le bonheur de lui plaire,
Ils oseraient avec sécurité
De tout censeur affronter l'œil sévère.

68.

A CANIUS, SUR THÉOPHILA.

Canius, la voilà, cette jeune fiancée
Qui semble dans Athène avoir été bercée,
   Et que Minerve a pris soin de former!
L'école du Portique, et celle du Lycée,
Toutes deux, à bon droit, peuvent la réclamer.
Si tes vers ont subi son examen sévère,
A la postérité sois certain de passer,
Tant son jugement sûr, qui n'a rien de vulgaire,
Au-dessus de son sexe a su haut la placer.
Bien que ta Parthénis aux neuf Muses soit chère,
     Qu'elle renonce à l'effacer;
Plus chaste que Sapho, non moins savante qu'elle,
Elle est, dans l'art des vers, juge ensemble et modèle.

71.

A PAULLUS.

Que décembre, Paullus, te comble de présents,
    Non pas de mesquines tablettes
  A trois feuillets, ni d'étroites serviettes,
    Ni de légers paquets d'encens,
Ordinaires tributs des plaideurs indigents;
    Mais qu'un client de haut parage,
    Ou qu'un ami bien opulent,
    T'adresse un précieux message
    De cette vaisselle d'argent
    Dont nos aïeux faisaient usage;
  Ou, ce qui peut te flatter davantage,
Qu'aux échecs, Novius, après un long combat,
Par toi fait prisonnier, s'avoue échec et mat;
Que, les bras nus, huilés, dans le jeu du trigone,
Également adroit de l'une et l'autre main,
Polybe, ton rival, contre toi lutte en vain,
Et vaincu, qu'il te cède à regret la couronne.
    Voilà mes vœux ; de ton côté
    Si tu vois la malignité
M'imputer des écrits que le fiel empoisonne,
    Déclare-toi mon défenseur;
Dis et redis partout : Non, ces vers qu'on lui donne,
Martial, mon ami, n'en fut jamais l'auteur.

72.

A MAXIMUS.

Tu possèdes, mon cher Maxime,
Maison sur le mont Esquilin,
Maison sur le mont Aventin
Dont Diane occupe la cime,
Puis, au quartier patricien,
Autre maison encor; si bien
Que ton œil tour à tour contemple,
Dans un lointain aérien,
De Rhée ici l'auguste temple,
Là, de Vesta le dôme ancien,
Et voit de nos deux Capitoles
Au loin resplendir les coupoles.
Ami, je suis lassé d'errer
Sans avoir pu te déterrer.
Dis-moi dans quel coin de la ville
Je puis enfin te rencontrer;
Partout à la fois demeurer,
C'est n'avoir pas de domicile.

75.

A PHILOMUSE.

Recherché par les grands, tu les suis aux portiques,
Au théâtre avec eux tu vois nos bons comiques,

Tu partages leurs bains, leurs tables, leurs porteurs.
Enivré de tant de faveurs,
Tu t'en fais un titre de gloire,
Et crois pouvoir avec nous prendre un ton.
Cesse donc de t'en faire accroire :
Tu n'es pas leur ami : tu n'es que leur bouffon.

76.

A TUCCA.

O les beaux livres ! mon cher frère,
Tu devrais m'en faire présent.
— Tu ne lis point ; qu'en veux-tu faire ?
— Ce que j'en ferai ? de l'argent.

77.

SUR PAPILUS.

Le plus chétif poisson, voilà ton ordinaire ;
Un plat de pois sans huile est pour toi grande chère :
Et tu fais des cadeaux d'huîtres, de surmulets,
De champignons, de tetines de truie,
De sanglier, de lièvres, de poulets !
Est-ce ainsi, Papilus, qu'on jouit de la vie ?

78.

A SÉVÉRÉ.

Ami, je viens de boire un vin délicieux,
Vrai nectar consulaire. — Est-il vieux, généreux ?
— Il n'a qu'un consulat; mais le consul, que j'aime,
En a fait tout le prix en le versant lui-même.

79.

A FAUSTIN.

Faustin, puisque la paix, dans les plaines du Nord,
Au silence a réduit la trompette guerrière,
Auprès de Marcellin tu peux, sans le distraire,
Ménager à mon livre un gracieux abord :
Les lettres, les plaisirs, voilà sa seule affaire.
Mais de mon faible don veux-tu doubler le prix ?
    Choisis, pour présenter l'ouvrage,
Un jeune esclave orné des grâces de son âge,
    Non tel que les sauvages fils
    Du Gète ou du grossier Sarmate,
    Qui, de lait de chèvre nourris,
Insultent aux glaçons de l'âpre Tanaïs;
Mais un frais Lesbien, ou l'enfant spartiate,
    Dont la peau fine et délicate
N'a point encor, du fouet défiant la rigueur,
Sous les yeux de sa mère affronté la douleur.
Tu verras Marcellin, pour prix de ton message,

T'envoyer du Danube un rustique pasteur
Que réclame Tibur pour ton gras pâturage.

80.

A LAUSUS.

La moitié de ce livre, il est vrai, ne vaut rien,
Mais si le reste est bon, le livre est encor bien.

82.

SUR EUTRAPÈLE.

Ce barbier qu'on m'avait vanté
Pour son extrême diligence,
Quand il a fini d'un côté,
De l'autre il faut qu'il recommence.

83.

A SON LIVRE.

L'art d'Apelle, cet art rival de la Nature,
   Pour le meilleur de mes amis
Sur la toile animée imprime ma figure.
  En attendant que par une main sûre
Ce fidèle portrait lui puisse être transmis,
   Rends-toi, mon livre, où, vers son embouchure,

Le Danube muet, à l'île de Peucé,
　　De ses eaux forme une humide ceinture.
Dans ce lieu de conquête à sa garde laissé,
Mon cher Cœcilius des combats se repose ;
Lui donner mes écrits, c'est donner peu de chose,
J'en conviens ; à son cœur pourtant ils seront chers.
Je m'y suis peint au vif; et la race future
Mieux que dans mon portrait me verra dans mes vers.
Des désastres, des ans ils braveront l'injure,
Mon image y vivra plus longtemps qu'en peinture.

84.

A SABELLUS.

Pour avoir quelquefois su tourner un quatrain,
　　Ou décocher un distique malin,
　　　　Eh quoi ! déjà l'orgueil t'enivre !
　　　　Mon cher Sabelle, il est aisé
De lancer quelque trait bien ou mal aiguisé ;
　　　　Autre chose est de faire un livre.

85.

CONTRE SEXTUS.

Lorsqu'au début de notre connaissance
Il n'était entre nous aucune intimité,
　　　A fêter ton jour de naissance
　　Je n'étais point le dernier invité.

Comment se fait-il donc qu'en cette circonstance,
    Après trente ans d'une étroite amitié
Dont rien ne vint jamais rompre l'intelligence,
Ton plus vieux camarade hier fut oublié?
Mais j'en vois le motif : Je ne t'ai, cette année,
    Donné vaisselle godronnée
Ni gros manteau d'hiver, ni tunique d'été,
Cadeaux apparemment dont tu t'étais flatté.
Fi du plus grand repas, quand il faut qu'on l'achète!
Sextus, tu veux des dons, et non pas des amis.
    Mais déjà ton excuse est prête :
    « L'esclave à qui j'avais remis
Le soin de t'inviter a manqué de mémoire. »
Soit! mais complaisamment si je veux bien te croire,
    Une autre fois choisis mieux ton commis.

86.

SUR LUI-MÊME.

D'une chouette à longue oreille
Flaccus est engoué comme d'une merveille;
D'un visage africain Canius amoureux
Se plaît du noir sinistre à repaître ses yeux;
Dans un singe Cronus caresse son image;
Faustus aime la pie et son vain bavardage;
Nous voyons Publius épris de son bichon,
    Et Marius de son traître ichneumon;
Gella d'un long serpent se fait une ceinture,
Ou même un froid collier; Glacille à son oiseau
    A fait élever un tombeau.
En face de ces goûts si loin de la nature,

Qui pourra m'accuser d'un choix capricieux
Si j'adore Polla, ce chef-d'œuvre des cieux?

87.

SUR SES OUVRAGES.

Vienne, la belle Narbonnaise,
Avec transport accueille mes écrits;
Je l'apprends, et je m'applaudis
Que mon badinage lui plaise.
Là, vieillards, jeunes gens, enfants me lisent tous,
Même la jeune épouse à son austère époux.
Je suis plus glorieux d'un semblable suffrage
Que si vers le haut Nil mon nom était chanté,
Ou que dans ma maison affluât l'or du Tage,
Et d'Hymette et d'Hybla le miel le plus vanté.
J'ai donc aussi mon prix! ce n'est point un mensonge,
Lausus, dont tu voulais bercer ma vanité;
Mon triomphe n'est point un songe,
Et désormais je crois à ta véracité.

88.

A LA ROSE.

Pars, et va couronner mon cher Apollinaire,
O rose! même après un long siècle franchi,
De tes festons encor pare son front blanchi,
Et de Vénus toujours sois la fleur la plus chère!

89.

A UN CRITIQUE.

On me trouve inégal, dis-tu, dans mon ouvrage.
Eh bien! on ne saurait le louer davantage.
D'Umber et de Calvus on n'en peut dire autant;
D'un bout à l'autre ils sont mauvais également.

90.

CONTRE BACCHARA.

Vingt fois au moins par jour tu viens me répéter:
Tu sais de me prier qu'il n'est point nécessaire;
Quelque pressant besoin vient-il te tourmenter?
Parle, je suis tout prêt; pour toi que puis-je faire?

Tu vis un créancier, hier l'après-midi,
Me relancer chez moi d'une rude manière;
J'eus peine à le calmer; et quand il fut parti,
Tu m'as dit froidement: Pour toi que puis-je faire?

Ce matin, toi présent, d'acquitter mon loyer
Je me suis vu sommer par mon propriétaire,
Qui jura dès demain d'envoyer son huissier;
Et tu me dis encor: Pour toi que puis-je faire?

L'hiver est rigoureux; mon surtout délabré
Sous l'haleine des vents voltige par lanière;
Je m'en plains devant toi : mais, chaudement fourré,
Tu pars en me disant : Pour toi que puis-je faire?

Pour m'aider à sortir de ce triste bourbier
Puisque tu ne fais rien, au moins sache te taire;
Que puisse à ton palais ta langue se lier!
Tu ne me dirais plus : Pour toi que puis-je faire?

92.

A LA VILLE DE NARNIA.

Narnia, toi qu'un fleuve sulfureux
   D'une blanche enceinte environne,
   Et qui de deux monts sourcilleux
   Formes la brillante couronne,
 O Narnia! par quels charmes puissants
As-tu pu de Quinctus m'enlever la tendresse?
   Pourquoi le rappeler sans cesse?
   Pourquoi le garder si longtemps?
   Grâce à son charmant voisinage,
Pour moi Nomente est un séjour sans prix :
   Mais lorsque tu me le ravis,
Il n'est plus à mes yeux qu'un lieu triste et sauvage.
Rends-moi donc, par pitié, rends-moi mon cher Quinctus,
   O Narnia! n'abuse plus
 De son humeur docile et complaisante.
Qu'ainsi puisse ce pont, qu'avec justice on vante,

Et qui jusqu'à tes murs ouvre un facile accès,
Vainqueur du temps, subsister à jamais!

93.

CONTRE PAPILUS.

Ce parfum, dont l'odeur naguère était si pure,
Papilus l'a flairé : c'est une pourriture!

94.

CONTRE LINUS.

L'hiver sévit dans toute sa rigueur,
Et cependant Linus, l'intrépide baiseur,
 A droite, à gauche, au milieu de la rue,
 Les bras ouverts, arrête les passants;
Connus ou non, tous ceux qui s'offrent à sa vue,
D'un baiser glacial il faut qu'il les salue;
Nul dans Rome n'échappe à ses embrassements.
 Mais d'où provient pareille extravagance?
  Sans doute il faut qu'il ait été
  Honni, bafoué, maltraité,
  Pour porter si loin sa vengeance.
Durant un pareil froid je pourrais refuser
De mon épouse même un chaste et pur baiser,
Ou celui de ma fille, offert par l'innocence.
 Et toi, Linus, modèle d'élégance,
  Tu viens me présenter le tien,

Lorsque ton nez, pareil au long museau d'un chien,
Distille goutte à goutte une eau soudain glacée,
    Ou quand ta barbe hérissée
Semble celle du bouc que sous son double acier
Aux bords du Ginyphus abat le chevrier!
  D'un ours hideux la sinistre figure,
La rencontre d'un loup échappé de ses bois,
    M'épouvanteraient moins, je crois,
  Qu'en ce moment ton accolade impure.
    Au nom de tout ce qui t'est cher,
Fais trêve à tes baisers, Linus, je t'en conjure!
    Et, si tu n'as un cœur de fer,
Renvoie au mois d'avril tes baisements d'hiver.

95.

ÉPITAPHE DU JEUNE URBICUS.

Sous ce marbre repose un enfant. D'Urbicus
Rome m'avait donné le nom à ma naissance,
Et Bassus aujourd'hui pleure un fils qu'il n'a plus.
A peine j'étais né, la Parque meurtrière,
A deux ans, plus six mois, a borné ma carrière.
Mon âge, ma beauté, mon langage enfantin
En ma faveur n'ont pu désarmer le Destin.
O toi qui lis ces vers, de pleurs mouille ma cendre!
    Et s'il arrive qu'à ton tour
Pour quelque objet bien cher tu craignes d'en répandre,
Sur les bords du Léthé, puisse-t-il ne descendre
Que chargé d'ans, et toi le précéder d'un jour!

96.

A SON LIVRE.

Tu dois connaître Cœsius,
De qui la montueuse Ombrie
S'honore d'être la patrie,
Ainsi que de mon cher Aulus.
Pars, et dusses-tu le distraire,
Mon cher livre, dès aujourd'hui
Cours, de ma part, t'offrir à lui.
Quoique obsédé de mainte affaire,
A ton aspect tu vas le voir
Quitter tout pour te recevoir.
Ma muse toujours lui fut chère,
Et mes vers, chez lui bienvenus,
Prendront rang sur son secrétaire,
Tout près de l'illustre Turnus.
Que de gloire, de renommée
Ils vont valoir à leur auteur !
Déjà j'entends Rome charmée
Citer son nom avec honneur.
Dans le Forum, sous les portiques,
Dans les maisons, dans les boutiques,
Je les vois recherchés, courus ;
C'est une fureur, un délire !
Adressés au seul Cœsius
La ville entière va les lire.

97.

A CASTOR.

Tout acheter est le moyen
De bientôt tout vendre pour rien.

98.

A CRISPINUS.

Crispinus, que toujours la cour impériale
T'accueille avec faveur! jalouse de Memphis,
Que Rome, qui, dans toi, croit voir un de ses fils,
Obtienne de ta part une tendresse égale!
Quand tu verras mon livre, admis dans le palais,
Par le prince honoré d'un favorable accès,
Saisis l'instant propice, et, lecteur bénévole,
D'un véritable ami pour moi remplis le rôle.
Ose dire à César : cet estimable auteur
A votre règne aussi, prince, doit faire honneur.
Son facile talent, que nul ne lui conteste,
A Catulle, à Marsus n'a rien d'inférieur.
N'ajoute rien : le Dieu se chargera du reste.

99.

A PONTICUS.

Ponticus ne veut voir que gens de haut parage,
Ne rêve que grandeurs ; c'est un grand personnage!

Ce qu'il fait, il le fait sans bruit, secrètement ;
Point ou peu de témoins : c'est un homme prudent !
De sa beauté partout on s'entretient dans Rome ;
Il eût séduit Hélène ; ah ! c'est un bien bel homme !
Sa voix amollirait le plus dur diamant :
Ses accents sont si doux ! on n'est pas plus charmant !
C'est ainsi qu'on l'endort dans une erreur qu'il aime ;
Mais, au fait, Ponticus est la nullité même.

100.

SUR UNE VIEILLE.

Ta peau douce et ta voix dans l'ombre m'ont séduit ;
Mais je vois ton visage, et le charme est détruit.

FIN DU SEPTIÈME LIVRE.

LIVRE HUITIÈME.

ÉPITRE DÉDICATOIRE A L'EMPEREUR DOMITIEN, CÉSAR, AUGUSTE, GERMANIQUE, DACIQUE. VAL. MARTIAL, SALUT.

Prince, tous les ouvrages que j'ai publiés jusqu'ici ont été mis sous votre protection, et c'est, je n'en doute pas, à votre illustre patronage qu'ils ont dû leur succès. Mais ce livre-ci, surtout, le huitième de mon recueil, a l'avantage de vous offrir des témoignages plus multipliés de ma reconnaissance et de mon dévouement. Ainsi donc, en cette occasion, la matière a pu suppléer à l'insuffisance du talent. J'ai cependant essayé d'y jeter de la variété par le mélange de quelques plaisanteries, de peur de fatiguer votre céleste modestie par une continuité d'éloges que vous vous lasseriez de recevoir plus tôt que moi de vous donner. Mais quoique mes épigrammes, adressées aux personnages les plus graves et les plus importants de l'état, affectent quelquefois la liberté d'expressions admise dans les mimes, je ne leur ai point permis cependant d'aller jusqu'à leur licence accoutumée, attendu que la partie la plus considérable et la meilleure de cet ouvrage est associée à la majesté de votre auguste nom. Mon livre ne perdra point de vue qu'on ne doit se présenter aux temples des dieux qu'après s'y être préparé par les ablutions et les purifications convenables. C'est un engagement que je prends avec mes lecteurs, et pour preuve de l'exactitude avec laquelle je me propose de le remplir, je le consigne en tête du recueil, dans une courte épigramme qui en sera le début.

1.

L'AUTEUR A SON LIVRE.

Pour entrer au palais que le laurier décore,
   Nos jeux, mes vers, ne sont plus de saison.
Fuis, Vénus! Toi, Pallas, que notre maître honore,
Viens, et d'un saint respect impose-nous le ton!

2.

A JANUS.

Janus, qui le premier nous enseigna l'usage
Des fastes dont il fut le père et l'inventeur,
Naguère, de l'Ister en voyant le vainqueur,
Se plaignait de n'avoir qu'un quadruple visage,
Et des cent yeux d'Argus enviait l'avantage
   Pour contempler son front triomphateur.
A l'aspect du héros à qui tout rend hommage,
Par son multiple organe à l'instant il s'engage

A quadrupler pour lui les ans du vieux Nestor.
 Puissant Janus! fais plus encor:
 Veuille ajouter à ce long âge
Celui qui fait ton immortel partage!

3.

A SA MUSE.

« Cinq livres suffisaient : aller jusqu'au septième,
C'était trop, et pourtant j'entame le huitième.
Finissons : c'est assez; partout mes vers sont lus;
Mon renom est au point de ne s'accroître plus.
Un jour les monuments élevés à ta gloire,
Messala, périront ainsi que ta mémoire;
Le même sort attend les marbres somptueux
Qui forment, Licinus, ton tombeau fastueux.
Mon livre restera; grâce à la renommée,
Sa gloire chaque jour s'étend au loin semée,
Et l'étranger qui part, en voyage avec lui
L'emporte enveloppé dans le plus riche étui. »
Ainsi je m'exprimais, quand l'aimable Thalie
Dont toute la personne exhalait l'ambroisie :
Qu'entends-je? me dit-elle; ingrat, tu veux quitter
Les jeux que je me plais moi-même à te dicter!
Peux-tu de tes loisirs faire un meilleur usage?
Lassé du brodequin et de son badinage,
Du cothurne veux-tu chausser la gravité;
Ou, dans une épopée étalant le carnage,
Nous distiller l'ennui de l'uniformité,
Afin qu'un lourd pédant, de sa voix enrouée

Assourdissant la jeunesse enjouée,
Sous tes vers bien ronflants étouffe sa gaîté?
Laisse les grands travaux à ces auteurs austères
Qu'éclairent dans la nuit leurs lampes solitaires;
Toi, d'un sel délicat parsème tes écrits,
Qui, pour être légers, n'en ont pas moins de prix.
Que de ses mœurs ton siècle y trouve la peinture,
Et qu'il aime à s'y voir tracé d'après nature.
Tu n'as que des pipeaux : qu'importe, si leur son
Se fait entendre mieux que celui du clairon?

4.

A CÉSAR DOMITIEN.

Des nations, ici, quel immense assemblage
Vient offrir à son chef ses vœux et son hommage!
Les Dieux mêmes, je crois, en ces jours solennels,
Pour te fêter, César, se joignent aux mortels.

5.

SUR MACER.

A force de donner des anneaux à nos belles,
Du rang de chevalier tu t'es exclu pour elles.

6.

CONTRE AUCTUS.

Cesse de nous parler de vases, de médailles,
Auctus; garde pour toi tes riches antiquailles,

Auxquelles je préfère un gobelet grossier
Façonné sur le tour d'un rustique potier.
Avec prolixité tandis que tu détailles
Les titres enfumés de tes jattes d'argent,
      Ton vin s'évente ; en t'écoutant
      Ton convive s'ennuie et bâille.
« Cette aiguière servait au roi Laomédon,
« Et fut jadis le prix que reçut Apollon
« Quand sa lyre de Troie éleva la muraille ;
« De celle-ci s'arma le farouche Rhœtus
« Au combat du Lapithe et de Pirithoüs ;
« Même on voit qu'elle fut faussée à la bataille.
« Ce vase à double fond appartint à Nestor,
« Dont le pouce a poli cette colombe d'or.
« Pour ses amis, Achille a rempli ce cratère
« Qu'avec eux il vidait, et voici la patère
« Où la belle Didon, durant son grand repas,
« A porté la santé du Troyen Bythias. »
A mes dépens ainsi ta langue s'évertue,
Et de tout ton buffet je subis la revue ;
Puis, quand tu m'as vanté tous ces vieux monuments,
Qu'exprès pour toi, sans doute, a respectés le Temps,
La coupe de Priam me donne un plat breuvage
Qui de son petit-fils n'a pas même atteint l'âge.

7.

CONTRE CINNA.

En dix heures dire neuf mots,
Quelle inépuisable abondance !

Après ce torrent d'éloquence
Cinna va prendre du repos,
Et sans doute sa voix expire?
Non; à ses poumons de Stentor,
Quatre autres clepsydres encor
A grand'peine pourront suffire.
Cinna, tu vaux ton pesant d'or
Dans l'art de parler sans rien dire.

8.

A JANUS.

A chacun de nos ans tu donnes la naissance,
Et ton front à jamais nous promet leur retour,
Janus; reçois l'encens que la reconnaissance
   Sur tes autels vient brûler en ce jour.
Souris à nos tributs; vois les grands, tour à tour,
Déposer à tes pieds leurs vœux et leur hommage;
Mais ce qui doit encor te flatter davantage,
C'est qu'en cet heureux mois par ton nom consacré,
Rome voit le retour de son maître adoré.

9.

A QUINCTUS.

   D'une somme de cent écus
Sur parole, à Milon, jadis tu fis l'avance;
Quand il eut mal aux yeux, pour en avoir quittance
Il t'en offrit deux tiers, et n'obtint qu'un refus.
Borgne aujourd'hui, ton homme à large conscience
N'offre plus que moitié; prends et ne tarde plus:
S'il perd l'autre œil, bonsoir à toute la créance!

10.

SUR BASSUS.

Ami, je sors d'une boutique
Où, de mes yeux, j'ai vu Bassus
Acheter, pour trois mille écus,
Le manteau le plus magnifique
Que jamais Tyr à Rome ait envoyé.
—Trois mille écus ! le prix a lieu de me surprendre.
—Eh ! c'est un marché d'or ! —Mais j'ai peine à comprendre...
—Entendons-nous : il ne l'a pas payé.

11.

A CÉSAR DOMITIEN.

De ton retour déjà, grâce à la renommée,
Jusques au Rhin, César, la nouvelle est semée,
Et du peuple enivré la joyeuse clameur
Sur les bords du Danube a porté la terreur.
Au Cirque, quatre fois les coursiers hors d'haleine
Sans être remarqués ont parcouru l'arène,
Tant la foule idolâtre, à ton auguste aspect,
Fut saisie à la fois d'amour et de respect !
Jamais prince avant toi n'obtint un tel hommage,
Et Rome en vain voudrait te chérir davantage.

12.

A PRISCUS.

Paula m'offre sa main ; j'accepterais peut-être,
Mais je crains de former un nœud mal assorti ;

En épousant un trop riche parti,
  On risque d'épouser son maître.

LA MÊME, AUTREMENT.

Riche héritière, Églé, me voudrait pour époux,
  Et j'y consentirais peut-être;
  Mais en l'épousant, entre nous,
  Je craindrais d'épouser un maître.

13.

A GARGILIANUS.

Je voulais d'un bouffon égayer mon ménage,
Et tu m'as proposé le tien, Gargilius;
Je te l'ai, comme tel, acheté mille écus,
Sans croire trop payer pour un tel personnage.
Mais je suis pris pour dupe. Infidèle marchand,
  Reprends ton homme, et rends-moi mon argent.
J'achetais un bouffon : tu n'as fourni qu'un sage.

14.

CONTRE UN SOI-DISANT AMI.

Pour défendre des vents tes arbres délicats,
  Enfants d'une terre étrangère
  Que fait pâlir le froid de nos climats,
  Sous des châssis de pierre spéculaire
Tu sais leur procurer, en dépit des frimas,
  Un soleil tiède, une pure lumière.

Et moi, je n'ai trouvé chez toi pour me gîter,
   Qu'une chaumière étroite et délabrée,
     Que la famille de Borée
     A peine voudrait habiter;
Cœur insensible et dur! est-ce ainsi que l'on traite
     Un ancien, un fidèle ami?
     Chez toi, pour trouver un abri,
De tes arbres devrais-je envier la retraite?

15.

A DOMITIEN.

De tes lauriers nouveaux cueillis en Pannonie,
En tous lieux, ô César! la gloire se publie,
Et Rome tout entière assiégeant les autels,
   De ton retour rend grâce aux immortels.
   Petits et grands, de concert applaudissent,
Et de tes triples dons nos cités s'enrichissent.
Nos fastes publîront ce troisième succès,
Car pour nous, de tes dons, le plus cher est la paix.
La vertu des sujets est de chérir leur maître;
Celle des souverains est de les bien connaître.

16.

CONTRE CIPÉRUS.

Longtemps on t'a vu boulanger,
   Puis, au barreau cherchant fortune,
D'état tu crus devoir changer,
   Et tu plaides à la tribune.

Mais comme ton gain journalier
Se borne à couvrir ta dépense,
Du second au premier métier
Je ne vois pas la différence.
Tournant dans un cercle sans fin,
Ce que tu gagnes le matin,
Le soir, s'en va par la cuisine;
La farine te fait du pain,
Le pain te fait de la farine.

17.

A SEXTUS.

Pour plaider ton affaire un prix fut convenu;
Tu m'en offres moitié : ce n'est pas là mon compte.
— Mais qu'as-tu fait pour moi? mon procès est perdu.
— Double donc mon salaire : il faut payer ma honte.

18.

A CIRINUS.

Cirinus, je le sais, ton recueil est tout prêt;
Le mien va l'être. Eh bien, dis, quel est ton projet?
Car tu peux à ton choix subir la concurrence,
Ou bien, pour l'éviter, prendre sur moi l'avance;
Mais ta vieille amitié craint d'user de ses droits :
Noble effort que l'histoire offre une seule fois!
Virgile, qui dans l'ode eût éclipsé Pindare,
Abdiqua, pour Horace, une gloire aussi rare;

Pouvant de l'art tragique atteindre la hauteur,
A son cher Varius il en laissa l'honneur.
On cède à son ami, des richesses, des terres;
La palme du génie, on ne la cède guères.

19.

SUR LYCUS.

Lycus est indigent, car, en effet, c'est l'être
    Que d'affecter de le paraître.

20.

A VARUS.

Faire et garder pour toi deux cents vers chaque jour,
Varus, c'est te montrer sage et fou tour à tour.

21.

A L'ÉTOILE DE VÉNUS.

Étoile de Vénus, réveille enfin l'aurore!
  Lorsque pour nous va luire l'heureux jour
    Qui rend César à notre amour,
Étoile de Vénus, peux-tu tarder encore?
Pourquoi cette lenteur si contraire à mes vœux?
Viens-tu donc sur le char du bouvier paresseux?
Des enfants de Léda, pour un si beau message,
Tu pouvais emprunter le rapide attelage.

Phébus impatient t'accuse, et ses coursiers
Redemandent le frein et trépignent des pieds.
L'Aurore ouvre les yeux; mais, brillante d'étoiles,
La Nuit n'a pas encor replié tous ses voiles;
Phébé, qui de César veut fêter le retour,
Ne semble qu'à regret céder la place au jour.
Mais, qu'il soit jour ou nuit, en ce moment, qu'importe?
Le vrai jour est celui que César nous apporte.

22.

CONTRE GALLICUS.

L'offre d'un sanglier m'a séduit l'autre jour;
J'accours pour le manger, et tu sais si je l'aime!
   Tu m'en sers un, oui, mais de basse-cour!
     Ami, c'est me jouer d'un tour;
Et, si tu m'y reprends, j'en veux être un moi-même.

23.

A RUSTICUS.

Au valet qui laissa trop cuire mon gibier
   J'ai fait donner trente coups d'étrivière:
C'est être, selon toi, bien gourmand, bien sévère;
Mais pourquoi veux-tu donc qu'on fouette un cuisinier?

24.

A CÉSAR DOMITIEN.

Au bienfait que mon livre ose te demander,
César, si j'ai des droits, daigne me l'accorder.

Même en cas de refus, sois indulgent encore ;
Les Dieux s'offensent-ils qu'un mortel les adore ?
    Le marbre, l'or dont l'art de Phidias
      Peuple les temples qu'il décore,
N'est des hôtes du ciel que l'image ici-bas ;
    Qui le fait Dieu ? c'est l'homme qui l'implore.

25.

A OPPIEN.

Pour la première fois tu me vois alité,
Et tu ris du renard à son tour pris au piége ;
    Toi que jamais je ne vis en santé,
D'être malade, seul as-tu le privilége ?

26.

A DOMITIEN.

    Non, jamais aux rives du Gange
    Sur son coursier, fuyant pâle d'effroi,
Aucun chasseur ne vit tant de tigres, je croi,
Que n'en fit voir César dans le spectacle étrange
    Qu'il vient d'offrir au peuple-roi.
    L'Orient s'épuise en louange
    Sur le triomphe que Bacchus
Déploya sous les yeux des Indiens vaincus ;
La pompe qu'étala le dieu de la vendange
Qu'est-elle, comparée au luxe de César ?
Le premier attela deux tigres à son char,
Dans son cirque César en montre une phalange.

27.

A GAURUS.

Gaurus, si malgré ton grand âge,
Tu n'es pas dépourvu de raison et de sens,
Songe bien que celui qui te fait des présents
    Te dit : Mourez ; j'attends votre héritage.

28.

SUR UNE TOGE QUE PARTHÉNIUS LUI A DONNÉE.

Beau présent d'un ami, magnifique manteau,
De quel pays viens-tu ? quel merveilleux troupeau
    Peut se vanter d'avoir produit ta laine ?
De Phalante va-t-il broutant la verte plaine
    Que le Galèse engraisse de ses eaux ?
    S'abreuve-t-il dans les nombreux canaux
Où buvait le coursier du divin fils d'Hélène ?
    Se baigne-t-il enfin au sein des flots
Qu'aux champs ibériens, si féconds en agneaux,
    Le Bœtis indolent promène ?
Car, sans doute, jamais d'aussi nobles toisons
D'Amycle ou de Milet n'ont bu les vils poisons.
    Du lis la candeur virginale,
    La neige du troène en fleur,
L'ivoire, à qui Tibur a rendu sa blancheur,
N'ont rien que ton éclat ne défie et n'égale.
Colombes de Paphos, cygnes de l'Eurotas,
Perles de l'Orient, vous n'en approchez pas !
Mais, quelque pur que soit le présent qui m'honore,

Le cœur qui me l'a fait est plus candide encore.
Je préfère ce gage aux précieux tissus,
Aux merveilleux dessins qu'une aiguille savante
Pour les palais des rois à Babylone invente.
Les plus riches toisons de Phryxus, d'Athamas,
Près de toi, cher manteau, ne me séduiraient pas.
Mais combien va prêter au sourire ironique
Ton luxe, figurant sur ma vieille tunique!

29.

SUR LES DISTIQUES.

Quiconque en peu de mots à s'exprimer s'applique,
Veut plaire apparemment par sa brièveté.
Que sert de procéder de distique en distique,
Si de leur nombre enfin un livre est résulté?

30.

SUR UN SPECTACLE REPRÉSENTANT L'ACTION DE MUCIUS SCÉVOLA.

Romains, de vos plaisirs à César rendez grâce.
Le tableau que son Cirque en ses jeux vous retrace,
Fut le trait le plus beau du siècle de Brutus.
    Voyez le nouveau Mucius
  De Porsenna devenu le complice,
Du tyran irrité seconder la fureur,
S'approcher de l'autel sans que son front pâlisse,
Étendre sur le feu sa main dominatrice

Et du brasier vaincu triompher en vainqueur !
    Du drame l'intrépide acteur,
    Dans cet horrible sacrifice,
N'est plus victime, il n'est que spectateur.
    Si le roi, frappé de terreur,
Ne l'avait arrachée à cet affreux supplice,
Dévouée à son tour, la gauche, sans effort,
Allait suivre la droite et partager son sort.
  D'un pareil trait la main qui fut capable,
D'un forfait précédent peut-être était coupable?
Je n'en veux rien savoir : ce dont je suis certain,
  C'est qu'un héros n'a pas une autre main.

31.

CONTRE DENTON.

D'une épouse assez vive et même un peu coquette
Naguère en ton pays, Denton, tu fis l'emplette,
Et tu viens à la cour solliciter les droits
Dévolus au Romain qui fut père trois fois.
Que veux-tu qu'on en dise, ou du moins qu'on en pense?
En toi-même as-tu donc si peu de confiance?
Cesse par tes placets d'importuner César ;
Chez toi retourne, et crains d'arriver un peu tard.
Pour trois enfants ta brigue ici s'opiniâtre :
Et peut-être, en rentrant, en trouveras-tu quatre.

32.

SUR LA COLOMBE D'ARÉTULLE.

Arétulle, pensive et toute à sa douleur,
De son frère exilé déplorait le malheur,

Quand soudain du haut de la nue,
Fendant les flots d'un air pur et serein,
Une colombe descendue
S'approche, et vient se poser sur son sein.
Si l'oiseau, resté libre, eût repris sa carrière,
Peut-être on n'aurait dans ce fait
Vu du hasard qu'un simple effet;
Mais il garde son poste, et semble s'y complaire.
Présage heureux! tendre Arétulle, espère
Que tes vœux ont fléchi le maître de la terre,
Et qu'après la rigueur, la clémence a son tour.
Par ce prompt messager peut-être que ton frère
Du lieu de son exil t'annonce son retour.

33.

A PAULLUS, SUR LE DON D'UNE FIOLE.

Sous le plus léger souffle une feuille envolée
De la couronne du préteur
M'arrive de ta part, en long cornet roulée,
Et du nom de fiole appelée;
Or, de ce beau présent calculons la valeur.
Ce n'est qu'un faible enduit, nuage de peinture
Dont le safran dissous a fourni la dorure,
Ou plutôt une lame, ornement d'un buffet,
Qu'écorcha de son ongle un fripon de valet,
Et qu'il abandonna, je crois, comme une ordure.
De loin elle est sensible au vol d'un papillon,
Et s'agite dans l'air qu'effleure un moucheron;
Qu'au-dessus d'une lampe elle soit suspendue,
On la voit se mouvoir, se tourner en tout sens;

Qu'une goutte de vin y tombe, elle est rompue.
Aux dattes qu'en janvier de malheureux clients
Portent à leurs patrons avec quelque monnoie,
Elle donne un vernis. Tels sont les filaments
Des fèves qu'en présent l'Égypte nous envoie.
Les pétales des lis brûlés par la chaleur
Ont, jonchés sur la terre, encor plus d'épaisseur.
La toile où d'Arachné l'adresse se déploie,
Du ver industrieux l'imperceptible soie,
N'offrent pas des tissus plus fins, plus délicats.
Le carmin dont Fabulle anime ses appas
Est moins léger; de l'eau qui fermente en silence,
La bulle qui s'élève a plus de consistance;
Le savon apprêté pour teindre les cheveux,
Le réseau dont les fils en captivent les nœuds,
N'ont rien de plus subtil. Bref, c'est la pellicule
Qui du poulet dans l'œuf tapisse la cellule,
   Ou le bandeau léger et transparent
   Qui sur le front se dessine en croissant.
   D'un tel bijou pourquoi donc te défaire,
   Ami Paullus? tu pouvais m'envoyer
     Un cure-dent, un coquetier,
    Ou bien quelque mince salière.
C'eût été trop? Eh bien, une cuillère,
Ou rien : c'était, pour toi, profit encor plus clair.

34.

CONTRE UN VANITEUX.

« Ce beau vase d'argent, l'honneur de ma vaisselle,
Du talent de Myos monument précieux,

Est un original. — Je le crois d'autant mieux
Que ce n'est pas à toi qu'en est dû le modèle.

35.

CONTRE UN TRÈS-MAUVAIS MÉNAGE.

Couple assorti si bien et sous tous les rapports,
D'un détestable époux, épouse détestable,
Pourquoi donc vivez-vous en d'éternels discords?
Le semblable, dit-on, recherche son semblable.

36.

ÉLOGE DU PALAIS DE DOMITIEN.

César, vois en pitié les pompeuses merveilles
Dont Memphis trop longtemps fatigua nos oreilles ;
Ses palais, près du tien, ont perdu leur honneur.
L'œil du jour ne voit rien d'égal à sa splendeur.
Par sept monts qu'on croit voir s'élancer dans la nue,
D'Ossa sur Pélion la hauteur est vaincue.
Voisin des cieux, son front, toujours calme et serein,
Voit la foudre à ses pieds le menacer en vain.
Circé n'a point joui du lever de son père,
Que déjà ton séjour nage dans la lumière.
Cependant, ce palais, vrai prodige de l'art,
Rival du ciel, n'est point digne encor de César.

37.

A POLYCARME.

En faisant à Cajétanus
Remise d'un billet de quatre mille écus,

Ami, tu crois lui faire une faveur bien grande?
Ils l'étaient dus, d'accord; cependant, en effet
Si tu veux l'obliger, conserve son billet,
  Et prête-lui cent écus qu'il demande.

38.

A MÉLIOR.

Obliger dans l'espoir d'obtenir du retour,
Ou d'être au moins payé par la reconnaissance,
C'est réduire en trafic la noble bienfaisance,
Et ce n'est pas donner une preuve d'amour.
    Mais, jusqu'en leur tombeau, poursuivre
De soins religieux ceux qui cessent de vivre,
Dans le but seulement d'adoucir ses regrets,
    Voilà les purs, les vrais bienfaits.
  En fait d'amis, autre chose est de l'être,
  Autre chose est de vouloir le paraître.
  Cher Mélior, c'est à de pareils traits
    Que ton cœur vient de se faire connaître;
Aussi ton nom chez nous doit-il vivre à jamais.
Ton cher Blœsus n'est plus; fidèle à sa mémoire,
Tu veux de ton ami perpétuer la gloire.
  En son honneur, des dons accumulés
    Signalent ta munificence
    Envers les scribes rassemblés
  Pour célébrer le jour de sa naissance.
Tous ces pieux tributs, généreux Mélior,
Que ta tendresse paie à sa cendre chérie,
Après avoir jeté du lustre sur ta vie,
Même après ton trépas t'illustreront encor.

39.

A DOMITIEN.

Naguère le palais n'offrait pas une salle
Digne de recevoir la table impériale ;
Mais tu parles, César : aussitôt à ta voix
S'élève un péristyle où tu peux, à ton choix,
T'abreuver de nectar, savourer l'ambroisie.
Va bien tard prendre place à la table des Dieux,
    C'est là le vœu de Rome qui t'implore.
    Si d'un délai pour nous si précieux
Jupiter murmurait, qu'il descende des cieux
A ta table, César ; il va s'y croire encore.

40.

A PRIAPE.

Ce n'est point une vigne, un jardin, un verger,
Priape, qu'on te charge ici de protéger ;
Non ; c'est une futaie où le chêne et le hêtre,
Le figuier dont tu sors, et dont tu peux renaître,
Plantés de loin à loin vont croître sous tes lois :
Écarte les voleurs, contre eux soutiens mes droits,
Et conserve le bois pour le foyer du maître.
Si, faute d'aliments, il s'éteint une fois,
    Tu n'es toi-même que du bois.

41.

A FAUSTINUS, SUR ATHÉNAGORAS.

Je n'ai, durant ce mois, reçu d'Athénagore
Aucun présent d'usage : il est dans le chagrin.

Son deuil est-il réel? voilà ce que j'ignore ;
Mais le mien n'est que trop certain.

42.

A MATHON.

Si, malgré l'ordinaire usage,
Tu n'es pas trop gâté par les repas friands
De tes patrons de haut parage,
Viens dîner à ma table : avec tes cent quadrans
Tu pourras te baigner cent fois à mes dépens.

43.

CONTRE FABIUS ET CHRISTILLA.

Nise enterre tous ses époux,
Marc enterre toutes ses femmes ;
N'est-il pas bien temps, entre nous,
D'arrêter ces abus infâmes ?
J'en vois un moyen aigre-doux :
Vite qu'on les marie ensemble,
Afin bientôt qu'aux yeux de tous
Un même bûcher les rassemble.

44.

A TITULLUS.

Profite d'un conseil que je crois bon à suivre :
Jouis de tous tes jours, ami ; plus de retard ;

Même enfant, pour t'y prendre il serait déjà tard,
Et lorsqu'à la vieillesse enfin l'âge te livre,
Tu n'as pas pu trouver encor l'instant de vivre !
Malheureux ! par le coq éveillé chaque jour,
On te voit, lorsqu'à peine a paru la lumière,
Courir de porte en porte, et, de la ville entière
Recueillant les baisers, partout faire ta cour.
Dans nos trois tribunaux lassés de ta présence,
Avant le chevalier tu vas prendre séance,
Et du Forum placé près le temple de Mars,
Tu passes à celui du premier des Césars.
Vole, épargne, dérobe, accumule sans cesse,
Il te faudra quitter toute cette richesse.
Ton coffre-fort fût-il plein d'argent entassé,
  Ton portefeuille de créances,
  Et de billets à courtes échéances,
Ton héritier dira que tu n'as rien laissé.
Dans ta maison, jaloux de se faire connaître,
Aux valets éplorés le fat commande en maître ;
Et tandis qu'étendu sur un marbre glacé,
  Ou, par faveur, sur un châlit placé,
Tu n'as droit qu'au bûcher qui pour toi se prépare,
  De tes clefs d'abord il s'empare,
Et, malgré toi, ce fils, accablé de chagrin,
A la santé du mort boira son meilleur vin.

45.

A FLACCUS.

Des campagnes d'Enna Priscus est de retour ;
Flaccus, qu'un caillou blanc marque cet heureux jour,

Et que, soumis au filtre, un nectar centenaire,
Concentré par le temps, pour nous coule à plein verre!
Oh! si de m'égayer au sein de mes amis
Pareil motif pour moi jamais se représente,
Ce sera, cher Flaccus, dans cette nuit charmante
Où, fêtant ton retour des bords chers à Cypris,
A table un peu d'excès pourra m'être permis.

47.

CONTRE UN HOMME QUI SOIGNAIT SA BARBE DE TROIS MANIÈRES.

Ras, épilé, tondu, sous ce triple visage
Ne croirait-on pas voir un triple personnage?

48.

SUR LE MANTEAU DE CRISPINUS.

Crispinus voulant prendre un costume nouveau,
Pour endosser sa robe, a quitté son manteau.
A qui l'a-t-il remis? voilà ce qu'il ignore.
    Qui que tu sois qui l'as reçu,
    Fais qu'à son maître il soit rendu;
C'est le manteau, non pas lui qui t'implore!
    Un aussi riche vêtement,
    Que de Tyr la pourpre colore,
    N'appartient qu'à l'homme opulent
    Que le laticlave décore,
Et ne peut convenir à tous également.
    Mais si l'avarice sordide,
    Si d'un illégitime gain

L'appât sourit à ton âme cupide,
Prends sa robe, et profite au moins de ton larcin.

49.

SUR ASPER.

D'une très-belle femme Asper est fort épris ;
Quoique aveugle, en son choix il ne s'est pas mépris.

LA MÊME, AUTREMENT.

Asper, d'une très-belle femme,
Quoique aveugle, est fort amoureux ;
L'amour, pour arriver à l'âme,
N'entre pas toujours par les yeux.

50.

SUR UN REPAS DONNÉ APRÈS LE RETOUR DE DOMITIEN.

Après le grand combat où les affreux Géants
Virent avec leurs monts leur audace écroulée,
   Pour célébrer tant d'exploits éclatants,
     Jupiter, des Dieux de tous rangs
A sa table voulut réunir l'assemblée.
Dans cette nuit brillante à jamais signalée,
   Le roi du ciel s'égayant avec eux
Tel qu'un père, au milieu de la joyeuse troupe
   Fit circuler les plaisirs et les jeux,
Et permit aux Sylvains de lui tendre leur coupe.

De même, après tant de lauriers conquis,
O César, ce grand jour qui pour fêter ta gloire
Vois tous les citoyens au cirque réunis,
Ce beau jour à jamais vivra dans leur mémoire.
Nobles et plébéiens, tous ensemble introduits
Pour jouir sous tes yeux des fruits de ta victoire.
Au banquet solennel près de toi sont admis.
Vois comme en liberté la gaîté se déploie !
Les Dieux même, les Dieux partagent notre joie.
Rome, qui participe à tes mets délicats,
Savoure avec son maître un céleste breuvage ;
Tu lui promis beaucoup et lui tiens davantage ;
Ta sportule, ô César ! est un brillant repas.

51.

SUR UN VASE CISELÉ DONNÉ PAR UN AMI.

Dans ce vase, quel art ! quel talent se révèle !
Quel artiste en a pu dessiner le modèle ?
    Est-ce Myron, Polyclète, Mentor ?
      Est-ce Myos ou Praxitèle ?
Nulle ombre n'en ternit le brillant, et son or
    De l'essayeur peut braver la coupelle.
L'ambre pur près de lui voit pâlir sa couleur,
      Et l'argent de la ciselure,
    Dont le relief lui forme une ceinture,
      Surpasse l'ivoire en blancheur.
Telle en son plein, des nuits l'inégale courrière,
De sa face arrondie étalant la splendeur,
Déploie autour du globe un réseau de lumière.
Mais au travail encor le cède la matière.

Contemplez ce chevreau doré
Qui de Phryxus rappelle l'aventure,
Et que sa sœur, pour sa monture,
A son bélier eût préféré !
Des ciseaux du tondeur il ne craint pas l'injure,
Et Bacchus, je crois, de bon gré
Verrait ses plants chéris lui servir de pâture.
Voyez l'Amour ailé qui, monté sur le dos
Du paisible animal, en riant s'évertue
A faire résonner la flûte de lothos
Que de Pallas il a reçue !
Tel jadis Orion, porté sur un dauphin
Charmé de sa douce harmonie,
Sillonna la mer aplanie,
Et sain et sauf au port surgit enfin.
Jeune Cestus, ornement de ma table,
Et mon serviteur favori,
Remplis d'un nectar délectable
Ce beau présent qui me vient d'un ami.
Tout a soif : le chevreau, l'enfant ailé, le maître ;
Pour honorer l'auteur d'un si précieux don,
Je prétends d'un cyathe accueillir chaque lettre
Qu'Instantius Rufus renferme dans son nom.

52.

A CÉDITIANUS.

De sa barbe et de ses cheveux
Qui lui donnaient un air hideux
Voulant élaguer l'abondance,
Rufus me prie avec instance,

Seulement pour une heure ou deux,
De lui prêter, par complaisance,
Un jeune esclave, mon barbier,
Fort entendu dans son métier,
Et dont l'extrême diligence
Aurait pu, je crois, défier
Le talent et l'expérience
De ce célèbre Thalamus
Qui des barbes eut l'intendance
Dans la famille de Drusus.
Tandis que, d'une main docile,
Armé du peigne et du rasoir,
L'enfant émonde, rase, épile,
Sous l'inspection du miroir
Que tient un censeur difficile,
Sur le côté déjà tondu
Tandis que vingt fois il repasse,
Un siècle tout entier se passe,
Et notre barbier, morfondu,
Les yeux en pleurs et la main lasse,
A la maison rentre barbu.

53.

CONTRE CATULLA.

Chef-d'œuvre de beauté, vrai monstre d'impudence,
Que n'as-tu moins d'appas, ou bien plus de décence !

54.

A DOMITIEN.

Toi qui sais triompher des rois et de toi-même,
Malgré les dons nombreux que ta largesse extrême

Fait à Rome, et malgré ceux que tu lui promets,
Rome ne t'aime pas, César, pour tes bienfaits :
   Dans tes bienfaits c'est toi qu'elle aime.

55.

A DOMITIEN, SUR UN LION QU'IL FIT PARAÎTRE DANS L'ARÈNE.

Quand les rugissements des lions en furie
Font retentir les bois de l'aride Nubie,
Pâles, saisis d'effroi, les pasteurs éperdus
Hâtent vers le bercail leurs troupeaux confondus ;
Telle au Cirque naguère une frayeur soudaine
Glaça tous les esprits quand on crut dans l'arène
Entendre vingt lions rugissant à la fois.
Un seul parut ; mais tel que la plage africaine
N'en voit pas de plus beaux. Au seul bruit de sa voix
Tous les lions tremblants auraient subi ses lois.
   Quelle fierté noble et majestueuse
Imprimait à son front sa coiffure onduleuse !
Que d'orgueil, quand d'un bond dans le cirque élancé,
De sa crinière d'or le poil s'est hérissé !
Nul n'osait affronter la lutte périlleuse ;
Mais l'épieu de César, pour lui percer le cœur,
De sa large poitrine a traversé l'ampleur.
Oh! qu'il dut s'applaudir de sa mort glorieuse !
D'où venait-il? d'Afrique ornait-il les forêts?
Aux monts chers à Cybèle a-t-il vu la lumière?
Mais plutôt n'est-ce pas ou ton frère ou ton père
Qui, pour te faire honneur, César, auraient exprès
Détaché le lion de la céleste sphère
   Pour l'envoyer expirer sous tes traits?

56.

A FLACCUS.

Quand, sous notre César, l'empire glorieux
Efface la splendeur du temps de nos aïeux,
Tu t'étonnes, Flaccus, que nos muses stériles
    N'enfantent plus aujourd'hui de Virgiles.
Que Mécène renaisse, et bientôt nos hameaux
Produiront à l'envi des Virgiles nouveaux.
De Crémone accusant le fatal voisinage,
Tityre, l'œil en pleurs, quittait son héritage ;
Et, laissant sous les lois d'un soldat ravisseur
Ses brebis, de ses biens le plus cher à son cœur,
Il fuyait : plus d'amour, plus de chants pour Tityre !
Le fils des rois toscans, d'un gracieux sourire
Le rassure, et d'un mot il le rend au bonheur.
« Sois riche, lui dit-il ; deviens un grand poëte,
Et que mon Alexis te suive en ta retraite. »
Ce bel enfant, debout auprès de son patron,
Remplissait les devoirs d'un fidèle échanson.
Jupiter, au banquet de la céleste troupe,
De sa main volontiers aurait reçu la coupe.
Le poëte, exalté par d'aussi grands bienfaits,
Aux rustiques amours renonçant désormais,
Se livre à son génie ; et le chantre timide
Qui naguère en ses vers pleurait un moucheron,
Embouchant aujourd'hui le belliqueux clairon,
Va chanter les combats, et conçoit l'Énéide.
Je puis citer encor et Varus et Marsus,

Et vingt fils d'Apollon adoptés par Plutus.
Un Mécène de moi ferait donc un Virgile?
Non; loin de ma pensée une lutte inutile!
Il est Virgile: eh bien! moi je serais Marcus.

57.

SUR PICENS.

Picens avait trois dents, et c'étaient les dernières;
Assis près du tombeau pour lui-même érigé,
Il est pris d'une toux; les trois retardataires
De leur poste à la fois désertent sans congé.
   Il les rassemble, et confie à la terre
Les débris de sa bouche à présent solitaire.
     Après sa mort pas n'est besoin
      Pour ses restes qu'on s'inquiète;
De recueillir ses os lui-même il prend le soin:
C'est pour son héritier besogne toute faite.

58.

CONTRE ARTÉMIDORE.

Toi, qu'on ne voit jamais vêtu que de sarraux,
On peut bien t'appeler le prince des salauds.

59.

CONTRE UN VOLEUR BORGNE.

Voyez cet homme à mine repoussante,
   Au nez camard, aux cheveux plats;

Il n'a qu'un œil; son front ignoble et bas
    En place de l'autre œil présente
    Une cavité dégoûtante;
  C'est un fripon : ne vous y fiez pas!
D'Autolycus la main n'était pas plus rapace.
A table, près de lui ne prenez jamais place.
Il est là dans son fort; borgne malicieux,
C'est alors que d'Argus il semble avoir les yeux.
On a beau contre lui s'armer de défiance;
    Sous les yeux même des valets
    Dont il trompe la surveillance,
Il dérobe cuillers, serviettes, gobelets.
Votre synthèse glisse et quitte votre épaule?
Autant d'escamoté; plus d'une fois le drôle
Est retourné chez lui couvert de deux manteaux.
Aux valets endormis il soustrait leurs flambeaux,
Même tout allumés. Quand il n'a pu rien prendre,
Il circonvient l'enfant qui, debout à ses pieds,
Veille sur ses effets; et s'il peut le surprendre,
    Il vole ses propres souliers.

60.

CONTRE CLAUDIA.

Quelques pouces de moins, et ton front colossal
Descendrait au niveau du géant triomphal.

61.

CONTRE CARINUS.

Carinus est en proie au tourment de l'envie
    Qui chez lui va jusqu'à la frénésie.

Un seul instant s'il vient à m'entrevoir,
Il pleure, il se désole, il est au désespoir,
   Et dans l'accès qui vient le prendre
  Il cherche un arbre assez haut pour s'y pendre.
Et quel est le sujet d'un tel emportement?
Est-ce dépit de voir qu'en toute l'Italie,
   Avec mes vers, ma gloire se publie,
Et que dans l'appareil du plus riche ornement
Ma Muse, d'or, de cèdre et de pourpre embellie,
   Avec transport soit accueillie
Partout où des Romains la puissance s'étend?
   Non; mais à cent pas de la ville
   Je possède un manoir d'été,
Où me transporte un char qui n'est plus emprunté;
Et voilà le motif qui soulève sa bile.
Contre un pareil jaloux quel vœu faire aujourd'hui?
Qu'il ait une campagne et des mules à lui.

62.

SUR PICENS.

Sur la page et sur le revers,
Picens, ton esprit à l'envers
Prouve, qu'en prose comme en vers,
Apollon te voit de travers.

64.

CONTRE CLYTUS.

Pour motiver toujours de nouvelles demandes,
  Tu nais par an huit ou neuf fois,

Clytus, et sur les douze mois
A peine est-il quatre calendes
Où tu n'exiges des offrandes,
Que comme un tribut tu reçois.
Encore au midi de ton âge,
Quoique toujours sur ton visage
Brillent et fraîcheur et santé,
Quoique le raisin et la mûre,
Dans leur pleine maturité,
Soient moins noirs que ta chevelure,
Quoique le cygne au blanc plumage,
Et les flocons d'un pur laitage
A ton front le cèdent encor ;
A compter chaque anniversaire
Tu serais plus que centenaire.
Jamais Priam, jamais Nestor,
N'ont, durant leur longue existence,
Autant vu de jours de naissance.
Mais c'est assez, si tu m'en crois.
Plus longtemps si ton avarice
Veut prolonger cet artifice,
Je ne te crois plus né, même une seule fois.

65.

A DOMITIEN.

Au lieu même où s'élève un temple magnifique
Qui de notre fortune atteste le retour,
Naguère s'étendait une place publique
Qui la première a vu l'objet de notre amour,

César, tout glorieux d'une noble poussière,
De son front rayonnant épancher la lumière.
Là, revêtu de blanc, tout le peuple à la fois
A salué son chef des mains et de la voix.
Par d'autres dons encor la place se signale;
Contemplez de cet arc la voûte triomphale,
Ces deux chars attelés de nombreux éléphants
Dont le héros en or guide les mouvements,
Monument des exploits du plus grand des Césars,
Et digne d'introduire à la cité de Mars.

66.

SUR LE CONSULAT DU FILS DE SILIUS ITALICUS.

En l'honneur de César, dont les bontés propices
  Accueillent notre Silius,
O Muses, préparez vos plus pieux tributs;
Faites fumer l'encens, offrez des sacrifices!
Par son ordre, en ce jour, le fils de notre ami
  Revêt la pourpre consulaire,
 Et nous voyons les faisceaux, aujourd'hui,
Rentrer dans la maison de son illustre père!
Grâce te soit rendue, ô notre unique appui!
Mais au nouveau consul, César, il reste un frère,
Qui d'un pareil bienfait est digne ainsi que lui;
Achève ton ouvrage, et ta faveur complète
Aura comblé les vœux de notre grand poëte.
Autrefois à Pompée, un décret du sénat
A décerné l'honneur d'un triple consulat,
Puis Agrippa l'obtint d'Auguste son beau-père.
Dans nos fastes trois fois ces emplois éclatants

Ont signalé leurs noms; mais Silius préfère
Compter ses consulats par ceux de ses enfants.

67.

CONTRE COELIUS.

L'esclave, qui du jour nous signale les pas,
  N'annonce point encor la cinquième heure;
Et déjà Cœlius, frappant à ma demeure,
Accourt pour prendre part ce soir à mon repas.
Les tribunaux à peine ont cessé leurs débats,
    Et dans le cirque, aux jeux de Flore,
Les cris des animaux retentissent encore.
Cours, hâte-toi, Calliste, et rappelle soudain
    Mes valets prêts d'entrer au bain.
A préparer les lits, allons, qu'on s'évertue!
Assieds-toi, Cœlius; ici rien à ta vue
N'annonce les apprêts d'un dîner très-prochain;
Ta présence si tôt n'était pas attendue.
Tu voudrais de l'eau chaude, il est un peu matin,
    Et la froide n'est pas venue.
Dans la cuisine encor nul fourneau n'est en train;
    Excuse-nous, l'heure est indue;
    Il est trop tard pour déjeuner,
    Mais il est trop tôt pour dîner.

68.

A ENTELLUS.

Que du roi de Corcyre on vante le verger,
    Le parterre et le potager,

N'en déplaise aux beaux vers d'Homère,
Entelle, ta maison des champs
A des jardins qu'à ceux-là je préfère.
Pour protéger Bacchus et ses présents
Contre la brise meurtrière,
Tu les mets à l'abri sous un talc spéculaire
Dont les feuillets minces et transparents,
Sans leur dérober la lumière
Savent leur ménager une douce atmosphère :
Ainsi sous la gaze légère
La beauté ne perd rien de son brillant trésor ;
Ainsi, sous le cristal d'une eau tranquille et claire,
L'œil découvre son sable d'or.
O prodige de l'art ! chez toi l'hiver s'étonne
De mûrir malgré lui les présents de l'automne.

69.

CONTRE VACERRA.

Des poëtes anciens uniquement épris,
Pour les morts seuls tu gardes ton hommage :
Vacerra, pardonne ; à ce prix,
Je ne veux point encor de ton suffrage.

70.

SUR NERVA.

Aussi timide qu'éloquent,
Nerva pourrait briller ; mais quoi ! sa modestie

Comprime, rend nul son talent,
Et fait obstacle à son génie.
Seul, il pourrait tarir la source d'Hélicon,
Mais il n'y veut puiser qu'avec réserve;
Et, satisfait du plus humble feston,
Il n'ose se livrer aux élans de sa verve.
Quiconque cependant a du jeune Néron
Entendu réciter l'ouvrage,
Ne peut pas ignorer, d'après son témoignage,
Que ce Nerva, qui craint de voir briller son nom,
Est le Tibulle de notre âge.

85.

CONTRE POSTHUMIANS.

Dix ans sont révolus depuis qu'à cette époque
Où circulent les dons que Saturne provoque,
Tu m'envoyas quatre livres d'argent.
Je me flattais qu'à l'époque suivante
J'en recevrais encore autant,
Ou même plus; car la marche constante,
En fait de dons, est d'aller augmentant.
A la moitié pourtant ta faveur s'est bornée
Pour la troisième et quatrième année.
A chaque époque ainsi, par degré décroissant,
Elle se réduisit au quart à la cinquième.
Pouvais-tu donner moins? Ce moins eut lieu pourtant.
La sixième ne vit arriver qu'une aiguière;
La septième, un cyathe uni, sans ornements;
La huitième eut une cuillière,
Et la neuvième une mince salière

Qu'accompagnaient deux cure-dents.
Pour la dixième enfin de toi que dois-je attendre?
Posthumius, ne pouvant plus descendre,
Remonte à la valeur de tes premiers présents.

72.

L'AUTEUR A SON LIVRE.

La ponce encor n'a point poli ton parchemin
Ni l'écarlate orné ta couverture,
Mon cher livre, et tu vas, sans soins de ta parure,
Suivre Artanus dans un pays lointain
Qui de son absence murmure,
Dans la belle Narbonne, où la publique voix
Depuis si longtemps le conjure
De reprendre, en son sein, l'exercice des lois,
Et les faisceaux de la magistrature.
Le docte Votien y vit aussi le jour.
Heureux livre! tu vas dans ton nouveau séjour
Trouver tout ce qui peut te flatter davantage,
Un pays enchanteur, des cœurs droits, sans détour;
Oh! que ne suis-je mon ouvrage!

74.

CONTRE UN MAUVAIS MÉDECIN.

Médecin autrefois, aujourd'hui spadassin,
Paul, tu n'as pas quitté ton métier d'assassin.

75.

A LUCAIN, SUR UN GAULOIS DE LANGRES.

A son hôtel, durant une nuit ténébreuse,
   Un bon Langrois récemment arrivé,
Retournait, accusant le rude et long pavé.
Il heurte avec le pied une pierre anguleuse,
Et se brise l'orteil. Du choc inattendu,
Il tombe de son long sur la terre étendu.
Que faire? de sa force il a perdu l'usage.
Il n'avait avec lui qu'un esclave en bas-âge,
   Et si chétif, que le moindre manteau
     L'eût fait plier sous le fardeau.
Pour le lever, l'enfant en vains efforts s'excède,
   Quand le hasard enfin vient à son aide.
Passent quatre porteurs, de ceux qui chaque jour
Transportent les défunts à leur dernier séjour.
   Le pauvre enfant les conjure, par grâce,
De laisser là leur mort, et de prendre en sa place
Le Gaulois impotent, à qui son faible appui
   Ne suffit pas pour le rendre chez lui.
L'échange est accepté; dans une étroite bière
Ils pressent ce grand corps guindé sur leur civière,
   Qu'ils soulèvent avec effort.
   Mon cher Lucain, en moi-même j'admire
A l'égard du Langrois les caprices du sort;
   C'est bien à lui qu'on peut redire
   Ce vieux dicton qui lui convient si fort :
     Pauvre Gaulois, te voilà mort!

CONTRE GALLICUS.

« Marcus, dis-moi la vérité,
Et ne crains pas de me déplaire; »
Voilà ton refrain ordinaire
Lorsque d'une œuvre somnifère
Tu penses m'avoir enchanté,
Ou que d'un client entêté
Au barreau tu plaides l'affaire.
A ta demande, à ta prière,
Jusqu'à présent j'ai résisté;
Pourtant il faut bien te complaire :
Apprends donc une vérité,
Des vérités la plus sincère:
La vérité, dis-tu, t'est chère,
Eh bien! tu hais la vérité.

77.

A SON AMI LIBER.

De nos amis, ô toi le plus cher à nos cœurs,
Si digne de jouir d'un sort digne d'envie,
 Liber, si tu veux que la vie
Pour toi soit un chemin toujours semé de fleurs,
 Que sur ta tête, aux parfums d'Assyrie,
Durant le jour la rose en festons se marie,
 D'un vieux falerne extrait de tes caveaux
Que les flots épanchés noircissent tes cristaux,
Et le soir, dans les bras d'une épouse chérie,
Va goûter à la fois et bonheur et repos.

Qui règle ainsi sa vie, en quittant la lumière,
Fût-ce à trente ans, a rempli sa carrière.

LA MÊME, AUTREMENT.

O toi, de tes amis l'ami le plus chéri,
Puisse ta vie entière être un printemps fleuri !
Que de tous tes moments le plaisir seul dispose.
Parfume tes cheveux, couronne-toi de rose ;
Qu'un falerne vieilli dans son poudreux bocal
De ta coupe à longs flots noircisse le cristal ;
Dans les bras d'une épouse aimable et qui t'adore
Conserve tout le feu des premières amours.
Celui qui vit ainsi, mourût-il jeune encore,
Aura doublé le nombre de ses jours.

78.

A CÉSAR, SUR LES JEUX DE STELLA.

Non, le dieu qui vainquit les géants de Phlégrée,
Ni des Indes, Bacchus, l'heureux triomphateur,
N'ont jamais, ô César ! vu leur gloire honorée
    D'une fête égale en splendeur
A celle qui, pour toi, par Stella consacrée,
Signale ton retour des climats de Borée.
O rare modestie ! ô dévoûment parfait !
En ton honneur, Stella croit avoir trop peu fait,
    Et voudrait faire encore davantage.
      Tout l'or qu'en leurs flots opulents
      Roulent et l'Hermus et le Tage
      Ne suffit pas à ses présents.

Chaque jour, nouveaux dons; sa prodigue largesse,
 Sans se lasser, épanche sa richesse
Aux mains d'un peuple avide, et qui s'écrie : Encor !
De pièces de monnaie ici tombe un nuage;
Là, pleuvent des bijoux et des médailles d'or;
Plus loin volent des dés, qui, livrés au pillage,
Donnent droit aux objets dont ils portent l'image;
Le Sort, au faible oiseau près d'être déchiré,
Assure, au sein d'un maître, un refuge assuré.
Et ces chars si nombreux! ces prix dont la dépense
Pourrait de deux consuls effrayer l'opulence!
 Mais, ô César! dans ces jours glorieux
  Si remplis de magnificence,
  Un unique objet à nos yeux
 Surpasse tout. Quel est-il? Ta présence.

79.

CONTRE FABULLA.

On ne voit près de toi que des têtes branlantes,
Ou des laides, vingt fois encor plus rebutantes;
Au théâtre, au portique, et même en un banquet,
 Dès que ton visage paraît,
On voit paraître aussi ton escorte fidèle.
 Fabulle, c'est le vrai secret
 Pour nous sembler encore jeune et belle.

80.

A DOMITIEN.

De nos dignes aïeux tu ravives la gloire,
 César, et tu ne permets pas

Qu'avec leurs monuments périsse leur mémoire;
De nos antiques jeux tu nous rends les combats
Où le bras, et non l'arme, assure la victoire;
Des temples ruinés tu rétablis l'honneur,
Et Jupiter y rentre en toute sa splendeur.
Mais ta main qui du temps a réparé l'outrage,
D'édifices nouveaux illustre aussi notre âge;
Et dans Rome, où partout respire ta grandeur,
Le passé, le présent, César, sont ton ouvrage.

81.

CONTRE GELLIA.

Gellia, jamais, en parlant,
De son dire à témoin n'appelle
Ni l'époux d'Isis ni Cybèle.
Affirme-t-elle avec serment?
Jamais dans la troupe céleste
Elle ne choisit son garant;
Ce sont ses bijoux qu'elle atteste :
Tous ses dieux sont dans un écrin;
Elle les place dans son sein,
Et tour à tour elle les serre
Contre sa lèvre et sur son cœur.
Une perle, voilà sa sœur;
Un diamant, voilà son frère.
Elle n'a d'amis, de parents
Que son trésor, qu'elle préfère
Mille fois à ses deux enfants.
Qu'on parvienne à le lui soustraire,
La malheureuse au même instant

Va renoncer à la lumière.
Toi, dont on vante le talent,
Sérénus, dont la main légère
Sait voler si subtilement,
Où donc es-tu ? Dans ce moment,
Oh ! pour toi quel bon coup à faire !

82.

A DOMITIEN.

Que la foule, ô César, t'assiége de demandes ;
Nous, prince, qui n'avons que des vers pour offrandes,
Sachant que ton génie embrasse en même temps
Et les jeux des neuf sœurs, et des soins importants,
Nous osons t'apporter nos modestes guirlandes.
Daigne les agréer ; nous sommes tes enfants,
Les objets de tes soins, tes plaisirs et ta gloire.
    Sur ton front, au chêne, au laurier,
      Il te sied aussi d'allier
Le lierre, doux tribut des Filles de Mémoire.

FIN DU LIVRE HUITIÈME.

LIVRE NEUVIÈME.

AVIS PRÉLIMINAIRE.

MARTIAL A SON CHER FRÈRE TORANNIUS, SALUT.

L'épigramme séparée, qui ouvre ce recueil, a été adressée à Stertinius, personnage d'une haute considération, qui a bien voulu donner à mon portrait une place dans sa bibliothèque. J'ai cru devoir te donner ce mot d'avis pour que tu connusses le vrai nom de la personne que je désigne sous celui d'Avitus. Adieu, porte-toi bien, et prépare-toi à recevoir ma visite.

1.

A AVITUS.

Toi, dont le sublime talent
    Voudrait échapper à la gloire,
Et dont le nom, déguisé vainement,
Après ta mort doit vivre au temple de Mémoire,
Puisque dans ton musée, au rang des beaux esprits,
    Tu prétends placer mon image,
    Cher Avitus, achève ton ouvrage,
Fais que les vers suivants au-dessous soient inscrits :
    « Je suis Martial le poëte,
    « Si connu par mainte bluette ;
    « Sans m'admirer on me chérit.

« Laissant aux autres la trompette,
« Je sais tirer d'une musette
« Des sons joyeux qu'on applaudit.
« Si ta voix souvent les répète,
« Ce succès à mes vœux suffit,
« Lecteur, et ma gloire est complète. »

2.

SUR LE TEMPLE ÉLEVÉ PAR DOMITIEN EN L'HONNEUR DE LA FAMILLE FLAVIENNE.

Tant qu'à nos mois d'hiver présidera Janus,
Auguste à nos étés, et que durant l'automne
Notre Domitien protégera Pomone
    Et les doux présents de Bacchus;
    Tant que les Calendes, fameuses
    Par le nom de Germanicus,
  Rappelleront nos luttes glorieuses
Sur les rives du Rhin et de l'Ister vaincus;
    Tant que la roche Tarpéienne
De son temple verra subsister la splendeur;
    Que la dame patricienne,
De l'auguste Julie invoquant la faveur,
  Fera fumer l'encens en son honneur :
    De la famille Flavienne
Dans son temple nouveau le lustre brillera;
    En durée il égalera
Les astres, le soleil et la grandeur romaine;
Tout monument sorti d'une immortelle main
Est un ciel, et du ciel partage le destin.

4.

A DOMITIEN.

Si tu voulais, entrant en compte avec les Dieux,
Établir et régler l'état de tes créances,
Et, prêteur exigeant, réclamer les avances
Faites jusqu'aujourd'hui pour le ciel et pour eux;
  Grand César! pour te satisfaire,
En vain l'Olympe entier serait mis à l'enchère,
Et tous ses habitants, dépouillés, mis à sec.
Leur caissier, succombant sous un pareil échec,
Donnerait son bilan; et Jupiter lui-même
Ne pourrait de sa dette acquitter un douzième.
Comment te paîrait-il ses temples restaurés,
Et ces jeux à grands frais en ton nom célébrés,
Et ces deux monuments à Junon consacrés?
 Laissons Minerve : elle est ton intendante.
Mais Alcide et Phébus dont les temples détruits
Ont repris leur splendeur, par tes soins reconstruits;
Mais celui de Castor, et sa pompe éclatante,
Et celui qui décerne un culte aux Flaviens!...
Des Dieux, pour s'acquitter, quels seraient les moyens?
Accorde-leur du temps, ou leur caisse, en déroute,
Pourrait bien te payer par une banqueroute.

6.

CONTRE POLLA.

Polla veut épouser Priscus, qui répond Non;
Polla, tu n'as pas tort, mais Priscus a raison.

8.

CONTRE AFER.

Durant dix jours de suite, à ton retour d'Afrique,
Je cours pour t'embrasser; dix fois on me réplique :
« Il n'est pas libre, il dort. » Oh! c'en est trop! pardieu!.
Si mon bonjour te pèse, accepte mon adieu!

10.

A BITHYNICUS.

Balbus touchait par an deux mille écus de toi;
En ne te léguant rien il trompa ton attente;
Nul n'en a reçu plus : ne te plains pas, crois-moi :
   Sa mort te vaut deux mille écus de rente.

11.

CONTRE CANTHARUS.

Tu cours les bons dîners, et ne t'en fais pas faute,
Tandis qu'à tes patrons ose insulter ta voix;
Mon cher, prends donc le ton, la parole moins haute :
On ne peut être libre et gourmand à la fois.

14.

SUR LE NOM DE VÉRINUS, FAVORI DE DOMITIEN.

De Vérinus le doux nom nous rappelle
L'enfance de l'année, et ces heureux instants
   Si courts, hélas! où l'abeille nouvelle
Demande son butin aux trésors du printemps.

Emprunte, Amour, une plume à ton aile
Pour tracer ce nom dignement ;
Et qu'avec art l'aiguille de ta mère
Fixe, pour en former le premier caractère,
La perle d'Érythrée, ou le grain odorant
Des pleurs que l'Héliade a versés pour son frère.
Monogramme chéri, que la grue en volant
Dessine au front du firmament,
Seul tu dois de César orner le sanctuaire !

15.

SUR LES PRÉTENDUS AMIS.

Ce cher ami, que tu traites si bien,
De bonne foi, crois-tu qu'il t'aime ?
Si je veux le traiter de même,
Demain il deviendra le mien.

16.

SUR CHLOÉ.

« Chloé, pour sept maris, éleva sept tombeaux. »
Peut-on plus dire en moins de mots ?

17.

SUR LA CHEVELURE DE VÉRINUS OFFERTE A ESCULAPE.

Cet enfant, si chéri du maître de la terre,
Et dont le nom signale le printemps,

Consacre au Dieu qu'à Pergame on révère,
Son fidèle miroir, et ses cheveux charmants.
Heureuse la cité digne de tels présents !
Pour elle, les cheveux, même de Ganymède,
Seraient moins précieux que ceux qu'elle possède.

18.

A ESCULAPE SUR LA MÊME CHEVELURE.

Digne fils d'Apollon, dont l'art, calmant nos maux,
De la Parque trop prompte arrête les fuseaux,
Reçois ces beaux cheveux, attribut de jeunesse,
Dont César admirait l'ondoyante souplesse,
Et qui, dans ce grand jour, tombent sous les ciseaux.
C'est un de tes enfants, qui, de la capitale,
En fait hommage au Dieu de sa ville natale.
Il y joint le présent de ce disque poli
    Qui, réfléchissant son visage,
    Lui présentait dans son image
De la beauté le modèle accompli.
Conserve-lui longtemps sa céleste figure,
    Et que son front, toujours charmant,
    Ne perde rien de l'agrément
Que lui donnait sa longue chevelure !

19.

A DOMITIEN.

Je possède, à la ville, un logis très-modeste,
A la campagne, un clos qui ne l'est guère moins ;

César, ce faible avoir que je dois à tes soins,
Plaise au ciel que longtemps sous ton règne il me reste !
Une étroite vallée, à mon petit jardin,
Fournit, grâce à ma pompe, une onde salutaire;
Mais ma maison à sec, bien qu'elle ait pour voisin
    De Marcia le limpide bassin,
      A besoin qu'on la désaltère ;
    Permets, César, qu'à son canal prochain
      Elle emprunte un filet d'eau claire ;
      Cette eau, si je l'obtiens de toi,
Grand prince, me vaudra celle de Castalie.
      Que dis-je ? elle sera pour moi
    De Danaé la merveilleuse pluie.

20.

CONTRE SABELLUS.

    Sabelle, dans un long poëme,
  A célébré les bains de Ponticus ;
    Mais du nouvel Apicius,
Ce ne sont pas les bains, c'est la table qu'il aime.

21.

A DOMITIEN.

Cette place où s'élève avec magnificence
De marbre et d'or un temple au loin resplendissant,
    De César a vu la naissance,
    Et retenti de son vagissement.

Heureux sol où dans son enfance
Il essaya ses premiers pas,
Tu fus témoin de ses jeunes ébats !
Ici fut la maison où reçut la lumière
L'auguste enfant, au monde accordé par les Dieux ;
Cette enceinte sacrée a produit pour la terre
Ce que la Crète et Rhode ont produit pour les cieux.
Les prêtres de Rhéa, troupe faible et timide,
Par des cris, par le bruit de l'airain et du fer,
Dans son berceau protégeaient Jupiter ;
Le tien, César, le fut par la foudre et l'égide.

23.

A PASTOR.

Que prétend le vulgaire en cherchant les richesses ?
Des vins de Sétia voir ses caveaux remplis,
Des sillons d'Étrurie épuiser les largesses,
Voir sous des larmes d'or étinceler ses lits,
Et les marbres d'Afrique en tables arrondis
Lui présenter des mets de toutes les espèces ;
Dans de profonds cristaux s'abreuver à longs traits
D'un vin vieux que la neige a su conserver frais,
Fatiguer vingt porteurs du poids d'une litière
Qu'assiége de clients un groupe mercenaire,
Se faire accompagner d'un cortége d'enfants,
D'une pourpre éclatante éblouir les passants,
Ou, la verge à la main, écuyer intrépide,
Diriger une mule, ou le coursier numide.
Tels ne sont pas mes goûts : mon unique plaisir
Serait, mon cher Pastor, de donner et bâtir.

24.

A CARUS.

Cette couronne d'or dont Pallas t'a fait don,
Carus, qu'en as-tu fait? — Vois ce marbre où respire
Notre auguste César : elle pare le front
    Du chef suprême de l'empire.
— Le chêne, avec dépit, doit donc voir l'olivier
Lui dérober l'honneur d'y briller le premier.

25.

AU MÊME.

Phidias est vaincu : son chef-d'œuvre d'ivoire
Au marbre d'Italie a cédé la victoire.
Oui, Carus, c'est Pallas qui, modelant César,
Exécuta pour toi ce prodige de l'art,
Sculpta le front serein du maître de la terre,
Lorsque dans un ciel pur il roule son tonnerre.
Elle t'a couronné : dans ce marbre vivant,
De l'objet de ton culte elle t'a fait présent.

27.

A NERVA.

Oser offrir des vers à l'éloquent Nerva,
C'est offrir à Cosmus des étoffes grossières,

Aux jardins de Pœstum les fleurs les plus vulgaires,
Et le miel de la Corse aux abeilles d'Hybla.
Pourtant mon humble Muse a son prix et sa grâce.
Près du turbot, l'olive à table tient sa place.
Ne t'étonne donc point, Nerva, dans ce moment,
Si pour mes faibles vers je crains ton jugement ;
On nous dit qu'on a vu Néron, dans sa jeunesse,
Pour les siens, de ton goût redouter la finesse.

29.

ÉPITAPHE DE LATINUS, EXCELLENT COMÉDIEN.

Du théâtre latin j'ai relevé la gloire ;
    J'en fus et l'amour et l'honneur.
Un peuple tout entier, formant mon auditoire,
Par mon exemple y prit des leçons de pudeur,
Et même en l'instruisant j'eus le don de lui plaire.
Le censeur rigoureux de nos jeux libertins,
Caton, en ma faveur, eût été moins austère,
    Et j'aurais de nos vieux Romains
  Su dérider la gravité sévère.
Bien que le peuple en moi vît son amusement,
Mon âme fut toujours étrangère au théâtre ;
    Je n'eus d'acteur que le talent,
  Et restai pur sur la scène folâtre.
J'ai pour garant César ; il lit au fond des cœurs,
Son estime à jamais attestera mes mœurs.
   Que l'envieux à son gré me flétrisse
   Du nom de Mime et de vil histrion ;
Rome, ton Jupiter me rend plus de justice ;
 Je fus son serviteur et non pas son bouffon.

30.

ÉPITAPHE DE PHILOENIS.

Tu passais, Philœnis, les ans du vieux Nestor,
 Mais pour atteindre à ceux de la Sybille
  Quatre mois te manquaient encor,
Et la Parque déjà, d'une main trop subtile,
  T'a fait descendre au sombre bord.
Pour la première fois elle est donc immobile
  Et dort dans la paix des tombeaux,
La langue qui jamais ne connut le repos,
  Qui seule en eût défié mille!
Et cette voix dont ne triomphaient pas
D'esclaves rassemblés les turbulents éclats,
Ni d'écoliers mutins une troupe indocile;
Plus bruyante cent fois que les prêtres d'Isis
  Qui retrouvent leur Osiris,
  Ou que les nuages de grues
Sur les bords du Strymon fondant du haut des nues,
Qui, comme elle, saura par des enchantements
  Se soumettre les éléments,
  Forcer par des accents magiques
  La lune à suspendre son cours,
  Enfin, par d'infâmes pratiques,
Seconder à prix d'or d'impudiques amours?
  Ne pèse pas sur elle, ô terre!
Et que ses ossements, d'une cendre légère
  Recouverts plutôt qu'inhumés,
Soient livrés sans obstacle aux corbeaux affamés!

31.

SUR ANTISTIUS RUSTICUS.

Funeste Cappadoce, ô séjour dangereux!
Rusticus a péri sur tes bords malheureux!
Quand dans ses bras sa veuve a rapporté sa cendre,
Le trajet, de son deuil n'allégea point le poids;
Et lorsque dans la tombe il fallut le descendre,
Elle crut être veuve une seconde fois.

36.

LE NOUVELLISTE. CONTRE PHILOMUSUS.

Chaque jour forgeant des nouvelles
Que tu nous donnes pour fidèles,
Philomusus, de nos banquets
Tu sais te ménager l'accès.
Que sur la paix ou sur la guerre
Le roi des Parthes délibère,
Tu connais à fond ses projets;
Dans ses conseils les plus secrets
Il n'est point pour toi de mystère.
Tu tiens de gens bien informés
Combien de soldats sont armés
Sur le Rhin et chez les Sarmates,
Et quels sont les derniers avis
Par le chef des Daces transmis

En secret à celui des Cattes.
De vingt combats particuliers
Tu cites les noms et les dates,
Puis, sans attendre les courriers,
Tu mets en déroute Pacore,
Et nous annonces les lauriers
Lorsque le combat dure encore.
Tu sais combien de fois, comment
Le Nil, par son débordement,
A baigné l'aride Syène,
Combien de vaisseaux récemment
Ont quitté la plage africaine.
D'avance tu fais les honneurs
Des jeux que l'on prépare à peine,
Déjà tu nommes les vainqueurs,
Et ceins leurs fronts triomphateurs,
A ton gré d'olivier, de chêne,
Ou de simples festons de fleurs.
Laisse aujourd'hui ton industrie :
Ce soir tu souperas chez moi ;
Mais de mentir dispense-toi :
Point de nouvelles, je te prie.

40.

SUR LE JOUR DE LA NAISSANCE DE CÆSONIA.

Ce grand jour où César a reçu l'existence,
Et qui l'eût dû donner au souverain des Dieux,
Ce beau jour, Cæsonie, en marquant ta naissance,
Préparait à Rufus le sort le plus heureux.

Eh! ta mère, pour lui, put-elle faire mieux?
Ce jour eut sur son sort une double influence,
Et mérite de lui double reconnaissance.

43.

A APOLLON, EN FAVEUR DE STELLA.

O brillant Apollon! qu'à Sminthée on t'adore,
Vois-y vieillir en paix tes cygnes favoris;
Qu'à jamais des neuf Sœurs la docte cour t'honore;
A Delphes vois toujours tes décrets accomplis,
Et que toujours César et t'aime et te révère!
Écoute en ce moment mon ardente prière :
Si bientôt mon Stella peut, grâce à ton appui,
De son maître obtenir la pourpre consulaire,
Au pied de ton autel aussitôt je condui
    Une génisse à la corne dorée.
Dieu puissant! la victime est déjà préparée;
    Fais que je l'immole aujourd'hui.

44.

SUR UNE STATUE D'HERCULE.

Ce dieu puissant, qu'ici figure un peu d'airain,
Étendu sur un roc, et qui n'a pour coussin
    Que d'un lion la peau velue,
    Qui, l'œil élevé vers la nue,
    Regarde avec un front serein
La voûte que jadis son bras a soutenue,

Ce héros qui tient d'une main
Une coupe pleine de vin,
Et de l'autre soulève une lourde massue,
Est un monument d'art, et qui n'appartient pas
A notre siècle, à nos climats.
Lysippe en est l'auteur. Ce chef-d'œuvre admirable
Autrefois on l'a vu figurer sur la table
Du jeune conquérant vainqueur du monde entier,
Qui mourut à trente ans sur un lit de laurier.
En Libye, Annibal, encore dans l'enfance,
Le prenait pour témoin de ses fameux serments;
C'est lui qui, fléau des tyrans,
Épouvantant Sylla par sa seule présence,
Le força d'abdiquer sa funeste puissance.
Las de voir dans les cours des dangers, des mépris,
Il préfère aux palais un séjour plus tranquille;
Il fut de Molorchus le convive jadis,
Aujourd'hui de Vindex il protége l'asile.

45.

SUR LA MÊME STATUE.

De cet Alcide que j'admire,
Mon cher Vindex, tu sais quel est l'auteur :
De son nom voudrais-tu m'instruire?
Poëte, me dit le rieur,
Sais-tu le grec? tu peux le lire :
Sur le socle ici le sculpteur
Lui-même a pris soin de l'inscrire.
J'approche, et j'aperçois au bas :
Lysippe... j'attendais le nom de Phidias.

46.

A MARCELLINUS.

Cherchant la gloire au milieu des combats,
Bientôt, Marcellinus, vers les climats de l'Ourse
Que le soleil à peine éclaire dans sa course,
   Tu vas braver et dangers et frimas.
En contemplant de près la cime ensanglantée
Qui retentit longtemps des cris de Prométhée,
   Tu croiras voir, sur son roc enchaîné,
A souffrir mille morts chaque jour condamné,
   Ce vieillard qu'un vautour dévore,
  Et tu diras : il fut plus dur encore !
Tu pourras ajouter : Le ciel, dans sa rigueur,
    A son égard a fait justice ;
  Du genre humain celui qui fut l'auteur
Pouvait seul mériter un semblable supplice.

47.

CONTRE GELLIUS.

Gellus toujours bâtit : dès le matin
Vous le voyez, l'équerre ou le compas en main,
Rétablir une porte, y placer la serrure
Dont il polit la clef. Ici, d'une fenêtre
Il rajuste et repeint le châssis délabré ;
Plus loin, autres détails. Il n'est point affairé,
   Il lui suffit de le paraître.
  Rien jamais n'est bien à son gré ;

Il fait, défait, refait encore.
Et pourquoi prend-il tant de soin?
Pour que dans un pressant besoin
Si quelque ami vient et l'implore,
Il puisse, en esquivant un refus trop précis,
Répondre un seul mot : Je bâtis.

47.

CONTRE GALLICUS.

Gallus, tu me jurais, par tes Dieux, sur ta tête,
De me faire héritier, pour un quart, de ton bien;
Je t'ai cru : volontiers on croit ce qu'on souhaite.
Je t'ai, dans cet espoir, comblé de dons : eh bien,
 Quand l'autre jour, pour étoffer ta table,
Je t'ai fait le cadeau d'un épais sanglier
A celui de Diane en grosseur comparable,
 Tu t'empressas de convier
La ville et les faubourgs au banquet délectable
Dont le fumet encor parfume le quartier.
 Moi seul (le fait est-il croyable?)
Je n'y fus point admis, pas même le dernier.
Que dis-je? daignas-tu seulement m'envoyer
 Quelque bribe un peu présentable?
Non : mon présent pour moi fut perdu tout entier.
Après ce procédé choquant, inexcusable,
A tous tes beaux serments puis-je encor me fier?
Est-ce ainsi que l'on traite un futur héritier?

50.

SUR UNE ROBE DONNÉE PAR SON AMI PARTHÉNIUS.

La voilà, cette robe en mes vers célébrée,
Et, d'après mes récits, si longtemps admirée;
Noble et digne présent d'un ami délicat,
    Et dont la Muse est partout honorée!
Combien j'en étais fier, lorsqu'aux jours d'apparat,
Tel qu'un triomphateur après une victoire,
Parmi les chevaliers, étonnés de ma gloire,
    Je figurais avec éclat!
Alors, elle était neuve! et sa laine brillante
    A mon généreux bienfaiteur,
    Par sa blancheur éblouissante,
    Ainsi qu'à moi faisait honneur.
Vieille aujourd'hui, râpée, à peine un pauvre hère
Transi de froid voudrait en couvrir sa misère.
    Grâce au temps, qui n'épargne rien,
Ton manteau, cher Parthène, est maintenant le mien.

51.

CONTRE GAURUS.

Gaurus, si j'en crois tes discours,
    Je ne suis qu'un pauvre génie;
    Et mes vers, quoi qu'on en publie,
N'ont de succès que parce qu'ils sont courts.
Mais toi, le favori des vierges d'Aonie,
Durant vingt chants entiers, sans fatiguer ta voix,

Du valeureux Priam tu nous dis les exploits.
Gloire donc au grand homme, honneur de l'Italie!
　　Cependant, réponds-moi, Gaurus,
　　Toi dont la vanité me raille:
　　Lagon et l'enfant de Brutus,
　　Ces deux chefs-d'œuvre si connus,
Sont des nains; mais est-il un géant qui les vaille?
　　Appliquer à notre destin
　　Cet exemple, est chose facile;
　　Ton colosse est pétri d'argile,
Mes vers si courts, à moi, sont jetés en airain.

52.

SUR LUCAIN ET TULLUS.

Tu demandais aux Dieux, Lucain, qu'aux sombres bords
Tu pusses précéder Tullus ton jeune frère;
Tes vœux sont exaucés; le premier chez les morts
Te voilà descendu : Tullus s'en désespère;
Il voulait avant toi terminer sa carrière.
Du riant Élysée habitant aujourd'hui,
Tu ne regrettes pas de t'y voir solitaire;
Et si Pollux descend de la céleste sphère,
Castor ne voudra pas y remonter sans lui.

53.

A QUINCTUS OVIDIUS.

Quinctus, ton amitié m'est précieuse et chère.
Des calendes d'avril, qui t'ont donné le jour,

Et de celles de mars, où j'ai vu la lumière,
Avec même plaisir j'accueille le retour,
    Et les célèbre tour à tour.
Jours fortunés! que votre anniversaire
Par ma reconnaissance à jamais soit béni!
Mais le tien dans mon cœur obtient la préférence,
Mon cher Quinctus; à l'un si je dois la naissance,
L'autre a plus fait pour moi : je lui dois un ami.

54.

AU MÊME.

Je voulais par quelque présent,
Mon cher Quinctus, en ce moment,
Signaler ton jour de naissance;
Tu m'en fais l'expresse défense;
A ton vouloir docilement
Je me soumets par déférence.
Mais toi, si dans cette occurrence
Tu veux me faire quelque don,
Quelle que soit son importance,
Je te déclare par avance
Que je l'accepte sans façon,
Et nous aurons tous deux raison.

55.

A UN PARENT.

Si j'avais du gibier, et que la verte olive
Engraissât pour ma table ou le merle ou la grive,

Pour moi si des poissons peuplaient de longs canaux,
Et si la glu visqueuse empêtrait des oiseaux,
Tu verrais des parents la fête solennelle
T'enrichir des cadeaux de l'amitié fidèle.
Tu recevrais de moi des présents chers et doux,
Tels qu'un père ou qu'un frère en deviendrait jaloux;
Mais un maigre étourneau, la triste tourterelle,
Le moineau babillard et toujours en querelle,
Le funèbre corbeau, la pie au cri moqueur
Qui vient de son salut agacer le pasteur,
Le milan redouté qui se perd dans la nue,
Voilà ce que nous offre une plaine encor nue;
L'été ramènera l'abondance avec lui.
Que puis-je cependant t'envoyer aujourd'hui,
En ce mois qui ne donne encor que des promesses?
A ma basse-cour seule empruntons mes largesses,
Bien chétives, sans doute; accepte-les pourtant;
A ce prix tu seras quelquefois mon parent.

56.

A SES AMIS FLACCUS ET STELLA.

Dans ce jour où chacun se constitue en frais,
Et donne des oiseaux aux chefs de sa famille,
Pour Flaccus et Stella quand je fais mes apprêts,
Je vois autour de moi la mienne qui fourmille,
Et c'est à qui sera mon parent de plus près.
Obliger deux amis, certes, je le désire;
Mais d'en offenser vingt je me garderai bien.
Multiplier les dons, je n'y saurais suffire;
Flaccus, et toi, Stella, qui voyez mon martyre,

Chers amis, pardonnez; je ne vois qu'un moyen
Pour en sortir, et c'est... de ne vous donner rien.

59.

A LA NYMPHE DE SABINUS.

Reine de cette onde sacrée,
A qui Sabin, à ses dépens,
Ouvre un temple dont la durée
Doit égaler celle des temps,
Soyez à jamais révérée
Dans l'Ombrie au sol inégal,
Et que l'eau de votre canal
A toute autre soit préférée !
Souvent par votre pur cristal
Ma muse s'est vue inspirée.
Veuillez donc ne pas dédaigner
De mes vers l'offrande légère ;
Mais si votre arrêt m'est contraire,
Je suis prêt à m'y résigner ;
Car par des vers importuner
Nymphe de lac ou de rivière,
N'est-ce pas bien lui désigner
Quel accueil elle peut leur faire?

69.

CONTRE MAMURRA.

Après s'être longtemps et beaucoup promené
Aux septs convertis en un bazar immense,

Dans ce vaste dépôt de luxe et d'opulence,
Où l'œil de l'amateur erre indéterminé,
Mamurra s'arrêtant, fait sortir des boutiques
    Les meubles les plus magnifiques,
Examine une table, un buffet précieux,
Où l'or, l'argent, l'ivoire, unis en mosaïques,
Signalent les efforts d'un art industrieux.
D'un lit bien incrusté d'écailles de tortue,
    Avec un soin minutieux
Quand il a quatre fois mesuré l'étendue,
Quel dommage, dit-il, que sept de mes amis
N'y puissent à la fois à ma table être assis !
Sur des bronzes plus loin il promène sa vue ;
Et du fameux Lysippe il blâme une statue.
   En connaisseur expert et délicat,
    Il distingue par l'odorat
Si tel vase est, ou non, du métal de Corinthe.
Un cristal un peu terne est par lui rebuté ;
Un autre le séduit par sa limpidité.
Sur dix, de son cachet il applique l'empreinte,
    Et les fait mettre de côté.
Il ne s'arrête point aux sardoines vulgaires ;
C'est du vrai qu'il lui faut, des antiques aiguières,
Des plats d'argent, honneur des tables de nos pères,
Chefs-d'œuvre qu'illustra le burin de Mentor.
Il calcule avec soin combien de fines pierres
    L'art y sut enchâsser dans l'or ;
Examine en détail les flottantes merveilles
Qui vont de nos beautés ennoblir les oreilles ;
Puis d'une agate-onyx il marchande un bassin.
Cependant le soir vient, et le dîner l'appelle.
Notre homme, fatigué, se retire à la fin,

Choisissant quelque objet de commune vaisselle,
Qu'il achète à vil prix, et l'emporte à la main.

61.

ENVOI D'UNE COURONNE A SABINUS.

Guirlande si bien préparée,
D'où me viens-tu? de Tibur, de Pœstum,
De Préneste ou de Tusculum?
Mais quelle que soit la contrée
Que tes belles fleurs aient parée,
Va de mon Sabinus couronner les cheveux ;
Pour son front je t'ai réservée.
De ma tendre amitié sois le gage à ses yeux.
Mais veux-tu que le don lui soit plus précieux?
Que de mon Nomentum il te croie arrivée.

62.

SUR LE PLATANE DE CORDOUE, PLANTÉ PAR LE GRAND CÉSAR.

Au sein de la contrée où la riche Cordoue
Voit les flots du Bœtis refléter sa splendeur,
Vers ces bords émaillés où se baigne et se joue
Maint troupeau, qui du sable emprunte la couleur,
Et de paillettes d'or relève sa pâleur,
Il est un vieux palais qu'un plane au vert feuillage,
Dans le centre placé, couvre d'un vaste ombrage.
César, en le plantant, l'honora de son nom.

L'arbre développé, fier d'un tel patronage,
Jusqu'aux astres porta l'audace de son front;
Il semble une forêt. Sous son ombre élargie,
Fréquemment les Sylvains célèbrent leur orgie;
Et souvent, vers le soir, du paisible palais,
Par leur flûte et leurs chants ils ont troublé la paix.
Sous ses rameaux, la nuit, la Dryade en sa fuite
Plus d'une fois de Pan éluda la poursuite;
Souvent aussi Bacchus y vient tenir sa cour.
Des vapeurs du festin l'arbre entier se pénètre;
Le vin dont les buveurs l'arrosent tour à tour,
Semble encore à son tronc donner un nouvel être;
Le sol est parfumé des guirlandes du jour,
Que dès le lendemain nul ne peut reconnaître.
Arbre chéri des dieux, des mortels respecté,
Monument d'une main toujours victorieuse,
  Jouis avec sécurité
  D'une existence glorieuse;
  Celui qui jadis t'a planté
N'eut pas, comme Pompée, une main malheureuse.

63.

SUR PHILOENIS.

Philœnis jour et nuit garde son écarlate;
Ce n'est la vanité ni l'orgueil qui la flatte;
  Non, de sa robe c'est l'odeur
  Qu'elle aime, et non pas sa couleur.

64 ET 65.

SUR LA STATUE DE DOMITIEN REPRÉSENTÉ EN HERCULE.

A l'endroit où le voyageur,
En suivant la route Latine,
Rencontre la forêt de Diane Aricine,
César, notre auguste empereur,
Daignant d'Hercule emprunter la figure,
Habite un monument de riche architecture.
Autrefois, par des vœux, par des torrents de sang,
On honorait l'ancien Alcide ;
Lui-même honore maintenant
Celui qui sous son nom en ce temple réside.
Pour des biens, des honneurs, on s'adresse au premier ;
De plus modestes vœux conviennent au dernier.

67.

SUR LA MÊME STATUE.

Toi qu'aujourd'hui pour fils le souverain des dieux,
Sous les traits de César, se plaît à reconnaître,
Si, sous les mêmes traits on t'avait vu paraître
Lorsque ton bras victorieux
De la terre fit disparaître
Tant de tyrans cruels, de monstres furieux,
Tu n'aurais pas d'un rival orgueilleux
Subi le joug, et fléchi sous un maître ;
Il eût tremblé sous toi ; Lychas ne t'aurait pas
Dans la fatale robe apporté le trépas.

On ne t'aurait pas vu filant d'un doigt novice,
D'une reine superbe amuser le caprice,
Ni, descendu vivant jusques aux sombres bords,
Enchaîner le gardien de l'empire des morts.
Affranchi du bûcher, terme de ton supplice,
On t'eût vu, remontant vers ton père immortel,
Aller, astre nouveau, prendre rang dans le ciel.
Junon, en ta faveur aujourd'hui désarmée,
A dépouillé pour toi sa haine envenimée;
Ton Hébé te chérit, et bientôt tu verras
La nymphe Amphidaté te rendre ton Hylas.

70.

CONTRE UN MAITRE D'ÉCOLE.

Qu'ai-je à démêler avec toi,
Pédant odieux au jeune âge
Que tu fais gémir sous ta loi,
Mais non moins odieux pour moi?
Les coqs encor, par leur ramage,
N'ont pas éveillé les dormeurs,
Que déjà tes fouets, tes clameurs,
Assourdissent ton voisinage.
On croit dans l'antre de Vulcain
Entendre retentir l'enclume,
Préparant le cheval d'airain
Où doit figurer, style en main,
Un avocat en grand costume.
Avec plus de bruit les bravos
Ne poursuivent pas dans la lice
Ceux qui, vainqueurs de leurs rivaux,

Triomphent aux jeux d'exercice.
Prends donc pitié de ton voisin,
Et ne préviens plus la lumière ;
Je peux veiller la nuit entière,
Mais j'aime à dormir le matin.
Sans rien craindre pour ton salaire
Retarde un peu l'heure ordinaire
Où t'arrive un peuple écolier ;
Ce que tu reçois pour brailler,
Je te le paîrai pour te taire.

72.

CONTRE COECILIANUS.

O temps ! ô mœurs ! s'écriait Cicéron
   Lorsqu'autrefois un monstre impie
   Ourdissait contre sa patrie
   La plus coupable trahison ;
   Lorsque le gendre et le beau-père,
De la guerre civile allumant le brandon,
   De sang romain couvraient la terre.
Mais, aujourd'hui, pourquoi crier : O temps ! ô mœurs !
Que vois-tu maintenant qui puisse te déplaire?
   Nos chefs ne sont pas oppresseurs,
Et, sans plus redouter les fureurs de la guerre,
D'une profonde paix nous goûtons les douceurs.
   Si le présent ne peut te plaire,
Ne t'en prends point au temps, n'accuse que tes mœurs.

73.

SUR UN LION ET UN BÉLIER.

Quel spectacle nouveau s'offre à mes yeux surpris ?
Le lion, ornement des montagnes d'Afrique,
    Et des brebis l'époux rustique,
Dans une même loge en ces lieux réunis,
Nous peignent le tableau des plus parfaits amis.
    Pour partager la même nourriture
    Dont un agneau fait tous les frais,
L'un en quittant ses prés, et l'autre ses forêts,
    Ont oublié leur ancienne pâture.
Qu'a donc fait ce lion qu'Hercule a terrassé,
Et ce bélier, d'Hellé l'infidèle monture,
    Pour obtenir là haut d'être placé ?
Si la brute devait aux cieux faire figure,
Parmi les animaux, qui le mérite mieux
Que le couple étonnant qui frappe ici mes yeux ?

74.

A LIBER SON AMI.

Héros du pugilat, dont la force et l'adresse
Rappelle aux yeux de Rome un des jeux de la Grèce,
    Ami Liber, tu daignes m'envoyer
    Des mets exquis, bien clos dans un panier :
Mais, pour les arroser, je n'y vois nul breuvage ;
    De ton vin vieux pas le moindre flacon.

Liber de Bacchus est le nom,
Et c'est aussi le tien ; digne de ton patron,
　Une autre fois, complète ton message ;
Quand tu voudras me faire encore un pareil don,
　Tu sais, je pense, à quoi ce nom t'engage.

75.

CONTRE UN SAVETIER ENRICHI.

Trop heureux savetier, dont naguère les dents
Allongeaient le vieux cuir dont mon pied s'enveloppe,
Grâce à ton vieux patron, tu possèdes des champs
Où tu ne devais pas avoir même une échoppe.
Trop aveugles parents, qu'aviez-vous donc besoin
De me faire pâlir sur maint et maint volume ?
Déchire tes écrits, Muse, et brise ta plume,
Puisque le tire-pied mène un sot aussi loin.

76.

SUR LE PORTRAIT DE CAMONUS.

De Camonus, en sa plus tendre enfance,
　La peinture offre ici les traits ;
Son père n'en a pas gardé d'autres portraits.
　De son fils mort dans son adolescence,
Il n'a pu supporter la vue et le silence.

77.

SUR LES BAINS DE TUCCA.

Tucca s'est fait bâtir une salle de bain ;
Non pas de pierre dure ou de ciment romain,
    Ni de l'argile au feu rougie
    Dont Sémiramis autrefois
Éleva les longs murs de sa ville chérie ;
    Mais, portant la hache en ses bois,
    En charpente il a fait construire
Un vaste bâtiment, ou plutôt un navire ;
    Et depuis, jugeant à propos
    A ses bains froids d'ajouter des bains chauds,
Il rassemble à grands frais des marbres de Phrygie,
    De l'africaine Numidie,
    Et de Sparte et de Carystos,
Qui, pour lui sont creusés en baignoires, en cuves.
Tes thermes sont très-beaux, mais ils manquent de bois,
    Ami Tucca ; si tu m'en crois,
    Brûle tes bains pour chauffer tes étuves.

78.

SUR LE PORTRAIT DE CAMONUS.

De mon cher Camonus encore à son bas âge,
Cette toile fidèle a conservé l'image :
    C'est elle-même, et je le reconnais.
Le temps avait depuis développé ses traits,

Il touchait à vingt ans : son visage pubère
Déjà se cotonnait d'une barbe légère,
Qui sous l'acier tombait pour la première fois,
Quand la Parque jalouse, en brisant sous ses doigts
Le fil de ses beaux jours, à son malheureux père
N'a rien laissé de lui qu'une urne cinéraire.
Mais ses traits enfantins, à nos cœurs toujours chers,
Mieux que sous le pinceau brilleront en mes vers.

79.

SUR LE CHOIX D'UN REPAS.

Priscus, dans un savant ouvrage,
   Tour à tour enjoué, profond,
   Examine, discute à fond
Quel genre de repas doit plaire davantage.
  A ce sujet, avec grand étalage,
   Il nous rapporte maint passage,
Cite de cent auteurs les arguments divers.
   Pour moi, laissant son verbiage,
Je pense, et ne crois pas trop juger de travers,
Que les meilleurs, les seuls dignes de mon suffrage,
Sont ceux où je n'entends ni musique ni vers.

80.

CONTRE PICENTINUS.

Fabulle, après avoir enterré sept époux,
   Consent à devenir ta femme ;

Fabullo prétend, sur mon âme,
Sans retard les rejoindre tous.

81.

A DOMITIEN.

Rome depuis longtemps poursuivait de sa haine
  Les courtisans et les grands, dont l'orgueil
    Sur nous ne laissait qu'avec peine
    Tomber la faveur d'un coup d'œil.
De ses préventions Rome enfin dégagée,
  A leur égard est tellement changée,
    Que ceux qui composent la cour,
Avant nos parents même, ont droit à notre amour.
Un gracieux accueil, et le désir de plaire,
  La modestie et les égards flatteurs,
Ont par un doux attrait rapproché tous les cœurs.
Telle est d'un chef aimé l'influence ordinaire,
Que les mœurs de César sont aujourd'hui nos mœurs.

83.

CONTRE AUCTUS.

« Mon cher, j'aime tes vers et les lis volontiers ;
  Mais j'y voudrais pourtant plus de ce sel qui pique. »
  —Ils sont bons tels qu'ils sont : mon repas poétique
Aux convives doit plaire, et non aux cuisiniers.

84.

CONTRE CINNA.

Cinna, depuis bientôt trois ans,
Un astrologue en ma présence
T'a dit d'un ton plein d'assurance :
« Vous périrez en peu de temps. »
Toi, maître d'un domaine immense,
A cet oracle ajoutant foi,
De peur de laisser après toi
Des querelles pour le partage
De ton opulent héritage,
Tu dévores tout en deux ans,
A ton égard la prophétie
Ne s'est que trop bien accomplie;
Te voilà mort en peu de temps.

85.

A DOMITIEN.

Lorsqu'au cirque, César nous fait voir des merveilles
Que jamais avant lui n'étalèrent nos jeux,
Changeant en spectateurs des acteurs ennuyeux,
Il oblige à la fois nos yeux et nos oreilles.

86.

A NORBANUS.

Lorsque contre son maître un sujet révolté
Osait, l'arme à la main, défier sa puissance,

Norbanus, ta fidélité
En faveur de César signalait sa constance.
Et que faisais-je alors, moi, ton ami de cœur ?
A l'ombre des bosquets fréquentés par les Muses,
Je composais ces vers où par fois tu t'amuses,
Applaudissant de loin à ta valeur.
Au pays des Germains, sur leurs âpres rivages,
Un Rhétien te parlait de moi, de mes ouvrages,
Et le Nord de mon nom a souvent retenti.
Combien de fois, à leur lecture,
Reconnaissant le style ou l'écriture,
Tu t'écrias, fier de ton vieil ami :
C'est Martial, mon poëte chéri !
Eh bien ! tous les morceaux qu'en ces froides contrées
Depuis six ans, tu lis en feuilles séparées,
Avoués, rassemblés par lui,
De la part de l'auteur reçois-les aujourd'hui.

87.

SUR PAULUS ET CRISPUS.

De quelque mal parfois si Paulus est atteint,
Il n'en reçoit pas moins à table un camarade.
Il n'en est pas ainsi de Crispus ; le maussade !
Quand d'un mal supposé tout à coup il se plaint,
Bien plus que lui ma sportule est malade.

88.

SUR LA MORT DU FILS DE SILIUS.

Privé d'un jeune fils qu'à jamais il regrette,
L'ornement du Parnasse et du barreau romain,

Silius, de rigueur accusait le destin.
A la cour d'Apollon, des douleurs du poëte
    J'osai me rendre l'interprète.
« Ami, me dit le dieu, mon Linus autrefois
A subi du trépas les rigoureuses lois,
Et sa mort bien longtemps par moi fut déplorée :
    De Calliope que tu vois,
    L'âme en est encore navrée,
Les dieux du Capitole et du mont Palatin
    Furent tous deux frappés d'un coup semblable.
    Puisque la Parque inexorable,
    Sans égard pour le rang divin,
    Nous soumet à pareille injure,
N'accuse plus le ciel, et cesse ton murmure. »

89.

A LUPERCUS, LE BUVEUR BIEN AVISÉ.

Quand trois flacons d'opimien
Dans mon cerveau portent le trouble,
Et que je commence à voir double,
Pour finir par ne voir plus rien ;
Lorsque ma langue embarrassée
S'embrouille ainsi que ma pensée,
Tu prends ce temps pour m'apporter
Je ne sais trop quelle écriture,
A laquelle il faut ajouter
Mon cachet et ma signature.
Il s'agit, à ce que tu dis,
    D'un esclave zélé, soumis,
Qui compte trente ans de services,
Et pour prix de ses bons offices,

De mon aveu, tu l'affranchis.
C'est bien fait et je t'applaudis.
Pourtant je diffère, et pour cause;
Il sera temps encor demain;
Aujourd'hui, mon cher, je n'appose
Aucun cachet que sur mon vin.

90.

A RUFUS.

Quand tu captais ma bienveillance,
Chaque jour, de ta part, c'était nouveau présent.
Tu l'as conquise, et maintenant
Plus de cadeaux; ce grand empressement
A fait place à l'indifférence.
L'amitié, pour s'entretenir,
A besoin des moyens qui l'ont fait obtenir :
Rufus, le sanglier laissé sans nourriture,
Rompt sa loge, et plus loin va chercher sa pâture.

91.

A STELLA.

« A table, en impromptu, fais-moi quelques couplets. »
—Tu me permets du moins de les faire mauvais?

92.

A FLACCUS.

Dans un vallon délicieux
Où l'île de Chypre, à tes yeux,

De la plus riante verdure
Étale les tapis moelleux,
Au bord d'un ruisseau sinueux
Qui roule avec un doux murmure
Le long de son lit rocailleux ;
Étendu sur l'herbe fleurie,
Flaccus, couronne tes cheveux
De rose fraîchement cueillie ;
Libre de soins et de fâcheux,
Verse dans ta coupe noircie
Les flots d'un nectar écumeux
Dont la neige a calmé les feux ;
Mais, de Chypre, je t'en supplie,
Redoute les âpres chaleurs,
Surtout dans la saison brûlante,
Lorsque, redoublant ses fureurs,
Le Lion sur les moissonneurs
Secoue une crinière ardente.
Préserve-le de tout danger,
Reine de Chypre et d'Idalie ;
C'est à toi de le protéger,
Il est dans ton île chérie.
Sain et sauf rends-le-nous bientôt,
Ce cher et précieux dépôt !
Que de Mars ainsi les calendes
Soient pour nous des jours solennels,
Et qu'à jamais sur tes autels
Embellis de blanches guirlandes,
On te consacre pour offrandes
Du vin, de l'encens, des oiseaux,
Des gâteaux de miel et d'amandes,
Divisés en nombreux carreaux.

93.

FLATTERIE A DOMITIEN.

Si Jupiter daignait m'inviter à sa table
Et que César me fît une faveur semblable,
César fût-il plus loin, et Jupiter plus près,
    Aux messagers je répondrais :
Sur la terre, César est mon dieu véritable;
Qu'un autre dîne aux cieux : moi je dîne au palais.

94.

A CONDYLE.

Esclave dès longtemps, et fatigué de l'être,
    Tu te plains et gémis tout bas,
    Condyle; tu ne sais donc pas
Que ton sort est plus doux que celui de ton maître?
Sur ton grabat, en paix tu dors toute la nuit:
Lui, sur la plume, appelle un sommeil qui le fuit.
Au chant du coq, il court de maisons en maisons
Saluer humblement vingt ou trente patrons:
Toi, tu n'en as qu'un seul; encor, son indulgence
Du salut matinal volontiers te dispense.
A sa porte l'attend maint et maint créancier:
« Çà, de l'argent! » Mais toi, tu peux braver l'huissier.
Tu crains les fouets; et lui, la goutte le torture;
Que sont les fouets au prix des douleurs qu'il endure?
Témoin chaque matin des honteux résultats
    Qu'amena son intempérance,

A ce prix voudrais-tu de tous ses grands repas?
    De vos deux lots mis en présence,
  Lequel te semble emporter la balance?
Bon Condyle, crois-moi, sers, et ne te plains pas.

95.

A CALATISSUS.

Jeune échanson, dis-moi, quel caprice nouveau
Me sèvre tout à coup de ma douce ambroisie?
Manque-t-elle? descends au fond de mon caveau,
  Et fais couler de mon plus vieux tonneau
  Trois brocs bien pleins de ma liqueur chérie.
  Tu veux savoir, par des flots de nectar
  Quel est le dieu qu'à fêter je m'apprête?
Mais tu l'as deviné : c'est notre grand César.
Que la rose dix fois couronne notre tête
  Pour célébrer les dix lettres du nom
  De ce héros qu'au monde rien n'efface,
    Et qui, pour honorer sa race,
Vient de lui consacrer un nouveau Panthéon!
  Je veux qu'ensuite l'on signale
Par cinq baisers donnés, par cinq autres rendus,
  Le grand nom de Germanicus,
Qu'il a conquis vers l'Ourse boréale.

96.

SUR HIPPOCRATE.

Paul, qui vient de m'empoisonner
  D'un gros flacon d'absinthe amère,

S'attend que je vais lui donner
De vin doux une pleine aiguière.
Y pense-t-il, le médecin?
Et me croit-il donc si peu fin
Que, comme le Glaucus d'Homère,
J'échange, afin de lui complaire,
De l'or pur contre de l'airain?
Pour des bonbons du chicotin,
Et pour du nectar de l'eau claire,
Le singulier troc que voilà!
Mais pourtant j'y consens encore,
A condition qu'il boira
Mon vin mélangé d'ellébore.

98.

SUR HÉRODE; LE MÉDECIN VOLEUR.

Un médecin volait une tasse d'argent.
 Pris sur le fait, sans perdre contenance,
Il dit à son malade : Osez-vous, imprudent,
 Boire ainsi sans mon ordonnance?

99.

A JULIUS.

IMITATION.

Rome applaudit à mes succès,
 Seul honneur que j'envie.

Mais de Zoïle qui jamais
 Désarmera l'envie ?
  Que dans un sallon
  On cite mon nom,
 Il en pâlit d'envie ;
  Et même en public
  Son regard d'aspic
 Décèle son envie.

En ville, aux champs, j'ai quelque bien,
 Zoïle me l'envie ;
Je suis libre, je ne dois rien,
 Nouveaux motifs d'envie.
  J'ai de vrais amis;
  A leur table admis,
 Malgré sa noire envie,
  Sans soins ni soucis,
  En paix je jouis
 D'un bonheur qu'il m'envie.

De la triple paternité
 Les droits m'ont fait envie ;
Les deux Césars m'en ont doté,
 Il en sèche d'envie.
  A la cour cité,
  En ville fêté,
 Je lui fais tant d'envie,
  Qu'enfin, aux abois,
  Une bonne fois
 Il crèvera d'envie.

100.

A OVIDE.

Nous n'aurons point de vins; une pluie obstinée
    A fait couler les vignes cette année;
Mon marchand s'en console; il vient dans son caveau
    De loger cent amphores d'eau.

101 ET 102 RÉUNIES.

A ATTICUS, SUR MARCUS ANTONINUS.

Antoine aime mes vers, si j'en crois sa missive,
Et le salut flatteur qui de sa part m'arrive.
Antoine, juste orgueil de ces nobles remparts,
Où règne, avec la paix, la déesse des arts.
Toi qui peux aisément braver un long voyage,
Pars, mon livre; à ses pieds va porter mon hommage.
Mes vers sont, j'en conviens, d'assez mince valeur,
Mais ils auront du prix, offerts par leur auteur.
Autre chose est de boire une eau vive et courante
Ou d'un lac paresseux l'eau fangeuse et dormante.

103.

CONTRE BASSUS.

Bassus, tu prétends donc que, soufflant dans mes mains,
Pour trois deniers par jour, j'aille tous les matins
En robe de client me morfondre à ta porte;
Que partout où tu vas je te serve d'escorte;

Que, lorsqu'à des beautés déjà sur le retour
De midi jusqu'au soir tu vas faire ta cour,
Je précède en courant la chaise qui te porte?
Mais, Bassus, ce manteau qui tous les jours supporte
En ton honneur, les vents, la pluie ou le soleil,
S'use ; et pour trois deniers en aurai-je un pareil?

104.

ÉLOGE DE DOMITIEN.

Voie Appienne, honneur des chemins d'Italie,
Par Hercule-César d'un beau temple ennoblie,
   Veux-tu savoir quels travaux, quels combats,
De l'Hercule Thébain ont signalé le bras?
Il triomphe d'Antée; aux vierges Hespérides
Il ravit leurs fruits d'or; détruit les Stymphalides;
   De l'Érymanthe abat le sanglier ;
Se revêt de la peau du lion de Némée ;
    Arrache à l'Amazone armée
    Sa ceinture et son bouclier.
    Sous la flamme et sous sa massue
L'hydre féconde expire à ses pieds étendue.
Il enlève à ses bois la biche aux pieds d'airain.
Du triple Géryon il prend les bœufs; sa main
    Va saisir, enchaîner Cerbère,
Et des rives du Styx l'entraîne à la lumière.
   Tel fut l'Hercule d'autrefois.
   Maintenant apprends les exploits
D'un Hercule plus grand, qu'à la sixième pierre,
   En partant d'Albe, en ce temple on révère.
Le Capitole a vu l'essai de sa valeur.
Rome était sous le joug d'un lâche usurpateur;

Il ressaisit le sceptre, et met à mort le traître.
 Mais peu jaloux du souverain pouvoir,
Dans les mains de son père il aime à le remettre;
 Au second rang satisfait de s'asseoir
  Près du trône dont il est maître.
De lui, son frère obtient aussi même faveur.
Au fond du Nord ensuite il se montre vainqueur;
Du Danube trois fois soumet les embouchures.
Trois fois de son coursier qu'inonde la sueur,
Dans les neiges du Gète il tempère l'ardeur,
Et de Rome partout il venge les injures.
De triompher du Parthe on lui ravit l'honneur.
 Plus heureux dans d'autres contrées,
Il rapporte un grand nom des mers hyperborées.
Il rétablit les mœurs, rend les temples aux dieux,
Donne la paix au monde, et des astres aux cieux.
 Non, le héros des anciens âges,
 Cet autre Hercule au bras de fer,
N'eût jamais pu suffire à d'aussi grands ouvrages.
 C'est sous les traits de Jupiter
Que César désormais a droit à nos hommages.

105.

A PHOEBUS.

Tu me rends un billet de quatre mille écus,
Et fais beaucoup valoir un pareil sacrifice.
Ne possédant plus rien, je ne les devais plus;
Prête m'en cent plutôt, tu me rendras service.

FIN DU NEUVIÈME LIVRE.

LIVRE DIXIÈME.

1.

AU LECTEUR.

Si ce livre à ton gré paraît trop s'allonger,
N'en lis que peu de vers, afin de l'abréger.
En quatre parts tu peux diviser ta lecture,
Chaque fois un distique en marque la clôture.

2.

AU LECTEUR, EN FAVEUR DU LIVRE 10 QU'IL A REVU ET RETOUCHÉ.

J'avais pressé l'essor de mon livre dixième;
J'y reviens; aux morceaux qu'avec soin j'ai revus
J'en ajoute beaucoup qui ne sont pas connus;
Les voici : puissiez-vous les accueillir de même.
Bons lecteurs, doux trésors que Rome m'a valus!
En vous offrant à moi, dignes amis que j'aime,
Rome m'a dit : Pour toi je ne puis faire mieux.
Par eux, lorsque la mort t'aura fermé les yeux,

Doit vivre encor le meilleur de toi-même.
Tombeau de Messala, le sauvage figuier
    Brise tes marbres qu'il sépare;
Des chevaux de Crispus l'insolent muletier
Contemple avec dédain la ruine bizarre.
    Mais les monuments de l'esprit,
    Toujours plus brillants d'âge en âge,
Du temps injurieux ne craignent pas l'outrage;
Le monde périra plutôt qu'un bon écrit.

3.

A PRISCUS.

Un poëte qui, pour raison,
Ne nous décline pas son nom,
Mais qui mérite qu'on le hue,
Dans le public répand, dit-on,
Et prétend que l'on m'attribue
Quelques écrits de sa façon,
Écrits qui sentent le bâton.
A mes dépens il s'évertue,
En me prêtant comme bons mots
D'ignobles et sales propos,
Tels qu'en tient un coureur de rue,
Et qu'un marchand de pots rompus
Pourrait rougir d'avoir tenus.
Mais croira-t-on, mon cher Priscus,
Sur la foi de telle canaille,
Qu'on puisse voir le perroquet
Échanger son brillant caquet
Contre l'aigre cri de la caille?

Voit-on Canus se dégradant
Jusqu'à ravaler son talent
A la rustique cornemuse?
Si peu que ce soit, j'ai mon prix ;
Et toi-même serais surpris
De me voir avilir ma muse.
Je tiens à l'honneur de mon nom ;
C'est un diamant : à quoi bon,
Par un tel acte de démence,
Me tourmenter pour le ternir,
Lorsqu'en paix, pour l'entretenir,
Je n'ai besoin que du silence?

4.

AU LECTEUR.

Toi qui passes ton temps à lire
Les monstrueux produits des cerveaux en délire,
Reviens en ton bon sens, et, crois-moi, laisse là
Les poisons de Circé, les ciseaux de Sylla,
OEdipe et sa famille, et le flambeau céleste
Que fit pâlir d'effroi le festin de Thyeste.
Quel intérêt peut t'inspirer Hylas,
Et cet Atys, objet du courroux de Cybèle?
D'Icare que te font la chute et le trépas.
Hermaphrodite à Salmacis rebelle,
Les sept chefs et leurs grands combats,
Et l'obstiné dormeur qui dans les bois sommeille
Quand, pour lui, de son char Phébé descend et veille?
A tout ce vain amas de fables et d'horreurs
Préfère des tableaux plus voisins de tes mœurs.

Chez moi tu ne verras Centaures ni Gorgones,
 Ni Mégères, ni Tysiphones.
L'homme, dans mes écrits, tel qu'il est se fait voir;
 Et, dans ce fidèle miroir,
Toi-même tu pourras te retrouver peut-être :
Mais non; car tu te fuis et crains de te connaître.
 Puisque l'erreur a pour toi tant d'appas,
De Callimaque, eh bien! relis l'obscur fatras.

5.

IMPRÉCATION CONTRE UN POETE DÉTRACTEUR ET ANONYME.

Le lâche et vil auteur d'un libelle anonyme,
 Qui, dans ses vers, sans respect pour les rangs,
 Ose insulter les femmes et les grands,
Et qui, pour échapper aux suites de son crime,
M'en accuse, et prétend m'en rendre la victime,
Que ne puis-je le voir, parmi les vagabonds,
 Chassé de Rome, sur les ponts
 Tendre la main qui traça cette injure,
Et disputer aux chiens le pain noir, leur pâture!
Pour lui que les hivers comme un siècle soient longs;
Et que, mal abrité sous une voûte obscure,
Par l'air humide et froid qui viendra l'assaillir
Il sente tour à tour ses membres se roidir!
Qu'il porte envie à ceux qu'un brancard funéraire
Transporte sous ses yeux pour les rendre à la terre!
Lorsqu'enfin il verra, sur la paille étendu,
Approcher cet instant si longtemps attendu,
Que de sa serpillière il repousse la joie

Des chiens et des oiseaux prêts à saisir leur proie!
Que la mort ne soit pas la fin de ses tourments;
Que, soumis par Éaque à des fouets déchirants,
Du rocher de Sisyphe il soulève la masse!
Que, Tantale nouveau, de l'onde qu'il poursuit
    Et qui sans cesse échappe et fuit,
Il ne puisse jamais effleurer la surface!
Qu'il épuise, lui seul, les supplices divers
    Dont Némésis a peuplé les enfers,
Jusqu'à ce que, réduit par la main des furies
    A dévoiler ses noires perfidies,
De son âme s'échappe un aveu délateur:
« C'est moi! de ces écrits moi seul je suis l'auteur! »

6.

SUR LE RETOUR DE TRAJAN.

Heureux, heureux cent fois le peuple ami des Dieux
Qui pourra contempler le retour glorieux
Du père des Romains, du héros pacifique
Que va rendre à nos vœux le climat germanique!
Quand nous luira ce jour où de ses habitants
La cité reine en foule inondera les champs?
Oh! quel plaisir de voir, dans son impatience,
Aux arbres, sur les toits, gravir un peuple immense,
Et sur tous les balcons, devenus des jardins,
Des plus rares beautés se grouper les essaims!
Sur la route je vois s'étaler Rome entière.
Un nuage formé d'une épaisse poussière
Soudain au loin s'élève, et noircit l'horizon.
Il approche, et déjà les accents du clairon,

Le roulement du char qui lentement s'avance,
Du maître de la terre annoncent la présence.
Il paraît! Un seul cri, formé de mille voix
Qui de tous les côtés s'élancent à la fois,
Tel qu'un coursier rompant le frein qui le captive,
Éclate tout à coup : Il arrive! il arrive!

7.

IL DEMANDE AU RHIN LE RETOUR DE TRAJAN.

O Rhin! fleuve fécond et père intarissable
De tous ceux que du Nord grossissent les brouillards.
 Aux vœux du Tibre enfin sois favorable;
Rends-lui, rends-nous Trajan, le meilleur des Césars!
Qu'ainsi puissent tes flots, toujours libres de glace.
Sans obstacle couler à la clarté des cieux;
Que jamais d'un bouvier le char injurieux
 N'ose en insulter la surface,
Et que puissent tes bras, pour la première fois,
Se joindre, et désormais n'obéir qu'à nos lois!

8.

SUR PAULLA.

Paulla m'offre sa main; je n'en veux pas.—Pourquoi?
Elle est vieille.—D'accord; mais pas assez pour moi.

9.

SUR LUI-MÊME.

 Nombre de vers de diverse mesure,
 Du sel, de la gaîté, sans licence pourtant,

Partout, ô Rome ! où ton pouvoir s'étend
Ont répandu mon nom ; mais l'envie en murmure,
Et j'ai des détracteurs ; qu'on me dise pourquoi ?
Le cheval Andremone est plus connu que moi.

10.

CONTRE PAULLUS.

Paullus, quand les lauriers des faisceaux consulaires
Ont pour toi de janvier signalé le retour,
Pourquoi, te ravalant à des devoirs vulgaires,
Aux grands, chaque matin, vas-tu faire ta cour ?
  Après toi chez eux qu'ai-je à faire ?
Moi, citoyen obscur, et client mercenaire,
Puis-je auprès d'eux encor être admis à mon tour ?
Irai-je saluer du nom de roi, de maître,
Celui que mon aspect fera rougir peut-être !
  Longtemps ce rôle fut le mien,
  Tu le remplis, et le remplis si bien !
  Pour traverser la ville entière,
S'agit-il d'escorter sa chaise ou sa litière,
  Me voilà prêt et même à la porter ;
  Mais à l'instant tu viens me disputer,
  Toi, consul ! le beau privilége
De plonger le premier dans la boue ou la neige.
  Lit-il ses vers (dont on est bientôt las),
  Pour applaudir, si vingt fois je me lève,
Je t'aperçois, debout, lui tendant les deux bras
  Avant que la pièce s'achève.
Que faire ? Humble client, cherche un emploi nouveau ;
La pourpre consulaire a tué ton manteau !

11.

CONTRE CALLIODORE.

Tu nous cites toujours Pirithoüs, Thésée,
Héros dont l'amitié rendit les noms fameux.
Pauvre Calliodore! et ton âme abusée
Se prétend au niveau de ces cœurs généreux.
  Mais quand, sans façon, tu t'égales
   A Pylade, à Pirithoüs,
Es-tu digne, dis-moi, de nouer leurs sandales?
« A mon ami, dis-tu, j'ai donné cent écus,
Même un manteau lavé quatre fois tout au plus. »
— Au mépris des devoirs que l'amitié t'impose,
Ainsi tu crois donner ce qui n'est point à toi.
Deux amis peuvent-ils se donner quelque chose?
Tout est commun entre eux ; oubliant cette loi,
En faveur d'un ami, de quoi que l'on dispose,
  On en garde encor plus pour soi.

12.

A DOMITIUS.

Cher ami, tu le sais, un seul jour d'abandon
Comme un siècle pour moi péniblement se traîne.
Et tu vas, en suivant la voie Émilienne,
Visiter ce Verceil si chéri d'Apollon,
Et l'Éridan témoin du sort de Phaéton.
Tu le veux? j'y souscris même sans trop de peine.

Il est temps que, du moins durant une saison,
Tu déposes le joug où la ville t'enchaîne.
Pars donc! imbibe-toi des rayons du soleil.
Que tu vas embellir pendant ce long voyage,
Et comme un teint bruni siéra sur ton visage!
Tes amis, te voyant ce teint mâle et vermeil,
Auront, à ton retour, peine à te reconnaître;
Leur pâleur près de toi n'osera plus paraître;
Mais, Rome, fusses-tu plus noir qu'un Africain,
T'aura bientôt ravi les couleurs du chemin.

13.

A TUCCA.

Tucca, toujours on voit sur un char, à ta suite,
Voyager d'échansons une troupe d'élite,
Et de noirs Libyens un nombreux escadron
Faire voler la poudre autour de leur patron.
Chez toi de vastes bains entourés d'une table
Répandent de Baya la fraîcheur délectable,
Exhalant les parfums qui blanchissent leurs eaux.
Les vins de Sétia noircissent tes cristaux;
Le moelleux édredon, qui sous ton poids s'affaisse,
A celui de Vénus le dispute en mollesse.
Tu gémis cependant : d'une altière beauté
Tu te plains de te voir jour et nuit rebuté.
Voilà donc le sujet du tourment qui te mine,
Et des soupirs brûlants qui gonflent ta poitrine?
La Fortune, pour toi, fait plus que tu ne veux;
Tucca, ton vrai malheur est d'être trop heureux.

14.

CONTRE CRISPUS.

Crispus, je n'ai, si je t'en croi,
Aucun ami plus vrai, plus tendre,
Enfin, plus dévoué que toi.
Mais au titre d'ami, dis-moi,
Que fais-tu pour pouvoir prétendre?
Pour un prêt de cinquante écus
L'autre jour à toi je m'adresse :
Tu me réponds par un refus,
Bien que l'or encombre ta caisse.
Pauvre et touchant à la vieillesse,
Chez toi je vois accumulés
De l'Égypte les meilleurs blés ;
Mais jamais la moindre largesse
Vient-elle en aide à ma détresse?
M'as-tu, dans l'hiver, envoyé
Un surtout, une robe neuve?
A quelle marque, à quelle preuve,
Reconnaître ton amitié?
Mais je me trompe : il en est une,
Et qui certes n'est pas commune ;
Lorsqu'un zéphyre clandestin
Pas à pas se fraie un chemin,
Hors de tes flancs qu'il importune,
Sans gêne, et d'un air familier,
Journellement, en ma présence,
Tu rends l'essor au prisonnier;
Grand merci de la préférence!

15.

SUR APER.

En s'exerçant à l'arc, Aper, tout récemment,
Vient de blesser à mort sa femme riche et vieille;
Le hasard n'a point d'yeux, nous dit-on; cependant,
Par instant on croirait qu'il y voit à merveille.

16.

A CAJUS.

Sans jamais rien donner, tous les jours tu promets;
   Si pour toi la chose est la même,
  Je puis, Cajus, en suivant ton système,
    Aujourd'hui te vaincre en bienfaits.
Reçois donc le produit des mines d'Étrurie,
   Et du Tage les sables d'or;
Les perles d'Orient, les parfums d'Arabie,
La pourpre préparée aux cuves d'Agénor;
   Enfin, de la nature entière,
Pour combler ma largesse, assemblant tous les biens,
   Je te les donne à ta manière:
Toi, reçois-les ainsi que je reçois les tiens.

17.

A SA MUSE, SUR MACER.

Muse, dans ce jour solennel
Que Rome consacre à Saturne,

Tu croyais t'affranchir d'un tribut annuel;
Ton espoir est trompé : Macer te fait appel
Et s'étonne aujourd'hui de te voir taciturne.
Il ne demande point que, chaussant le cothurne,
    Pour lui tu délaisses tes jeux :
Il veut des vers légers, surtout point ennuyeux.
Plongé dans les calculs d'un chemin à construire,
Pour le distraire il faut des traits vifs et badins;
    Voie Appienne, je te plains
    Si Macer se met à les lire!

18.

SUR MARCIEN.

Aucun ami jamais ne dîne chez Marcien,
Il n'est ni répondant, ni prêteur : il n'a rien;
La foule pourtant choie un ami si stérile;
    Oh! que de fous dans notre ville!

19.

ENVOI DE SON LIVRE A PLINE.

Pars, ma chère Thalie, et va porter à Pline
Les produits bien légers de ta verve badine.
    S'ils ne sont graves, ni savants,
    Ils empruntent leurs agréments
    D'un sel piquant qui partout y domine.
De Suburre, d'abord, tu franchis le quartier;

Puis, par un facile sentier,
Tu gravis sur une colline
D'où tu vois un théâtre humecté de safrans.
Là s'élève, comme un trophée,
Un groupe en marbre : c'est Orphée
Entouré d'animaux charmés par ses accents.
Distingue auprès de lui cet aigle aux yeux perçants,
A la dure et puissante serre,
Qui porte Ganymède au séjour du tonnerre.
Deux pas plus loin, du modeste Pédon,
Un autre aigle, moins grand, annonce la maison.
C'est là qu'habite Pline. En sa docte demeure
Si tu veux obtenir un accueil gracieux,
Avant d'entrer, consulte et choisis bien son heure.
Tous ses jours sont remplis de travaux sérieux
Qui du siècle présent braveront la censure,
Et, dignes de passer à la race future,
Seront, au jugement des hommes éclairés,
Aux chefs-d'œuvre d'Arpi justement comparés.
Préfère donc le soir, lorsqu'à table, la rose,
Les parfums, les flambeaux, tout au plaisir dispose;
C'est l'instant où Bacchus déride tous les fronts;
A cette heure, ma muse, il n'est plus de Catons.

20.

A MANIUS, PROMESSE DE RETOUR DANS SA PATRIE.

O toi que j'ai chéri dès ma plus tendre enfance,
Et pour qui l'âge mûr a doublé mon amour!
Sais-tu pourquoi j'aime tant le séjour
De cette Bilbilis qui m'a donné naissance ?

Non, de ses mines d'or ce n'est pas l'abondance,
Ses murs, ni le Xalon qui circule à l'entour,
    Qui motivent ma préférence;
    Non, je n'y veux que ta présence :
Elle seule m'appelle et presse mon retour.
Où trouver, en effet, dans toute l'Ibérie,
    Ami plus tendre et plus selon mon cœur?
Avec toi j'aimerais l'aride Gétulie;
    Sous les huttes de la Scythie
    Avec toi j'aurais le bonheur.
    Que me fait Rome et sa magnificence?
Ses grandeurs, ses plaisirs, ses spectacles, ses jeux,
Sans toi, je ne les vois qu'avec indifférence.
Si tu penses de même, et fais les mêmes vœux,
Rome sera partout où nous serons tous deux.

21.

A SEXTUS.

Sextus, d'où te vient la fureur
D'écrire en style énigmatique?
Tu n'as pas besoin d'un lecteur,
Mais d'un OEdipe qui t'explique.
Un livre clair, correct et pur,
N'est pour toi qu'une œuvre vulgaire,
Et l'écrivain le plus obscur
Est le plus certain de te plaire.
Chacun son goût; en fait d'auteurs,
Mon système du tien diffère;
Je veux plaire aux commentateurs,
Et plaire aussi sans commentaire.

23.

SUR M. ANTONIUS.

L'heureux Antoine a vu dans le calme et la paix
S'amasser sur son front quinze lustres complets.
Arrivé vers la fin de sa longue carrière,
Au Styx qu'il voit de près d'un pas ferme il descend,
Et tranquille, sourit au nocher qui l'attend.
Il aime à reporter son regard en arrière ;
Parmi les jours nombreux qu'il passa sur la terre,
  Aucun n'offre à son souvenir
  Le remords ni le repentir.
Il les voit tous remplis de bienfaits, d'innocence ;
De leur image encor il se plaît à jouir ;
Ainsi l'homme de bien double son existence.

24.

AUX CALENDES DE MARS, SON JOUR DE NAISSANCE.

De ma naissance heureux anniversaire,
O premier jour de mars, qu'aux autres je préfère,
Où, jusqu'aux vierges, tous me comblent de présents !
Sur tes autels déjà, d'une main tributaire,
J'ai cinquante-sept fois fait fumer mon encens :
Accepte cette offrande, et charge mes années
De trois fois neuf encore, et non moins fortunées,
Pour que, sans trop fléchir sous le fardeau des ans,
  Après avoir, sans effleurer sa lie,
Jusqu'au fond épuisé la coupe de la vie,

Des champs Élysiens j'aille goûter la paix ;
Je n'en voudrai pas plus, et mourrai sans regrets.

25.

SUR CELUI QUI REPRÉSENTE AU CIRQUE L'ACTION DE SCOEVOLA.

Le nouveau Mucius, qu'au Cirque on vit naguère
    Plonger son bras dans un brasier ardent,
    S'il t'a semblé dur, brave, patient,
    Tu n'es qu'un citadin d'Abdère.
    Mais, bravant le manteau souffré,
    S'il avait refusé de faire
Ce que fit Scœvola jadis, de son plein gré,
    Oh ! c'est alors qu'il eût montré
    D'un vrai héros le ferme caractère.

26.

A L'OMBRE DE VARUS.

Toi que l'Égypte a vu le sarment à la main
Soutenir dignement l'honneur du nom romain,
Varus, tu n'es donc plus qu'une froide poussière !
Rome, qui se flattait de ton retour prochain,
Sait que ton ombre habite une terre étrangère.
Je n'ai pû de mes pleurs baigner ton front glacé,
Ni verser mon encens sur ton bûcher funèbre ;
Mais je puis par mes vers rendre ton nom célèbre,
Seul plaisir que le Nil aujourd'hui m'ait laissé.

27.

A DIODORE.

Tous les ans, Diodore, au jour de ta naissance,
A table tu reçois sénateurs, chevaliers;
Ta sportule est triplée, et vaut trente deniers.
Nul pourtant ne soupçonne encor ton existence.

28.

A JANUS.

Auteur de l'univers, toi par qui de nos ans
    Le cours sans fin se renouvelle,
Toi qui d'abord reçois nos vœux et notre encens,
Pour temple tu n'avais jadis qu'une chapelle
    Que profanait la foule des passants.
Par les soins de César, aujourd'hui décoré,
S'élève en ton honneur un monument sacré
    Qui doit vivre au delà des âges;
Et d'autant de forums ton temple est entouré
    Que tu présentes de visages.
  Divin Janus, pour de si grands bienfaits,
Tiens-le si bien fermé qu'il ne s'ouvre jamais.

30.

SUR LE RIVAGE DE FORMIE.

O riante Formie! ô fortuné séjour
    Que mon ami, le sage Apollinaire,

A tout autre séjour préfère
Lorsque, lassé de Rome et de la cour,
De ses nombreux travaux il cherche à se distraire :
Paysage enchanteur ! les vallons de Tibur,
Domaine de sa chaste épouse,
Ornés dans tous les temps d'une humide pelouse,
Circé, Cajette, et les rochers d'Anxur
N'ont, à son gré, rien que tu ne surpasses ;
De l'Algide les antres frais,
Tuscule et ses charmants bosquets
N'offrent pas de beautés qu'à ses yeux tu n'effaces.
Il néglige pour toi Marica, le Liris,
Et les eaux de Baya, qu'envîrait Salmacis :
Là se montre la mer, calme comme une glace ;
Mais ainsi qu'une vierge oppose à la chaleur
L'air que sa robe agite, et reprend sa fraîcheur,
Tel souvent un zéphyr vient rider sa surface ;
De son souffle poussant un agile bateau,
Qui, couronné de fleurs, animant le tableau,
Glisse légèrement, sans imprimer de trace,
Et fuit comme un oiseau.
La ligne ne va pas bien loin chercher sa proie ;
Étendu sur son lit le pêcheur la déploie :
Amorcé par l'appât, le crédule poisson
A l'instant pend à l'hameçon.
Parfois un vent plus vif vient-il soulever l'onde ?
En dépit de l'orage et de la mer qui gronde,
La table, grâce au réservoir,
N'en est pas moins garnie ; à l'appel il faut voir
En foule s'empresser, accourir avec joie
Mulet, turbot, et toi, délicate lamproie !
L'intendant du vivier distingue les plus beaux,

Et par leurs noms somme de comparaître
  Les gros mulets, les vieux barbeaux,
Dignes de figurer à la table du maître.
Moments dignes d'envie! heures d'un doux loisir,
  Dont Rome, hélas, est trop avare!
  Faut-il si tôt les voir s'évanouir?
Eh quoi! tant de travail et si peu de plaisir!
Ami, voilà ton sort; et quand je le compare
Au sort de tes fermiers, quel contraste bizarre!
Le bonheur pour leur maître à grands frais se prépare,
  Eux seuls ont le temps d'en jouir!

31.

CONTRE CALLIODORE.

Voulant faire une fois un dîner confortable,
Tu vendis un esclave, hier, huit cents écus;
  A peine tu les as reçus
Que la somme en entier a passé sur ta table.
  Et cependant tu dînas assez mal.
    En effet, le mets capital
D'un repas acheté par un tel sacrifice,
    Ce fut un barbeau colossal,
  Qui composa ton unique service.
Témoin d'un pareil trait, n'ai-je pas eu raison
  De m'écrier: Ce n'est pas un poisson,
    C'est un homme, Calliodore,
    Qu'en ce moment ta dent dévore!

32.

A COECILIEN, SUR LE PORTRAIT DE M. ANTOINE PRIMUS.

Cœcilien, tu me demandes
Quel est ce portrait que ma main
Avec respect, chaque matin,
Pare des plus fraîches guirlandes;
C'est Primus, peint dans sa jeunesse;
Aujourd'hui courbé par les ans,
Cette image de son printemps
Le console de sa vieillesse.
Si l'art eût pu, dans ce tableau,
Rendre son cœur, son caractère,
Non, dans aucun lieu de la terre,
On n'en pourrait voir un plus beau.

33.

A NUMATIUS GALLUS.

Toi, qui des antiques Sabins
Nous peins la naïve simplesse,
Du bon Socrate la sagesse,
Et la candeur des vieux Romains,
Puisses-tu, cher Gallus, durant ta vie entière,
En un parfait accord, et sans fâcheux débat,
Dans les bras d'une épouse et près de ton beau-père,
De sa maison perpétuer l'éclat!
Toi, si la noire envie osait en ta présence
M'attribuer des vers ou malins ou méchants,

Pour les désavouer prends en main ma défense,
 Et fais taire les insolents ;
Répète-leur, ainsi que de coutume,
 Qu'un écrivain qui n'est pas sans talents,
A cet excès n'a pu prostituer sa plume.
Toujours j'ai poursuivi les vices de mes traits,
 Mais les individus, jamais.

34.

A TRAJAN.

Que la faveur des Dieux pour toi toujours constante,
Ainsi que tes vertus, jamais ne se démente !
Au patron dépouillé par d'abusives lois,
Sur l'esclave affranchi tu remets tous ses droits.
De tes soins protecteurs s'il veut faire l'épreuve,
Qu'il produise son titre, il en obtient la preuve.

35.

SUR SULPICIE.

Femmes qui ne voulez plaire qu'à vos maris,
Vous, maris, qui voulez ne plaire qu'à vos femmes,
Lisez tous Sulpicie ; en ses chastes écrits
Elle ne peint jamais que de pudiques flammes.
Là, vous ne verrez pas la coupable Byblis
Méditant en secret un odieux inceste,
 Ni de Scylla la trahison funeste.
Elle rejette au rang des fabuleux récits,

De Médée en fureur les forfaits inouïs,
Et l'horrible festin d'Atrée et de Thyeste.
Ses tableaux à vos yeux ne présentent jamais
Que des jeux innocents, que d'aimables objets.
Qui lit ses vers ne peut en quitter la lecture
Sans s'écrier : Quel cœur! quelle âme noble et pure!
D'Égérie et Numa tels étaient autrefois
Les charmants entretiens dans leur grotte des bois.
Sapho, de Sulpicie ou compagne ou maîtresse,
Auprès d'elle eût formé son esprit et son cœur;
Elle en eût pris surtout des leçons de sagesse.
En la voyant, épris d'une nouvelle ardeur,
Phaon n'eût plus été qu'un amant infidèle;
Mais il eût brûlé seul; Apollon et Bacchus,
Pour l'obtenir, en vain s'empresseraient près d'elle.
  Des épouses parfait modèle,
  Elle ne vit que pour son Calénus,
  Et mourrait s'il n'existait plus.

36.

CONTRE MUNNA.

Tous les vins que Marseille a brassés dans ses cuves,
Ou qu'elle fait mûrir au feu de ses étuves,
  Munna, c'est toi qui les fournis
Aux dupes qu'il te plaît d'appeler tes amis
  En les traitant en vrai corsaire.
  Tous les jours par mer et par terre,
  Rome en ses murs voit arriver
De longs convois de liqueur délétère,

Dont elle se laisse abreuver.
Et cette détestable lie,
Tu nous la vends un prix où n'osent s'élever
Nos plus fameux crus d'Italie !
Si Rome te voit rarement,
Il ne faut pas qu'on s'en étonne ;
De ton vin c'est qu'assurément
Tu crains que l'on ne t'empoisonne.

37.

A MATERNUS, ÉLOGE DU SÉJOUR DE FORMIES.

Digne interprète de nos lois,
Ministre de Thémis, qui par ta voix s'explique,
Toi dans qui je trouve à la fois
Un bon compatriote, un ami véridique,
Que dois-je t'envoyer de la mer Callaïque,
Où je médite un voyage prochain ?
Lassé de tourmenter la rive de Laurente
Pour y pêcher, au fond d'une eau dormante,
Quelque misérable fretin,
Une anguille effilée ou d'immondes grenouilles,
Je veux, faisant la guerre à tout monstre marin,
Ravir à l'Océan ses plus nobles dépouilles ;
Et, fût-ce le barbeau, s'il n'est pas colossal,
Tout poisson rentrera dans son séjour natal.
Puis-je me résigner encore
A sucer une moule, une fade pelore,

    Quand je puis, sur d'immenses plats,
      Voir se grouper en pyramide
  L'huître si chère aux palais délicats,
      Et qu'une avarice sordide
      Même aux valets n'épargne pas?
A Rome, si tu prends le plaisir de la chasse,
Monté sur un coursier, tu poursuis à la trace
Un renard qu'à grands cris tu pousses dans tes rets;
Le captif se défend, et de vapeurs impures
Enveloppe les chiens qu'il couvre de morsures.
Là-bas, sortant de l'eau, mes humides filets
Enlaceront le lièvre ou l'hôte des forêts.
Ton pêcheur rentre au soir souvent le panier vide,
Ou ton chasseur revient tout fier d'un loir fétide.
Sans Rome et ses marchés, tous vos ports prétendus,
Sans cesse de poissons resteraient dépourvus.
Toi que le Sort retient sur le sol Italique,
Ami, ne veux-tu rien de la mer Callaïque?

38.

A CALÉNUS.

Qu'elles furent pour toi belles et fortunées,
    O Calénus, les quinze années
Dont ton hymen a vu les instants s'écouler!
Combien de jours sereins, de nuits délicieuses,
    Que ta main a dû signaler
    Des pierres les plus précieuses!

Trois lustres, de ta vie ont composé le cours.
Dans les moments passés près d'une épouse aimée,
    Tout entière elle est renfermée.
Que le ciel à tes vœux ne rend-il un des jours
    Si bien remplis par tes chastes amours!
Ton cœur, pour en goûter encor la jouissance,
Quatre fois de Nestor céderait l'existence.

39.

CONTRE LESBIE.

Tu vis le jour, dis-tu, sous le consul Brutus,
Et ne veux remonter qu'à Numa tout au plus;
Par tes rides, pourtant, l'époque est constatée;
Tu naquis du limon qu'a pétri Prométhée.

41.

SUR PROCULEÏA.

    Proculeïa, d'un époux ancien
Sans motif apparent en janvier se sépare,
    Et veut à part administrer son bien.
On cherche, on veut savoir quel caprice bizarre
D'un hymen de trente ans peut briser le lien?
    Elle se tait; mais je réponds pour elle:
Son époux est préteur; sa dignité nouvelle
Va lui coûter de frais au moins six mille écus
Pour célébrer des jeux en l'honneur de Cybèle;
Six mille encor au peuple en présents seront dus;
Dans ses arrangements, l'épouse de Procule
N'entend pas divorcer; non: mais elle spécule.

43.

SUR PHILÉRAS.

Déjà sept fois ce champ atteste ton veuvage ;
Quel champ jamais rapporta davantage ?

44.

A OVIDE.

Fidèle à ton ami, tu vas donc, cher Ovide,
Traverser l'Océan et le manoir liquide
Où de son vieil époux Thétis orne la cour ;
Pour les climats neigeux de l'antique Bretagne,
    Du bon Numa tu quittes le séjour,
Et les riants loisirs de ta belle campagne !
      Quoi ! rien ne peut te retenir ?
Les pénates, témoins des jeux de ton enfance,
Tu les laisses ; pour toi quand tout est jouissance,
Tu consens d'ajourner le bonheur d'en jouir.
La Parque cependant tient le calcul fidèle
    Des jours qui te sont dévolus ;
Et ceux qui dans l'exil pour toi seront perdus,
Comme des jours heureux seront comptés par elle.
Mais la sainte amitié, dont tu chéris les lois,
En faveur d'un ami fait entendre sa voix,
    Et sans regret ton cœur lui sacrifie
Ton repos, tes plaisirs, ton bonheur, ta patrie,
    Et, s'il le faut, même ta vie.
A ton beau dévoûment, malgré moi, j'applaudis ;

Mais viens bientôt revoir ta Sabine chérie,
Et traite-toi du moins comme un de tes amis.

45.

CONTRE UN LECTEUR DIFFICILE.

Tout ce que mes écrits ont de doux, d'agréable,
De pur, de délicat, de flatteur et d'aimable,
Tout cela te paraît fade, plat et grossier.
Quand je te sers le dos d'un juteux sanglier,
Tu préfères lutter contre un os détestable;
Bois, si tel est ton goût, ton vin toscan sans moi,
Et laisse là le mien, qui n'est pas fait pour toi.

46.

CONTRE MATHON.

Ton style, en nous parlant, affecte le purisme.
Ami, contentons-nous souvent de parler bien,
Quelquefois bien ni mal, et dans un entretien
Permettons-nous aussi parfois un solécisme.

47.

A JULE MARTIAL.

Apprends, ami, ce qui nous constitue
    Des jours heureux pleins de douceurs :

Une fortune à nous venue
Par héritage et non par nos sueurs;
Un foyer bien garni, des terres bien fertiles,
Point de procès, point de devoirs serviles,
Le repos et la paix du cœur;
Dans un corps sain suffisante vigueur,
Simplicité de mœurs et noble confiance
Qui s'allie avec la prudence;
Repas sans trop d'apprêts, qu'on offre à des amis
En tout avec nous assortis;
Le soir, entretien sans ivresse,
Où, dégagé de soins et de soucis,
Le cœur s'épanche avec tendresse;
Au lit, épouse aimable et sans froideur,
Un sommeil qui des nuits abrége la longueur;
En fait d'état, aimer le nôtre,
Et n'en point envier un autre;
Des biens et des maux tour à tour
Subir la chance sans se plaindre;
Attendre en paix son dernier jour
Sans l'appeler et sans le craindre.

48.

DISPOSITION D'UN FESTIN.

Le soleil a franchi les deux tiers de son tour,
Et les prêtres d'Isis, suivis de la cohorte
Qui dans leur course les escorte,
Dans leur temple sont de retour.
Pour les bains chauds c'est l'heure favorable,
Car, plus tôt, la vapeur n'en est pas supportable.

Accourez, mes amis, Flaccus, Népos, Canus,
Stella, Céréalis : vous êtes attendus.
　　　Ma table, en croissant arrondie
Peut tenir sept couverts, adjoignez-vous Lupus,
　　En me comptant, elle sera remplie.
　　　　A l'œuvre depuis ce matin,
　　　　Déjà ma ménagère active
　　　　A préparé pour le festin
Laitue adoucissante et mauve laxative,
　　　Humbles tributs de mon jardin,
　　Sans oublier le raifort et la menthe,
Et les poireaux piquants, et mainte herbe agaçante.
Quelques petits poissons sur l'oseille rangés
Seront couronnés d'œufs en tranches partagés.
Une tetine, au thon empruntant sa saumure,
Du sanglier absent remplacera la hure.
Un jambon, d'un ami très-solide cadeau,
Sauvé d'un triple assaut, non sans quelque échancrure,
A côté d'un poulet doit faire aussi figure.
Après ces premiers mets, je vous sers un chevreau
Bien tendre, récemment sevré de la mamelle,
Et soustrait à la dent d'une louve cruelle.
Puis, deux plats que l'on peut attaquer sans couteaux,
Des fèves de haut goût et quelques choux nouveaux.
Pour dessert, des fruits mûrs. Si la soif vous tourmente,
Vous boirez du toscan ou de mon vieux nomente
Dégagé de sa lie, et qui date, je crois,
De Faustinus, consul pour la deuxième fois.
Du reste, franc parler, liberté pleine, entière ;
A table, la gaîté se donnera carrière,
Sans scandale pourtant : épigrammes, bons mots
Pourront impunément aiguiser nos propos

Sur les verts et les bleus : sous un prince équitable
Les vapeurs de Bacchus ne font point de coupable.

49.

CONTRE COTTA.

De falerne, ou de vin plus précieux encor,
Cotta, quand pour toi seul tu réserves l'usage,
Tu m'offres du toscan dans une coupe d'or ;
De l'or et du vil plomb ! garde ton alliage.

50.

SUR SCORPUS.

Que la palme se brise aux mains de la victoire !
Pleure, et meurtris ton sein, séduisante Faveur !
  Et toi, compagne de l'Honneur,
Déchire ta parure et prends le deuil, ô Gloire !
 Que ta couronne au loin vole en débris !
  Un de vos plus chers favoris,
  Scorpus, dans la fleur de son âge,
Vient de descendre aux bords de l'Achéron,
Et guide désormais les coursiers de Pluton
  Sur le sable du noir rivage.
  Cette carrière que son char
 Comme un éclair si souvent a franchie,
 Cette carrière, où triomphait son art,
Était l'image, hélas ! de celle de sa vie.

51.

A FAUSTINUS.

Le bélier de Phryxus, au céleste taureau
    Dès longtemps a cédé sa place;
    A l'aspect du couple jumeau
  Le triste hiver fuit sans laisser de trace.
Déjà la terre a repris ses couleurs,
    Les vallons leur verte parure,
    Et les arbres leur chevelure;
    On entend Philomèle, en pleurs,
    Raconter à la nuit obscure
    D'Ithys la funeste aventure.
O les beaux jours, Faustin, que Rome t'a ravis
    En te rappelant de Ravenne!
  Ces lieux charmants, par toi-même embellis,
  Les doux loisirs, la paix de ton domaine,
As-tu pu les quitter pour reprendre ta chaîne!
Ces fontaines, ces bois, et ce rivage uni,
Où, sur un sable humide, et bientôt raffermi,
    Le pied ne s'imprime qu'à peine;
Ce bassin, dont les eaux reproduisent Anxur,
Et qui semble à Neptune emprunter son azur;
Et ce double tableau qui, sous les yeux, rassemble
Un fleuve sillonné par de légers bateaux,
Et la mer, dont les flots balancent des vaisseaux :
Où rencontrer jamais tant de beautés ensemble?
Ravenne, j'en conviens, ne te présente pas
Deux théâtres, trois bains, qui t'offrent tant d'appas,
Ni des quatre forums le magnifique ensemble,

Ni ce temple, ornement du mont Capitolin,
  Rival du ciel dont son front est voisin,
Ni tous ces monuments que l'univers admire;
Mais, que de fois, pourtant, je crois t'entendre dire :
Ces splendeurs, ces plaisirs, ces délices, ces biens,
O Rome, garde-les, et laisse-moi les miens !

53.

ÉPITAPHE DE SCORPUS.

Ci-gît, Scorpus, que la foule idolâtre
Couronna tant de fois dans son amphithéâtre.
  A vingt-sept ans, la mort qui l'a surpris,
  L'a cru vieillard en calculant ses prix.

54.

CONTRE OLUS.

Lorsque dans un repas tu traites tes amis,
Toujours en plats couverts tu fais servir ta table.
Olus, si cet usage est une fois admis,
Je puis, quand tu voudras, t'en offrir un semblable.

56.

CONTRE GALLUS.

Tu veux qu'à chaque instant je sois prêt à ton ordre,
Pour toi toujours courant par voie et par chemin;

Ami, Cassellius sait d'une adroite main
D'un râtelier gâté réparer le désordre ;
Higin brûle les poils qui nous blessent les yeux ;
Sans employer du fer le secours douloureux,
Fannius nous remet la luette relâchée ;
Aux affranchis, Éros, par un art précieux,
Sait effacer la honte à leur front attachée.
Pour une entérocèle Hermès n'a point d'égal ;
    Enfin, je ne vois aucun mal
    Dont un médecin ne guérisse :
    Mais à qui dois-je recourir,
    Mon cher Gallus, pour rétablir
Ma force et mes habits usés à ton service ?

57.

A SEXTUS.

Sextus, tu m'envoyais autrefois pour étrennes
    Deux marcs d'argent ; et maintenant, à peine
    J'en reçois un... de poivre. Oh ! de par Jupiter,
    Ton poivre me coûte un peu cher !

58.

A FRONTINUS.

Quand d'Anxur avec toi j'habitais le rivage,
    Non loin de Baye, et ce riant manoir
        D'où je pouvais entendre et voir
        La mer se briser sur la plage ;

Tant qu'avec toi j'ai fréquenté
Et son fleuve et son lac, et les charmants dédales
De ce bois dont jamais, même au cœur de l'été,
    Les cris de la rauque cigale
    N'ont troublé la tranquillité,
  Toujours fidèle aux vierges d'Aonie,
Frontin, j'ai cultivé l'aimable poésie.
Mais de retour à Rome, adieu ma liberté!
    Par le tourbillon emporté,
Sous le joug onéreux d'un servage stérile,
Je consume les jours d'une vie inutile,
Trop heureux quand je puis, par un travail obscur,
Cultiver près de Rome un sol ingrat et dur!
Oh! que de jours perdus, jours si chers au poëte!
Encor, si je pouvais visiter ta retraite!
  Mais, cher Frontin, pour aimer son patron,
Faut-il donc nuit et jour assiéger sa maison?
De te voir rarement sans doute tu m'excuses;
J'en jure par les Dieux, j'en atteste les Muses,
Frontin, ton Martial, sans te faire la cour,
N'en a pas moins pour toi le plus sincère amour.

59.

CONTRE UN LECTEUR DÉLICAT.

Si quelquefois en mon ouvrage
Il se rencontre des morceaux
Qui remplissent toute une page,
Tu les sautes, c'est ton usage;
Et de mes sujets, les plus beaux
Aux plus courts cèdent l'avantage.

Quand des mets les plus recherchés
Pour toi j'épuise les marchés,
Tu te gorges de friandise ;
Mais ce genre de gourmandise
Qui, selon moi, n'est pas très-sain,
A ma table n'est point de mise ;
J'aime un convive dont la faim
Ne dédaigne pas trop le pain.

60.

SUR MUNNA.

Dans ton école solitaire
J'ai vu toujours deux enfants à la fois,
Et jamais plus : pour aller jusqu'à trois,
Munna, du Romain trois fois père
Tu prétends obtenir les droits :
Plaisant moyen d'agrandir ton affaire !

LA MÊME, AUTREMENT.

Quand du citoyen trois fois père
Munna sollicite les droits,
De trois enfants que veut-il faire ?
Il n'en instruit jamais plus de deux à la fois.

61.

ÉPITAPHE D'ÉROTION.

Je fus Érotion, qu'en sa sixième année
A ravi sans pitié l'injuste destinée.

Toi que le sort fera mon héritier,
Qui que tu sois, pourras-tu m'envier
    La triste et funéraire offrande
Que tous les ans un enfant te demande?
Qu'ainsi puisse le ciel, te comblant de faveurs,
T'accorder de ce champ la longue jouissance;
Que ta famille et toi, toujours d'intelligence,
D'une santé parfaite y goûtent les douceurs;
Et que dans cet enclos que consacre l'enfance,
Ce tombeau soit le seul qui réclame tes pleurs!

62.

A UN INSTITUTEUR.

Prudent instituteur d'une troupe enfantine,
    Je t'en conjure, en sa faveur,
    De ton austère discipline
    Durant l'été désarme la rigueur.
Qu'ainsi puissent toujours ton école et ta table
    Se recruter d'une jeunesse aimable!
      Que nul autre maître, en ses cours
      De langue, de philosophie,
      De calcul, de tachygraphie,
N'attire d'auditeurs un aussi grand concours!
    En ce moment, le Lion de Némée
Agite dans les airs sa crinière enflammée;
L'ardent juillet mûrit et brûle les moissons.
Laisse donc là ces fouets fabriqués en Scythie,
    Par qui, pour prix de ses chansons,
Marsyas en lambeaux expia sa folie;
Que la férule enfin, noir sceptre des pédants,

La férule, effroi des enfants,
Jusqu'aux ides d'octobre et se cache et s'oublie;
Si dans cette saison ils gardent leur santé,
  N'ont-ils pas assez profité?

63.

ÉPITAPHE D'UNE MÈRE DE FAMILLE.

Passant, sous ce tombeau qui n'est pas fastueux,
Dort une épouse chaste et digne de mémoire;
Deux fois ses yeux ont vu célébrer les grands jeux,
 Et de ses jours rien n'a terni la gloire.
 Grâce à Junon, l'hymen combla ses vœux;
Cinq filles, cinq garçons, à son heure dernière,
Ont entouré son lit et fermé sa paupière.
Mais ce qui doit lui faire encore plus d'honneur,
Et qui trop rarement chez nous se renouvelle,
Dans ce grand nombre d'ans, son austère pudeur
Ne connut qu'un époux, et lui resta fidèle.

65.

CONTRE CARMÉNION.

De Corinthe toujours tu t'es dit citoyen,
Et personne jamais n'affirma le contraire;
 Mais pourquoi m'appeler ton frère,
Moi, citoyen du Tage, et né franc Celtibère,
 Comme toi franc Corinthien?
Où vois-tu dans nos traits la moindre ressemblance?

Tout diffère entre nous : modèle d'élégance,
    Toujours en replis onduleux
    Tu laisses flotter tes cheveux ;
Les miens, de mon pays gardant la négligence,
Rappellent le climat d'où je tiens la naissance.
Tous mes membres velus de poils sont hérissés,
Les tiens sont chaque jour par la ponce lissés.
Ta langue en grasseyant n'articule qu'à peine,
Une fille a la voix plus mâle que la tienne :
    Entre nous nul rapport d'humeur,
    De force ni de caractère ;
    Du faible daim, le lion en fureur,
    Du tourtereau l'aigle bien moins diffère.
Cesse, Carménion, de m'appeler ton frère,
Ou je me vois forcé de t'appeler ma sœur.

66.

A UNE CUISINIÈRE D'AGRÉABLE FIGURE.

Jeune et séduisante Nérine,
Quel maître impérieux et dur
A pu vouer à la cuisine
Ces mains de lis, ce front si pur,
Ce teint où la rose domine ?
Eh quoi ! près de sales fourneaux,
Parmi les vapeurs des réchauds,
Un noir foyer, voilà ta place ?
Eh ! quelle autre avec plus de grâce
Remplirait nos brillants cristaux
D'un cécube mêlé de glace,

Qui, versé par ta belle main,
Deviendrait le nectar divin?
Si par un emploi si vulgaire
On peut avilir tant d'attraits,
Jupiter, tu vas désormais
D'Hébé faire ta cuisinière.

69.

SUR POLLA.

Polla s'indignerait d'un argus ; mais la dame
   En met deux près de son époux :
   N'est-ce pas déclarer à tous
Que son époux n'est qu'une femme?

70.

A POTITUS.

« Quoi ! nous donner à peine un livre en une année ?
Non, paresse jamais ne fut plus obstinée. »
— Docte et cher Potitus, étonne-toi plutôt
De ne pas me trouver plus souvent en défaut.
Je ne m'appartiens point : pour moi chaque journée,
En frivoles égards, qu'on appelle devoirs,
Se perd, de son objet sans cesse détournée;
Mes saluts des matins, on me les rend les soirs;
   Décès, naissances, mariages,
   Emplois, dignités, héritages,

Tour à tour emportent mon temps ;
Je me ruine en compliments
Pour ceux à qui survient une bonne fortune ;
Encor, s'il m'en arrivait une !
Tantôt il faut gravir sur le mont Aventin
Pour une signature, un cachet de ma main ;
Tantôt la cinquième heure en un endroit m'appelle,
Tantôt c'est la sixième ; et puis, c'est le préteur,
Ou le consul qu'il faut escorter par honneur.
Toujours distraction nouvelle !
Un confrère poëte, armé de son cahier,
Souvent me vole un jour entier.
Ici, ce sont les danseurs qui reviennent ;
Là, des rhéteurs qui me retiennent ;
Plus loin, un avocat prétend me consulter ;
De bonne foi, puis-je les rebuter ?
Bien tard j'arrive aux bains ; c'est là qu'on me délivre
Les cent quadrans que doit me coûter mon repas :
Au milieu de tant d'embarras,
Où trouver le moment de composer un livre ?

71.

SUR RABIRIUS.

Toi qui pour tes parents as toujours souhaité
Longue vie et prospérité,
Passant, arrête, et lis, gravés sur cette pierre,
Quelques mots qui pourront te plaire.
D'un père et d'une mère également chéris,
Ici Rabirius a déposé la cendre :

Passant, mêle tes pleurs à ceux qu'un tendre fils
   Vient en tribut chaque jour y répandre.
   Jamais vieillards, jusque dans le tombeau,
     N'ont joui d'un destin plus beau.
La mort même n'osa séparer un ménage
Qui, durant soixante ans, n'eut pas un jour d'orage;
Et, dans la même nuit, sans regret, sans douleur,
Ils partirent tous deux pour le dernier voyage.
Ils n'eurent qu'un bûcher, comme ils n'avaient qu'un cœur.
Rabirius, pourtant, oubliant leur grand âge,
Accuse le destin d'avoir hâté leur mort :
   Peut-on se plaindre plus à tort?

72.

SUR L'AVÉNEMENT DE TRAJAN.

Loin de nous désormais fuis, basse flatterie,
   A la lèvre usée et flétrie !
   Il n'est plus besoin, dans nos chants,
A des dieux prétendus de prodiguer l'encens.
   De Rome, pour jamais bannie,
  Va chez le Parthe, aux genoux des tyrans,
Adorer leur tiare, et, les yeux suppliants,
Leur distiller le miel de la flagornerie.
Au lieu d'un maître, ici je vois un empereur.
L'exemple du Sénat, qui parmi nous rappelle,
   Du fond du Styx, la justice, l'honneur,
L'austère vérité, modeste autant que belle.
   Romains, cessons de nous humilier ;
Trajan règne : sous lui gardons-nous d'employer
Ces formules, ces mots qui sentent l'esclavage ;
Notre prince est changé, changeons notre langage.

73.

A MARCUS.

Cher Marcus, en qui l'éloquence
S'unit au goût, à l'élégance,
De ton amitié je reçois,
Non sans vive reconnaissance,
Ta lettre et ta toge à la fois,
Toge grave, et que l'Ausonie
Appelle de cérémonie.
Dans des siècles qui ne sont plus,
Un présent aussi magnifique
Sans doute eût de Fabricius
Blessé l'austérité rustique ;
Mais dans le nôtre, Apicius,
Et l'ami d'Auguste, Mécène,
L'honneur de la toge romaine,
Et le fastueux Lucullus,
En voudraient faire leurs délices.
C'est de ta part qu'il m'est remis ;
D'un autre il eût eu moins de prix.
Les dieux veulent des sacrifices,
Mais offerts par leurs favoris ;
Si je ne l'aimais comme un don,
Je pourrais l'aimer pour mon nom ;
C'est le tien ; mais dans ton message
Ce qui me flatte davantage,
C'est l'obligeante intention,
Et plus encore ton suffrage.

74.

IL DEMANDE A ROME DU REPOS.

Rome, affranchis enfin ton vieux complimenteur :
A te faire sa cour sa force est épuisée;
   Jusques à quand, banal adulateur,
Grossirai-je la tourbe ignoble et méprisée
     Des valets appelés clients
Qui traînent tout le jour, à la suite des grands,
    Les débris de leur robe usée,
Pour obtenir le soir cent malheureux quadrans,
Sous le nom de sportule, aumône déguisée,
   Quand Scorpus, un simple écuyer,
   Guidant un char, en moins d'une heure,
Reçoit une couronne, et porte en sa demeure
Quinze sacs remplis d'or qu'a gagnés son coursier?
Quant à moi, je ne veux, pour prix de mes ouvrages,
  Si toutefois ils ont quelque valeur,
Ni les blés dont le Nil féconde ses rivages,
Ni le miel dont l'Hybla parfume la saveur.
  Les vastes champs de la riche Appulie
    Et les délicieux raisins
    Que l'on voit, des marais Pontins,
Revêtir les coteaux que domine Sétie,
N'ont rien qui me séduise et qui me fasse envie ;
Que demandé-je donc? au sein d'un doux loisir
   Je veux végéter et dormir.

76.

SUR MOEVIUS.

Combien dans ses faveurs la Fortune est inique !
Un homme, qui n'est point esclave syrien,

Ou parthe, ou cappadocien,
Ni chevalier de nouvelle fabrique;
Un vrai fils de Numa, de Rome citoyen,
Profondément instruit, aimable, homme de bien,
D'une moralité parfaite,
Qui n'a qu'un seul défaut, mais bien grand, j'en convien,
Le défaut d'être aussi poëte,
Le digne Mœvius, au milieu de l'hiver,
Demi vêtu d'une brune capote,
Chemine à pied, de froid grelotte,
Tandis qu'Incitatus, ce parvenu d'hier,
Ci-devant muletier, de sa pourpre tout fier,
Se pavane à cheval et le couvre de crotte!
Aveugle Fortune, en tes choix,
Que de quiproquo j'aperçois!

77.

CONTRE LE MÉDECIN CARUS, A MAXIME.

Carus est mort, Maxime, une fièvre inhumaine
Nous l'a ravi dans moins d'une huitaine.
Pauvre Carus! de grand cœur je te plains.
Ah! si ta fièvre tierce avait été quartaine,
Tu t'en disais le médecin,
Et tu ne serais mort du moins que de ta main.

78.

A MACER.

C'en est donc fait, tu nous quittes, Macer;
Et Salone, aux bords de la mer,

Pour la régir en ce moment t'appelle.
Tu pars; la probité, l'honneur, la bonne foi
 Et l'équité, leur compagne fidèle,
Vont marcher à ta suite et partir avec toi.
Pauvre, bien différent de ces préteurs cupides,
De ces Verrès portant partout leurs mains avides,
On te voit du pouvoir sortir plus pauvre encor.
Heureux cultivateur d'un sol fécond en or,
Ton sage gouverneur te quitte les mains vides;
Tu voudrais l'arrêter; avec des yeux humides
Tu lui fais tes adieux, en te félicitant
  De l'avoir eu pour intendant.
Et moi, Macer, je pars pour la Celtibérie,
Et vais te regretter dans mon âpre patrie.
 Mais quels que soient les ouvrages nouveaux
Que ma muse écrira sur les rives du Tage,
  Empruntant un de ses roseaux,
Ton nom y brillera, Macer, à chaque page.
Les poëtes anciens ont surtout ton hommage;
Lis-moi comme un ancien; heureux si ta faveur,
 Poussant pour moi jusqu'au bout l'indulgence,
 Dans ton estime ainsi que dans ton cœur,
M'accorde à côté d'eux une place d'honneur,
Et sur moi si Catulle a seul la préférence!

79.

SUR TORQUATUS ET OTACILIUS.

LA GRENOUILLE ET LE BOEUF.

Le riche Torquatus à la troisième pierre
Possède un beau manoir ou plutôt un palais;

Otacilius, tout auprès,
Achète un petit champ avec une chaumière.
En marbre, le premier fait construire à grands frais
Des thermes, décorés d'argent, d'or et d'ivoire;
Le second aussitôt se donne une baignoire.
L'un enrichit son parc d'un beau plant de lauriers;
    L'autre sème cent châtaigniers.
Torquatus est consul; Otacilius, maire,
  De son voisin se prétend le confrère.
  Auprès d'un bœuf, la grenouille autrefois
En voulant l'égaler creva, nous dit la fable;
Auprès de Torquatus, son envieux, je crois,
  Bientôt rendra le conte véritable.

80.

SUR ÉROS.

Le jeune Éros voit-il quelque objet curieux,
  Un meuble, un vase, un bijou précieux?
Le désir de l'avoir aussitôt le tourmente;
Il le couve des yeux, il voudrait l'emporter;
  Mais, par malheur, il faudrait l'acheter.
Forcé de s'en passer, il pleure, il se lamente.
Que d'Éros parmi nous! pour semblable sujet,
  Tel feint de rire, et gémit en secret!

82.

A GALLUS.

Si mon déplacement te pouvait être utile,
On me verrait, client complaisant et docile,

Toujours prêt à quitter mon modeste réduit ;
En hiver, en été, de jour comme de nuit,
Pour t'obliger, courir tous les coins de la ville.
 Mais si pour toi ma fatigue est stérile,
  Si tu n'en reçois aucun bien,
 Gallus, au nom des tourments que j'endure,
A ton client, que dis-je ? à ton concitoyen,
  Épargne enfin, je t'en conjure,
Un servile travail, inutile torture
Qui l'épuise, le tue, et ne t'avance en rien.

83.

A MARINUS.

Marinus, de ton front privé de chevelure,
Quelques crins rassemblés sont l'unique parure.
Par le double bouquet sur tes tempes resté,
  Et sur l'occiput rapporté,
Tu crois pouvoir des ans dissimuler l'injure.
Mais le souffle jaloux des zéphyrs indiscrets
 Bientôt les rend à leur première place,
Et ne laisse après eux que quelques longs filets
Qui de ton crâne ras sillonnent la surface,
Et font mieux remarquer encor sa nudité.
On s'imagine voir Hermérote escorté
  Du côté droit par Splendophore,
  Et de l'autre par Télesphore.
  Tu ne saurais tromper nos yeux,
Marinus ; franchement confesse ta vieillesse ;
  Le peu de poils qu'elle te laisse

Livre-les au rasoir; car rien n'est plus hideux
Qu'un chauve qui prétend se donner des cheveux.

84.

A COECILIANUS, SUR AFER.

Il est minuit, et sans retard
Ton épouse au lit te réclame.
— Mon ami, regarde ma femme,
Et ne t'étonne plus que j'attende si tard.

85.

SUR LE BATELIER LADON.

Le batelier Ladon, au déclin de son âge,
Avait, non loin du Tibre, acquis quelque terrain ;
Mais, en se débordant, l'hiver, son cher voisin
Quelquefois lui causait un notable dommage.
    Que fait Ladon? Il prend son vieux bateau
        A sec resté sur le rivage,
Il le remplit de pierre entassée en monceaux,
Et de sa masse aux flots il barre le passage.
Ainsi l'adroit vieillard par un moyen nouveau
D'un bateau submergé sut tirer avantage.

86.

SUR LAURUS, ANCIEN JOUEUR A LA BALLE.

Jamais d'une maîtresse on ne fut amoureux
Comme Laurus jadis le fut des jeux de balle;

Il était jeune alors ! du temps la loi fatale
  Fait, aujourd'hui, qu'inhabile à ces jeux,
Lui-même des joueurs est la première balle.

87.

SUR LE JOUR NATAL DE RESTITUTUS.

Rome, voici le jour heureux
Que tu dois tout entier à la reconnaissance ;
Trêve au barreau ! partout que règne le silence !
  Ne fais entendre aujourd'hui que des vœux.
    Du mois d'octobre les calendes
    Ont vu naître ton Restitut ;
Signale ce grand jour par un digne tribut.
Loin d'ici des clients les vulgaires offrandes,
Les tablettes, la cire, et les minces tapis !
En décembre ils auront et leur place et leur prix ;
    C'est à des mains plus magnifiques
  Qu'en ce moment il appartient d'offrir
Les étoffes de Perse et la pourpre de Tyr,
Qu'étalent d'Agrippa les somptueux portiques.
Un riche citoyen dans une nuit d'ivresse
    A-t-il commis quelque méfait ?
Par tes soins, Restitut, à la peine soustrait,
Qu'une belle synthèse, en ce jour d'allégresse,
    L'acquitte envers son défenseur.
    Que d'un parjure séducteur
    Une intéressante victime
Grâce à toi l'ait forcé de réparer son crime,
    Elle-même à son protecteur
Doit offrir un rubis d'une haute valeur.

De l'antiquité vénérable,
Un amateur aussi vieux que Nestor,
Du fameux Phidias donne une coupe d'or
Qui doit avec honneur figurer sur ta table.
Le lièvre du chasseur, le chevreau du fermier,
Du pêcheur le butin, garnissent ton cellier.
Chacun donne du sien; pour compléter la fête,
Quel présent penses-tu qu'offrira ton poëte?

88.

CONTRE COTTA.

Sous couleur d'obliger les juges que tu guettes,
Valet trop empressé, tu prends leurs sacs poudreux,
Tu prends leur portefeuille et jusqu'à leurs tablettes;
    On n'est pas plus officieux.

89.

SUR LA STATUE DE JUNON, PAR POLYCLÈTE.

A la Junon, chef-d'œuvre de ta main,
Que Phidias lui-même eût vu d'un œil d'envie,
Tu prêtas, Polyclète, un éclat si divin,
Qu'en un moment elle eût du berger de Phrygie
    Su fixer le choix incertain.
    Les déesses humiliées,
    Réprimant un dépit jaloux,
D'accord avec Pâris, se seraient écriées:
    Elle en est plus digne que nous!

Si Jupiter aimait moins son épouse,
Sa Junon de la tienne aurait été jalouse.

92.

A MARIUS.

Cher Marius, toi qu'Atina se vante
 De compter parmi ses enfants,
 Et qui dans mon humble Nomente
Viens souvent près de moi goûter la paix des champs,
Je pars, et vais revoir cette patrie absente
 Dont le regret me suit depuis longtemps;
Mais avant mon départ écoute ma demande :
 Instamment je te recommande
 Ces jeunes pins, frères jumeaux,
 L'honneur de mon agreste enclos,
L'yeuse chère au faune, et ces autels de pierre
Consacrés, l'un au dieu qui lance le tonnerre,
L'autre à Sylvain; autels grossièrement construits,
Qu'ont souvent teints de sang le bouc et la brebis;
Et ce bois de lauriers, où Flore, dans sa fuite,
De Priape souvent élude la poursuite.
Les dieux de mon hameau ne sont pas exigeants.
 A peu de frais, de simples sacrifices
Et quelques grains d'encens te les rendront propices.
 Surtout, dis-leur, en offrant tes présents :
Martial est parti; quelque lieu qu'il habite,
Absent, de ses devoirs envers vous il s'acquitte;
 Pour lui daignez être indulgents;
 Et par ma main acceptant son offrande,
Accordez à tous deux ce qu'un seul vous demande.

93.

A CLÉMENT.

Si tu vois avant moi la ville d'Anténor
Et ses coteaux vineux, ami, porte à Sabine,
   Ces fruits léger d'une muse badine,
   Que le public ne connaît pas encor,
Et que vient de parer leur robe purpurine.
Un livre que nul doigt encor n'a pu salir,
Plaît ainsi qu'une fleur que l'on vient de cueillir.

94.

ENVOI DE FRUITS.

Du riche Alcinoüs je n'ai point le verger,
Ni le dragon qui veille aux jardins Hespérides ;
   Le mien pourtant voit mûrir sans danger
     Quelques fruits âpres, insipides,
Qui craignent peu la main des ravisseurs avides.
Pour vous, un pareil don serait sans aucun prix ;
Mais recevez ceux-ci, d'une espèce moins dure,
Qu'ailleurs, exprès pour moi, cet automne a mûris;
Je viens de les cueillir au marché de Suburre.

95.

A AVITUS.

   Tu t'étonnes, cher Avitus,
   Qu'ayant vieilli dans votre cité reine,

A chaque instant je t'entretienne
De peuples étrangers, de toi presque inconnus,
Et des sauvages bords de la Celtibérie ;
Que j'aspire à revoir le Tage aux sables d'or,
Le Xalon, dont les eaux arrosent ma patrie,
Et cette Bilbilis qui m'est si chère encor ;
Cette campagne inculte, et cette humble chaumière,
Pauvre, mais qui pourtant ignore la misère.
Le séjour qui me plaît et qui flatte mes vœux,
C'est l'asile où sans or je puis me rendre heureux,
Où, presque dans un' rien on rencontre l'aisance,
  Où peu de chose est l'abondance.
Chez vous, pour se chauffer durant les plus grands froids,
Avec parcimonie on ménage le bois ;
 Là-bas, des troncs entiers d'if, d'orme et chêne,
S'entassent dans un âtre où la flamme reluit.
Quatre robes par an vous suffisent à peine ;
Chez nous, pour quatre étés une seule suffit.
Vous nourrissez le sol, qui là-bas nous nourrit.
Vous vivez à prix d'or, le marché vous ruine ;
Du produit de mon champ, sans argent moi je dîne.
Courtise donc les grands, quand ton propre terrain
T'offre ce qu'un patron te fait attendre en vain !

97.

SUR NUMA.

Numa dans son lit se mourait,
Et son bûcher se préparait ;

Parfums, porteurs, tout était prêt.
Il dicte un testament bien vite
Par lequel après lui j'hérite ;
Voilà-t-il pas qu'il ressuscite !

99.

SUR UNE STATUE DE SOCRATE.

Qu'on l'habille en Romain, ce Socrate, à vrai dire,
Sera Rufus jouant un rôle de satyre.

100.

SUR UN PLAGIAIRE.

Imbécile ! pourquoi mêler tes vers aux miens ?
Mon livre, qui t'accuse, a décélé les tiens.
Du renard au lion quelle est la ressemblance ?
L'aigle avec le hibou peut-il faire alliance ?
Que de ses pieds Lada t'en donne un à ton choix,
Tu n'en courras pas mieux si ton autre est de bois.

101.

SUR CAPITOLIN.

Que ce Gabba, fameux par ses bouffonneries,
Dont égayer Auguste était l'unique lot,

Revienne des enfers, et de plaisanteries
Qu'avec Capitolin il engage un assaut;
   Les connaisseurs en fait de railleries
Diront : Retire-toi, Gabba; tu n'es qu'un sot.

102.

A AVITUS SUR PHILOENIS.

Philœnis est eunuque, et pourtant il est père.
— Comment? par quels moyens?... Par des moyens fort clairs.
Avitus, Gaditan t'explique ce mystère :
Il est poëte; eh bien, il ne fait point de vers.

103.

A SES COMPATRIOTES DE BILBILIS.

O mes concitoyens, vous à qui Bilbilis
Comme à moi, sur son roc, a donné la naissance,
   N'êtes-vous pas flattés qu'un de ses fils
   Longtemps absent vous rende sa présence?
Je suis votre poëte : avec indifférence
Vous ne recevrez point l'auteur de ces écrits,
Qui, tout en m'illustrant, honorent mon pays.
Vérone doit sa gloire à l'élégant Catulle,
Et peut vous envier aujourd'hui son émule.
Près d'un septième lustre aux miens s'est ajouté,
Tandis que de Cérès, durant ma longue absence,
   Vos gâteaux ont sans moi fêté
   La rustique solennité.

Rome, depuis ce temps, par sa magnificence,
 Me retenant dans ses murs arrêté,
  Vous a dérobé ma jeunesse :
  Aujourd'hui, si par des égards,
Par des soins, vous daignez honorer ma vieillesse,
J'arrive; s'il en est autrement, je repars.

104.

A SON LIVRE.

Pars, traverse la mer, et dans son long voyage,
 Mon livre, accompagne Flavus ;
Secondé par les vents, débarque sans naufrage
  Aux bords qui me sont si connus
  De la Tarragone espagnole ;
 Puis, encaissé dans une carriole,
En cinq jours de relais tu te verras rendu
Aux lieux où Bilbilis couronne un roc aigu,
Que baigne le Xalon, pour elle vrai Pactole.
  En arrivant, sans nul retard,
  Va complimenter de ma part
Mes amis peu nombreux, amis d'ancienne date,
Dont je suis éloigné depuis trente ans, et plus ;
De les revoir bientôt dis-leur que je me flatte.
  Surtout, recommande à Flavus
De m'apprêter, pourtant sans prendre trop de peine,
  Une retraite agréable et bien saine,
   Où ton père puisse, à son gré,
   Loin des importuns retiré,
  S'abandonner à sa douce paresse.
Mais je te retiens trop : cher livre, je te laisse.

Le vent ouvre le port, et le patron grondeur
T'appelle à bord, gourmandant ta lenteur.
Je n'ai rien de plus à te dire ;
Pars donc ! tu dois savoir, pour un seul voyageur,
Qu'on ne retarde pas le départ d'un navire.

FIN DU DIXIÈME LIVRE.

LIVRE ONZIÈME.

1.

A SON LIVRE.

Où courez-vous, parés comme en un jour de fête,
Mes vers ? et que prétend ce grand air de conquête ?
Vous voulez, dites-vous, visiter Parthénus ?
  Soit ! mais vos pas seront des pas perdus,
Et vous me reviendrez sans avoir été lus.
Il n'a jamais en main que placet ou requête.
     Aux Muses s'il faisait la cour
Ce serait à la sienne : il est aussi poëte ;
Et vous pourrez longtemps attendre votre tour.
Mais quoi ! vous rougiriez d'un lecteur plus vulgaire ?
Trop heureux s'il s'en trouve à qui vous puissiez plaire !
Croyez-moi, rendez-vous dans le champ Quirinal
Si vous ne voulez voir votre attente trompée.
  Pour votre objet tout portique est égal ;
   Voyez celui d'Europe ou de Pompée,
    Ou celui du navigateur
Qui, le premier, des mers brava la profondeur !
    Là, le sort pourra vous conduire
    Au milieu d'un cercle flâneur,
Qui, par désœuvrement, peut-être voudra lire

Ce recueil d'un frivole auteur,
Recueil sur qui les vers ont un droit de pâture;
Encor, n'espérez pas cette insigne faveur
  S'ils n'ont, avant, stipulé leur gageure,
    Les uns en faveur de Scorpus,
    Les autres pour Incitatus.

2.

A SES LECTEURS.

Arrière la rigueur des austères Catons!
Arrière la matrone et la fille rustique
  Des premiers temps de notre république,
Dont jamais on n'a vu se dérider le front!
    Loin, celle dont la pruderie,
    Sous un masque d'hypocrisie,
  Dérobe au jour les secrets de la nuit!
Nerva règne, et ma muse, aujourd'hui, sans scandales,
Admettant la gaîté des libres saturnales,
Peut braver le censeur qui pas à pas la suit.

3.

A SES LECTEURS.

Lecteur blasé, que rien ne saurait satisfaire,
    Relis du ténébreux Sanctras
    L'inintelligible fatras;
Ce livre est pour moi seul : rien ne t'en pourra plaire;
    Ailleurs va chercher ton affaire.

4.

A SES OUVRAGES.

Ce n'est pas à flatter l'indolente apathie
De citadins oisifs, lassés de leur repos,
Que se bornent les fruits de mes heureux travaux;
Je veux d'autres succès, et ma chère Thalie
Ne jette pas ses vers à l'oreille des sots.
Mais parmi les frimas, au fond de la Gétie,
Le dur centurion les lit sous ses drapeaux;
Même dans la Bretagne, on me dit qu'on les vante,
    Qu'on les répète, qu'on les chante;
Mon succès est complet : mais que m'importe, hélas!
    Ma bourse ne s'en ressent pas.
    Inspiré par la muse épique
Peut-être j'aurais pu, célébrant les combats,
A mon tour emboucher la trompette héroïque,
Et vivre en mes écrits au delà du trépas.
    Destin flatteur, dont la Fortune injuste
        M'interdit l'espoir glorieux!
Rome, quand dans Nerva le ciel te rend Auguste,
    Rends-moi Mécène, et comble ainsi mes vœux!

5.

INVOCATION AUX DIEUX EN FAVEUR DE NERVA.

O vous, Divinités de l'antique Pergame
    Que le frère d'Hector sauva de Troye en flamme,
Du roi Laomédon négligeant le trésor,
Jupiter, dont l'image à jamais consacrée,

Pour la première fois, parmi nous brille en or;
Junon, de Jupiter épouse révérée;
    Pallas, du ciel principal ornement,
    Qui de ton père est fille doublement;
Toi, Janus, qui trois fois en nobles caractères
As signalé Trajan aux fastes consulaires;
Vous tous, Dieux qui veillez au salut de l'état,
Comblez de vos faveurs le prince et le sénat!
    Que l'un toujours soit semblable à lui-même,
Et que l'autre en ses mœurs imite un chef qu'il aime!

6.

ÉLOGE DE NERVA TRAJAN.

Numa, par la droiture et par la probité,
    Sur vous, Trajan, ne l'a pas emporté.
    Numa naquit, vécut dans l'indigence
Au milieu des Crésus soumis à sa puissance;
Il était venu pauvre, et pauvre il est resté,
Sans connaître l'écueil de la prospérité.
Mais conserver des mœurs au sein de l'opulence,
Et pour règle n'avoir que l'honneur, l'équité,
C'est un sublime effet de vertu, de constance,
    Qui, chez Trajan, à son comble est porté,
Et qui doit pour exemple être à jamais cité.
Renaissez de nos jours, illustres personnages
    Dont le nom partout est vanté;
Des champs Élysiens quittez les verts bocages,
Et venez à Trajan apporter vos hommages!
    Moins jaloux de la liberté,
Camille pour son roi voudra le reconnaître.

Et de Fabricius la dure austérité
  S'honorera des bienfaits de son maître ;
Brutus même aimera dans lui son souverain.
    Le cruel Sylla, dans sa main
    Abdiquera sa puissance usurpée ;
Crassus lui livrera ses plus riches trésors,
Et César, citoyen, embrassera Pompée ;
Si Caton avec eux revient des sombres bords,
Partisan du plus doux et du meilleur des règnes,
    Caton voudra marcher sous ses enseignes.

7.

SATURNALE.

Voici les jours voués à la réjouissance,
Où le joueur, sans crainte, agite son cornet ;
Où l'esclave d'hier arbore le bonnet,
Signe de liberté, quelquefois de licence.
Dans ces jours où Saturne ordonne l'indulgence,
    Sans doute aussi, Rome, tu me permets
    Des traits badins, gaîtés sans conséquence.
Tu ris ? donc tu consens : j'ai gagné mon procès.
    Pâles Soucis, et toi, noire Tristesse,
      Fuyez ! en prose ainsi qu'en vers
    Je veux parler à tort comme à travers.
A mon secours, Bacchus, père de l'allégresse !
    Esclave, saisis ce flacon,
Verse-moi du Cécube, et d'une main légère
    Ne remplis qu'à moitié mon verre,
    Ainsi que faisait pour Néron
    Pythagoras son échanson.

Mais, verse plus souvent ; à jeun, vrai philosophe,
A quoi puis-je être bon? à rien.
Mais lorsque j'ai bu, je vaux bien
Vingt poëtes de mon étoffe.

9.

SUR UN BAISER DE SA MAITRESSE.

Ce que sent un amant qui vient de voir sa belle,
Les safrans de Coryce en leur maturité,
Le fruit qui, pour l'hiver, dans sa caisse est resté,
Un verger tout en fleurs dans la saison nouvelle,
Les vêtements royaux qu'une armoire recèle,
Une riche couronne apprêtée au matin,
Qui du front d'un convive échappe en un festin ;
L'ambre odorant que froisse une main enfantine,
L'amphore où le falerne a séjourné longtemps,
Les odeurs de Cosmus, des Dieux le pur encens,
Les jardins de Sicile où l'abeille butine,
Enfin tous les parfums, ensemble confondus,
N'ont rien de comparable aux baisers de ma belle.
—Tu nous en as trop dit pour n'en pas dire plus;
Achève donc, et dis-moi, quelle est-elle?
Son nom? —Mon cher Sabin, je t'ai dit son baiser,
Tu n'en sauras pas plus.—Peux-tu me refuser?
Je jure le secret. —Son nom est un mystère,
Et je crois, pour raison, que je dois te le taire.

10.

SUR UN PORTRAIT DE MÉMOR.

Un favori de Melpomène,
Mémor, respire en ce vivant tableau;

Un Apelle pourrait envier le pinceau
Qui nous peignit ce front que couronne le chêne.

11.

SUR TURNUS, FRÈRE DE MENTOR.

« Turnus eût honoré la tragique carrière,
    A la satire il s'est réduit. »
    — Dans le genre que Mentor suit
Pourquoi ne veut-il pas s'exercer? — C'est son frère.

12.

A SON ESCLAVE.

Ces vases précieux et ces frêles cristaux
Que l'art égyptien travaille en ses fourneaux,
Esclave, emporte-les; d'une main assurée
    Présente-moi la coupe révérée
        Que mes respectables aïeux
        Par leurs lèvres ont consacrée,
Et qu'un contact impur n'a point déshonorée !
    Loin de ma table un luxe scandaleux !
    Il n'appartient qu'à toi, Sardanapale,
        De boire dans des coupes d'or,
A toi qui profanas l'œuvre du grand Mentor,
Jusqu'à le condamner à l'emploi le plus sale.

13.

CONTRE ZOÏLE.

Qu'on t'accorde les droits d'un Romain sept fois père,
Soit ! mais qu'on ne te prête au moins père ni mère.

14.

ÉPITAPHE DE L'ACTEUR PARIS.

Suspends tes pas, arrête, ô voyageur !
Au bord de ce chemin, sous cette tombe illustre
  Repose un immortel acteur.
Du théâtre romain, qui lui dut tout son lustre,
 Longtemps il fut et l'amour et l'honneur,
Comme il est maintenant l'objet de sa douleur.
 Des bords du Nil, la gaîté, la finesse,
L'urbanité de Rome et sa délicatesse,
Tous les moyens de plaire, en ce lieu réunis,
  Y reposent avec Pâris.

15.

ÉPITAPHE D'UN TRÈS-JEUNE ENFANT.

Toi qui de Colonus hérites aujourd'hui,
 Ne livre pas sa dépouille à la terre;
Il fut si délicat, qu'un seul grain de poussière
  Pèserait trop encor sur lui.

18.

A SABINUS.

Qu'on garde pour la nuit tel morceau trop badin,
Soit ! mais j'en donne aussi qu'on peut lire au matin.

19.

A LUPUS.

D'un enclos hors des murs, Lupus, tu m'as fait don;
 Mais, cher ami, quelle en est l'étendue?
 A ma fenêtre en ville, sur la rue,
J'en possède un plus grand; et, sans prévention,
Peux-tu nommer campagne un jardin avorton
 Où tu nous fais d'une touffe de rue
Un bois qui de Diane ose porter le nom?
 Il suffirait d'une aile de cigale
 Pour l'abriter du chaud et des frimas,
 Et la fourmi la plus frugale
De son produit d'un an ne ferait qu'un repas.
 Une rose, avant qu'elle s'ouvre,
 D'une feuille en entier la couvre
 Et la couronne d'un feston.
 Là, nulle plante potagère,
 Soit du pays, soit étrangère ;
Le concombre n'y peut s'étaler de son long,
Ni le plus petit ver y trouver un asile;
 Une chenille, un moucheron
 Y meurt de faim ou s'en exile.

Le champignon n'y peut mûrir
Non plus que la figue sauvage,
Ni la violette s'ouvrir.
Priape désarmé ne saurait y tenir.
La taupe en moins d'une heure y fait le labourage.
Un mulot, terreur du canton,
Seul y cause plus de ravage
Que le monstre de Calydon.
Une coquille tient le fruit de ma moisson;
Par Progné la paille enlevée
Fournit à peine un nid pour sa couvée;
Pour ma vendange, une coque de noix
Qu'a scellée un enduit de poix
En contient toute la cuvée.
Ami Lupus, au lieu d'un semblable jardin,
Que ne me donnais-tu plutôt un bon festin?

25.

A LABULLE.

Ami, tandis que par la ville
Comme ton ombre je te suis,
Que chez toi je te reconduis,
Qu'à tout ce que tu fais et dis,
Client complaisant et docile,
Du matin au soir j'applaudis,
Que d'écrits j'aurais pu produire!
Tout ce que Rome vante, admire,
Ce que chevaliers, sénateurs,
Étrangers, s'empressent de lire,

Ce que maint poëte déchire
S'anéantit pour les lecteurs,
Et le tout, afin qu'à ta suite
On remarque un client de plus.
Déjà, dans leur agile fuite,
Des mois entiers sont disparus
Depuis que mon dernier ouvrage
Ne s'est pas accru d'une page.
O du temps déplorable abus!
Qui peut te voir et te comprendre?
Mais c'est à quoi devra s'attendre
Tout poëte qui, comme moi,
Ne saura pas dîner chez soi.

31.

CONTRE COECILIUS.

Nouvel Atrée, aux citrouilles funeste,
Sur elles Cœlius exerce la fureur
Que ce monstre exerça sur les fils de Thyeste.
    Nulle n'échappe à son fer destructeur;
Combien pour un dîner tombent en sacrifice!
Sur la table d'abord en hors-d'œuvre il les sert:
    Puis, au premier, puis au second service;
    Jusqu'à la fin, citrouille en exercice
      Vous poursuivra jusqu'au dessert.
Les arts sont appelés pour servir son caprice.
Pâtissier, il en fait des gâteaux sans saveur,
    Des biscuits et des tartelettes,
    De ces dattes, de ces gimblettes
Que dans les jeux publics on offre au spectateur.

Cuisinier et maître d'office,
Il imite le champignon,
Le mince anchois et la longue saucisse,
La lentille, la fève et la hure du thon,
Si bien qu'à peine l'œil démêle l'artifice.
Pour relever la saveur de ses mets,
L'art culinaire épuise ses secrets.
C'est la feuille de rue en filets divisée,
Et la menthe par qui la faim est aiguisée,
Herbes que son jardin lui procure sans frais ;
C'est le cresson piquant et l'agaçante oseille.
C'est ainsi qu'il remplit ses écuelles, ses plats,
Ses jattes, ses bassins ; et croit faire merveille
Lorsque pour un si beau, si splendide repas,
Il ne dépense qu'un seul as.

33.

CONTRE NESTOR.

Tu n'as ni foyer, ni manteau,
Ni lit à loger la vermine ;
Pas une natte de roseau
Dans la plus chétive chaumine.
Tu n'as point d'amis, de parents ;
Pas un meuble, nul ustensile ;
Pas même une coupe d'argile.
On ne te connaît point d'enfants ;
Tu n'as ni valet ni servante,
Ni serrure, ni clef, ni chien.
En un mot, Nestor, tu n'as rien.
Cependant ton orgueil se vante

D'être pauvre; et, tout glorieux
D'en porter le nom, dans les jeux
Quand par ordre chacun se classe,
A titre de pauvre, tu veux
Parmi le peuple prendre place.
J'ai pitié de ta vanité;
Ne posséder rien sur la terre,
Nestor, ce n'est plus pauvreté,
C'est bien franchement la misère.

34.

SUR PRASINUS.

Néron est mort, et, depuis qu'il n'est plus,
La palme, dans nos jeux, suit encor Prasinus.
Maintenant, vils jaloux, après chaque victoire,
Direz-vous qu'à Néron ses triomphes sont dus?
Est-ce encore à Néron qu'en appartient la gloire?

35.

SUR APER.

Aper, pour se loger, achète un vilain trou,
    Masure noire, antique, misérable.
    Dont ne voudrait pas un hibou;
Mais il trouve un voisin généreux, honorable :
A défaut de logis, il aura bonne table.

36.

A FABULLUS.

A ta table, où je vois siéger mille inconnus,
Tu t'étonnes, te plains, même avec amertume,
Qn'instamment invité, je ne paraisse plus ;
Mon ami, dîner seul ce n'est pas ma coutume.

37.

SUR CAÏUS JULIUS PROCULUS.

O bonheur ! cet ami que je croyais perdu ,
Julius Proculus à mes vœux est rendu !
Pourrais-je signaler d'une pierre assez belle
Le beau jour qui met fin à ma peine cruelle ?
Tout espoir m'avait fui : j'ai pleuré son trépas,
Et l'ai cru sur les bords d'où l'on ne revient pas.
Transports de l'allégresse, éclatez sans contrainte,
Et soyez sans mesure, ainsi que ma douleur !
Le plaisir est plus vif acheté par la crainte.
Hypné, réveille-toi ! D'où vient cette lenteur ?
A plein bord verse-moi le falerne immortel,
Le plus vieux convient seul en ce jour solennel.
Buvons à Proculus, et, sans en rien omettre,
Amis, de son nom triple arrosons chaque lettre.
    Buvons, d'abord, cinq fois pour Caïus,
       Ensuite six pour Julius,
      Et huit, enfin, pour Proculus.

38.

CONTRE ZOÏLE.

Prendre une livre d'or pour sertir une pierre,
Et dans ce lourd chaton l'ensevelir entière !
Zoïle est fou, sans doute, ou du moins je le crois.
    Un anneau d'un semblable poids
A ses jambes pouvait appartenir naguère,
    Mais il pèse trop pour ses doigts.

39.

SUR UN MULETIER SOURD.

Quoi ! pour un muletier payer dix mille écus ?
C'est bien cher ! — Il est sourd ! — Je ne m'étonne plus.

40.

CONTRE CHARIDÈME.

Ami, tu m'as bercé dès ma plus tendre enfance,
Et tes soins m'ont conduit jusqu'à l'adolescence.
Mais enfin j'ai grandi ; je suis homme, et pourtant
Tu prétends me traiter encor comme un enfant.
Quitte un ton de rigueur qui n'est plus à sa place.
La barbe maintenant me noircit le menton,
Et commence à piquer les belles que j'embrasse.
Le fermier, l'économe, et toute la maison,

Ainsi que moi, redoutent ta présence.
Tu ne me passes rien, et tu te permets tout.
Tu m'interdis les jeux, les amours et la danse ;
Tant de sévérité lasse mon indulgence ;
    Je sens qu'enfin elle est à bout,
      Et rougit de sa dépendance.
Que de piteux hélas, combien de longs soupirs,
Lorsque ton zèle austère inspecte mes plaisirs !
De la moindre gaîté tu me fais un scrupule ;
A peine si ma main échappe à ta férule.
Si j'endosse de Tyr un riche vêtement,
    Ou parfume ma chevelure,
    Aussitôt j'entends ton murmure :
« Votre père jamais n'en aurait fait autant ! »
Chaque fois que je bois, à voir ton air sévère,
On croirait de ton vin que j'ai rempli mon verre.
C'est trop : je ne veux plus d'affranchi pour censeur ;
Une épouse bientôt sera mon gouverneur.

41.

SUR LUPERCUS.

Toi, l'amant déclaré de Glycère aux yeux doux,
    Et qui bientôt devais en être époux,
Depuis six mois, dit-on, tu ne l'as pas revue :
Qu'est-il donc arrivé ? Quelle cause imprévue
    T'éloigne d'elle, et depuis si longtemps ?
      C'est que la belle a mal aux dents.

42.

SUR AMYNTAS.

Chargé de soigner un troupeau,
Et tout fier de le voir et si gras et si beau,
Le pasteur Amyntas arrive au pied d'un chêne,
Qui, surchargé de glands, ne les portait qu'à peine.
Il y monte aussitôt, et secoue un rameau,
    Qui, fléchissant sous le double fardeau,
    Crie, et se rompt; dans sa chute il entraîne,
    Et raide mort étend le pastoureau.
Le père, en sa douleur, adressé mainte injure
    A l'arbre, qu'il fait arracher,
Et pour son pauvre fils il en forme un bûcher.
Ne va pas te risquer à pareille aventure,
Lygdé; que ton voisin engraisse son troupeau;
Du tien contente-toi de soigner la pâture,
Sans exposer tes jours pour le rendre plus beau.

43.

CONTRE COECILIEN.

A ma muse épigrammatique
Cesse de proposer d'insipides sujets,
    Cœcilien; l'abeille attique
Emprunte ses trésors aux fleurs de ses bosquets,
Et non aux sucs amers des ifs de la Corsique.

45.

A UN VIEILLARD VEUF ET SANS ENFANT.

Pauvre autrefois, tu vis dans ta jeunesse
  Des amis vrais s'attacher à ton sort;
Riche et seul aujourd'hui, ta crédule vieillesse
Au sein de faux amis tranquillement s'endort;
Tes amis d'autrefois partageaient ta détresse,
Tes amis d'aujourd'hui n'aspirent que ta mort!

49.

SUR SILIUS ITALICUS.

Possesseur du manoir de l'orateur romain,
  A Maron, Silius ouvre un funèbre asile;
Du fameux Cicéron jamais le domicile
Pouvait-il s'honorer d'un plus noble destin,
    Ou la cendre du grand Virgile
    Tomber en plus illustres mains?

50.

CONTRE PHYLLIS.

Il n'est point de moment, Phyllis, où ton adresse
N'exploite sans pitié mon aveugle tendresse.
Ta servante, accourant, d'un air de désespoir :
« Ma maîtresse, dit-elle, a brisé son miroir.

— De son oreille hier la boucle s'est rompue.
— En coulant de son doigt sa bague s'est perdue.
— Son pot de rouge est vide, et sa boîte aux parfums
En attend de nouveaux, et qui soient moins communs.
— D'une étoffe de soie une femme, en cachette,
Au quart de sa valeur, lui propose l'emplette.
— Pour détourner l'effet d'un songe, le devin
Exige dix flacons noircis du plus vieux vin.
— Elle traite une amie aussi riche qu'aimable,
Et d'un très-gros barbeau voudrait parer sa table. »
Enfin, belle Phyllis, il n'est pas de moyen
Que pour me rançonner ton astuce n'invente ;
Chaque jour en cadeaux te rend plus exigeante ;
Et des rebuts, voilà ce qu'en retour j'obtien.
Ah ! de grâce, Phyllis, sois plus reconnaissante,
Et, quand j'accorde tout, ne me refuse rien.

51.

SUR SILIUS ITALICUS.

Sans monument, sans culte, sans honneur,
 Errait l'ombre du grand Virgile ;
Silius, près d'Arpi, lui dédie un asile :
 Il était son émule, il est son protecteur.

53.

A JULIUS CEREALIS.

Si tu n'as pas d'engagement
 Pris d'avance, et que tu préfères,

Viens, en dînant chez moi, goûter quelque agrément,
    Sans déranger aucunement
    Tes habitudes ordinaires.
  Quand le soleil, aux deux tiers de son tour,
    Annoncera la huitième heure,
Aux bains de Stéphanus, voisins de ma demeure,
Ensemble nous irons braver les feux du jour.
Le dîner, pour entrée, offrira la laitue
Balai de l'estomac, des filets de poireaux,
    Des thons de l'espèce menue,
  Sorte d'anchois, mais cependant plus gros,
Le tout couronné d'œufs et de feuilles de rue;
D'autres œufs, apprêtés sur un feu ralenti,
Aux foyers de Vélabre un fromage durci,
Et l'olive onctueuse, aux buveurs favorable,
Que le froid de Picène a fait un peu rider,
Voilà les premiers mets qui garniront ma table.
Veux-tu d'autres détails? Pour mieux te décider,
Dussé-je un peu mentir, je vais t'affriander.
Le ventre d'une laie, avec sa garniture,
    A qui le thon prêtera sa saumure;
    Quelques poissons choisis et délicats,
    Accompagnés d'huîtres, de coquillages;
Des poulets, des canards, soit privés, soit sauvages:
    Tel est le menu du repas,
Qui de Stella lui-même exciterait l'envie.
Je ferai plus encor; et, quoique l'on m'en prie,
    Je m'engage à ne lire pas.
Je te promets, du reste, une oreille docile;
Tu pourras nous relire au dessert, pour régal.
La Gigantomachie, et ton Guide rural,
Presque égal à celui de l'immortel Virgile.

54.

SUR CLAUDIA RUFINA.

Claudia, blonde Armoricaine,
A cependant le cœur, l'âme d'une Romaine..
Que de grâce, à la fois, de noblesse et d'éclat!
Beauté de tout pays, honneur de tout climat,
    Les femmes la croiraient, sans peine,
Italienne à Rome, et Grecque dans Athène.
Grâce vous soit rendue, ô dieux dont la bonté
A de son lit fécond béni la chasteté!
Puisse-t-elle bientôt enrichir sa famille
Par ses fils, de deux brus; d'un gendre par sa fille!
Dieux, protégez leurs jours, et conservez longtemps
Le père à son épouse, et la mère aux enfants!

55.

CONTRE ZOÏLE.

Ces dons offerts aux morts, l'odorant cinnamome,
La myrrhe funéraire, et l'encens et le baume,
Ravis, demi-brûlés au funèbre bûcher,
Dans les plis de ta robe as-tu cru les cacher?
    Rends, malheureux, rends ton vol sacrilége;
Ta main a, de tes pieds, appris l'art du larcin;
Puis-je en être surpris, et pourquoi m'étonné-je
Qu'esclave fugitif tu sois un vil coquin?

56.

A URBICUS.

« Urbicus, je voudrais te voir devenu père. »
Voilà de ton Lupus le propos ordinaire ;
  Mais ne l'en crois pas ; il te ment :
C'est tout ce qu'il redoute ; et, sous un faux semblant,
   Il veut te déguiser sa crainte.
   Ami, tel est l'art du flatteur ;
Il paraît désirer ce dont il a grand peur.
   Que ta femme se dise enceinte,
Bientôt tu le verras plus pâle et plus tremblant
Qu'une femme qui sort de son travail d'enfant.
Mais, Urbicus, veux-tu lui rendre la pareille ?
A trompeur, comme on dit, sois trompeur et demi ;
Et, feignant d'accéder au vœu de ton ami,
  Avant ta mort, fais ce qu'il te conseille.

57.

CONTRE CHÉRÉMON.

IMITATION.

Lorsque avec tant d'emphase et de forfanterie
Tu viens, nouveau Caton, en exaltant la mort,
Affecter devant moi ton mépris pour la vie,
Tu veux que j'applaudisse au rare et noble effort
  De ta haute philosophie ?
 Mais, réponds-moi, d'où te vient aujourd'hui
  Tant de grandeur, de force d'âme ?
Un bouge où le soleil, je crois, jamais n'a lui ;

Un foyer triste et dégarni,
Où jamais ne brilla la flamme;
Un grabat sale et sans rideaux,
Qu'assiége un vil insecte, ennemi du repos;
Une robe écourtée, et qui tombe en lambeaux,
De jour, de nuit, toujours la même:
Voilà tout ton avoir. O mérite suprême!
Quoi! tu pourrais renoncer sans regrets
A la paille de ta couchette,
A ton aigre et dure piquette,
Au pain noir, ton unique mets?
Le sacrifice est grand! et pourtant j'y croirais.
Mais d'une laine bien fournie
Que les moelleux coussins, de pourpre enveloppés,
Laissent fléchir sous toi leur masse rebondie;
Qu'à tes délicieux soupés,
Près d'une table élégamment servie,
D'amis autour de toi groupés
Une troupe aimable et choisie.
Te serve tour à tour le nectar, l'ambroisie;
Comme alors à jouir tous tes sens occupés
Saisiraient les instants d'une si douce vie!
Et, pour les prolonger encor,
Que tu voudrais tripler l'âge du vieux Nestor!

Ami, de ta misanthropie
Arrête les accès et réprime l'essor;
Que du poids de ses maux le lâche se délivre:
Faible qui cède au mal; fort qui souffre et peut vivre.

58.

A SÉVÉRUS.

Qu'osé-je proposer au docte Sévérus?
Un souper, quelques vers dignes de ses rebuts,
Je le sais; mais les Dieux, saturés d'ambroisie,
Sur leurs autels pourtant aiment qu'on sacrifie,
Et des humbles mortels acceptent les tributs.
Ces Dieux, de leurs faveurs ont embelli sa vie;
Il n'éprouve, comme eux, nul besoin, nul désir.
A qui possède tout que puis-je donc offrir?
Un vœu : c'est que longtemps il en puisse jouir.

60.

CONTRE CHARINUS.

Charin, qui porte aux doigts de chaque main
    Six diamants taillés en rose,
De jour, de nuit, jamais ne les dépose,
    Pas même quand il entre au bain.
    Vous en voulez savoir la cause?
    Le fait est qu'il n'a pas d'écrin.

65.

CONTRE FAUSTIN.

De tes billets tu fatigues nos belles;
    Que leur dis-tu? je n'en sais rien,

Faustus ; mais ce que je sais bien,
C'est que tu n'en reçois point d'elles.

66.

CONTRE JUSTINUS.

Cent convives, ce soir, près de toi rassemblés,
    Le verre en main fêteront ta naissance.
Je n'étais pas jadis des derniers appelés,
Et chacun de bon œil y voyait ma présence.
Mais, vieux, je crains la foule et cherche le silence ;
Aujourd'hui, né pour tous, à ton second festin,
    Tu renaîtras pour moi demain.

67.

CONTRE VACERRA.

    Espion, dénonciateur,
    Faux témoin, calomniateur,
    Intrigant, spadassin, faussaire,
Avec de tels métiers, comment se peut-il faire
Que, par le temps qui court, tu sois dans la misère ?

68.

A MARON.

Tu m'as dit assez clairement,
Et je n'ai que trop su l'entendre,

Cher oncle, que dorénavant,
Sur ta caisse, de ton vivant,
Je ne devais plus rien prétendre.
A ce triste arrêt ton neveu
Doit se résigner ; mais son vœu
N'est pas difficile à comprendre.

69.

A MATHON.

Demander peu de chose aux grands, c'est un abus ;
Et, ma foi, refus pour refus,
Afin de rougir moins, je veux demander plus.

70.

ÉPITAPHE D'UNE CHIENNE NOMMÉE LYDIA.

Pour le Cirque, on m'avait préparée aux combats ;
Mais la chasse bientôt eut pour moi plus d'appas.
De mon maître je fus la compagne chérie,
Caressante au logis, terrible dans les bois.
Le digne et bon Dexter ! jamais à sa Lydie
Il n'aurait préféré, s'il en eût eu le choix,
La chienne qu'Érigone appelait sa Nœrie,
Ni le chien fameux de Procris,
Tous deux chers à Diane, aux cieux près d'elle admis.
Je n'ai point, comme Argus, sans force, sans souplesse,
Succombé sous le poids d'une oisive vieillesse ;
J'ai péri sous la dent d'un affreux sanglier,
Qui sans crainte eût pu défier

Celui de Calydon, ou même d'Érymanthe.
Jeune et robuste encor, une mort éclatante
M'a fait descendre au Styx; mais je ne m'en plains pas:
Pouvais-je rencontrer un plus noble trépas?

77.

A POETUS.

« Aux dés, avec Bucco, j'ai perdu cent écus;
Je t'en ai prêté dix, vite il faut me les rendre. »
— Pour la faute d'un autre à moi faut-il t'en prendre?
Tu viens d'en perdre cent, suppose dix de plus.

80.

A POETUS.

« N'avoir qu'un pas à faire, et m'arriver si tard!
C'est pousser la lenteur jusques au ridicule. »
— Ami, pardonne mon retard,
Car c'est ta faute aussi : tu m'as prêté ta mule.

81.

A FLACCUS, ÉLOGE DE BAYA.

Flaccus aujourd'hui me conjure
De lui peindre Baya, ce fortuné séjour,
Où la reine de Chypre aime à tenir sa cour;
Baya, site enchanteur, où l'art et la nature

Étalent leurs dons sans mesure!
Je voudrais de Baya, dans mille et mille vers,
    Consacrer les attraits divers;
    Mais, Flaccus, dans un long poëme
Je ne pourrais encor le louer dignement.
Puis, si j'aime Baya, j'avoue ingénument
    Que Martial s'aime encor plus lui-même,
    Et ma santé veut du ménagement.
T'y voir à mes côtés serait mon bien suprême,
Une grâce qu'au ciel je n'ose demander;
Si cependant les Dieux te daignaient accorder
Auprès de ton ami la faveur de t'y rendre,
Oh! comme alors, au sein d'un bonheur sans égal,
Enivré du plaisir de te voir, de t'entendre,
J'oublîrais à la fois et Baye et Martial!

83.

A LA NYMPHE DE SINUESSE.

Aux bains de Sinuesse, avec quelques amis,
Après avoir soupé, durant la nuit obscure
Philostrate voulant regagner son logis,
A failli d'Elpénor rappeler l'aventure.
Il arrivait au haut de son long escalier,
Le pied lui manque, il roule, et de rechef mesure
    Tous les degrés jusqu'au dernier.
Il n'eût pas vû, je crois, la mort aussi prochaine,
O Nymphe! s'il n'eût bu que l'eau de ta fontaine.

84.

A SOSIBIANUS.

Des vieillards riches, sans enfants,
A titre gratuit sont tes seuls locataires ;
Moi, je le donne en cent à nos propriétaires
Pour tirer mieux parti de leurs appartements.

85.

CONTRE LE BARBIER ANTIOCHUS.

O vous qui portez barbe et tenez à la vie,
Amis, d'Antiochus redoutez le rasoir !
Mieux vaut d'un sanglier affronter le boutoir.
    Moins cruels dans leur frénésie,
Les prêtres de Cybèle, armés de coutelas,
    Sillonnent, déchirent leurs bras,
Exaltés par les chants de l'antique Phrygie ;
Plus doucement Almon, dans son art exercé,
Taille une entérocèle, et d'une main hardie
    Nous remboîte un os déplacé.
Qu'il rase le menton de l'indigent cynique,
Qu'il coupe encor, s'il veut, une barbe stoïque,
    Ou des coursiers les crins poudreux.
Sur son âpre rocher s'il rasait Prométhée,
    On entendrait bientôt le malheureux
Réclamer du vautour le bec moins douloureux.
    Au bruit de sa trousse agitée
Vers sa barbare mère on verrait fuir Panthée,

Et, périr pour périr, vaincu par la terreur,
Orphée irait braver la Ménade en fureur.
Les sillons que l'on voit tracés sur mon visage,
Des rides d'un vieillard imitant le carmin,
D'une épouse en courroux, ce n'est pas là l'ouvrage,
Non, non; d'Antiochus reconnaissez la main.
De tous les animaux le bouc est le plus sage :
Il dérobe sa barbe à son fer assassin.

87.

CONTRE PARTHÉNOPÉE.

Pour guérir une toux dont les accès fréquents
    Chaque matin reprennent Lise,
Un médecin commode et des plus complaisants,
Prescrit gâteaux miellés, biscuits appétissants,
Sirops, pâtes, bonbons, d'une saveur exquise,
    Dont les pères trop indulgents
  Pour apaiser les cris de leurs enfants
    Savent flatter leur gourmandise.
    Contre la toux dont se plaint Lise,
    Ce sont remèdes impuissants;
    A tous moments nouvelle crise,
    Nouveaux bonbons à tous moments;
Son mal, sous un faux nom vainement se déguise;
    Son vrai nom, c'est la friandise.

90.

A POLLA.

A la couronne avec art façonnée
    Par ton industrieuse main,

Polla, mon cœur préfère une rose fanée
Dont le sort fut de vivre et mourir sur ton sein.

92.

ÉPITAPHE DE CANACE.

De la jeune Canace, objet de nos douleurs,
    Ce tombeau renferme la cendre.
Sept fois elle avait vu naître et mourir les fleurs,
Et, fleur, elle n'est plus! Passant, suspends tes pleurs.
   Quoique ravie en l'âge le plus tendre,
La cause de sa mort, qu'aussi je dois t'apprendre,
Plus que son trépas même a le droit d'y prétendre.
Un ulcère rongeur osa décomposer
Son visage si frais, sa lèvre si fleurie,
    Organe et trône du baiser;
   Et son bûcher n'en eut qu'une partie.
Si la mort dut si tôt la soumettre à ses lois,
Fallait-il que ce fût par ce mal effroyable?
Mais elle se hâta de lui ravir la voix,
De peur qu'elle fléchît la Parque impitoyable.

93.

CONTRE ZOÏLE.

  Sur Zoïle expliquons-nous mieux:
  De l'épithète qu'on lui donne
  A bon droit il est furieux.
  Zoïle n'est point vicieux;
  Zoïle est le vice en personne.

94.

SUR THÉODORE.

L'incendie a fait disparaître,
En peu d'instants, du poëte Damon
Les ouvrages et la maison.
Muses, et toi, Phébus, vous l'avez pu permettre!
Tout en les accusant, je respecte vos lois.
On vous eût excusés, peut-être,
Si vous eussiez permis que la flamme à la fois
Brûlât la maison et le maître.

97.

A UN ESCLAVE DE GERMANIE, QUI EMPÊCHAIT UN ENFANT DE BOIRE A LA FONTAINE MARTIA.

Cette source n'est point le Rhin;
Libre, elle abreuve un peuple libre;
De quel droit, esclave germain,
En prives-tu l'enfant du Tibre?

98.

A BASSUS.

Qui nous délivrera des importuns baiseurs
Dont aujourd'hui la ville est encombrée?
En tous lieux, en tout temps, leur foule conjurée
Presse, arrête, poursuit les pauvres promeneurs,

Et contre eux il n'est plus de retraite assurée.
Fussiez-vous dévoré d'un ulcère chancreux,
Eussiez-vous le menton dégoûtant, farineux,
Et la lèvre gercée, enduite de pommade,
Même lorsque l'hiver, exerçant sa rigueur,
De votre nez exprime une séreuse humeur,
Vous n'esquiverez point leur maudite embrassade.
Époux, à votre épouse, absent durant un jour,
En vain vous destinez le baiser du retour,
Un autre le dérobe. Au fond d'une litière,
  Sous la capote et le manteau,
 Retranchez-vous, et d'un double rideau
  Enveloppez-la tout entière ;
  Votre dignité consulaire,
Ni celle de tribun, sous l'abri protecteur,
  N'en sera pas plus respectée.
  Les cris du sévère licteur,
  Même sa verge redoutée,
Ne déconcertent pas l'intrépide baiseur.
Il sait se faufiler par le moindre interstice.
L'heure, le temps, le lieu, pour lui tout est égal.
  Montez, pour rendre la justice,
Sur le siége curule, au haut du tribunal,
  Il vous prendra par escalade.
 Soyez au lit, bâillant, triste ou malade ;
Dans le bain, dans le lieu même le plus secret,
  Vous subirez son tribut indiscret.
Contre un pareil abus, qui peut vous être en aide ?
  J'y vois cependant un remède :
 Pour vous soustraire au fléau du baiser,
N'ayez d'amis que ceux que l'on peut refuser.

102.

A FLACCUS.

En passant, tu viens de heurter
  Ce fuseau presque imperceptible;
Si tu l'eusses pu voir, tu pourrais te vanter
  D'avoir vu la femme invisible.

103.

CONTRE LYDIE.

Quelqu'un qui s'y connaît prétend, jeune Lydie,
  Que ta beauté, sans physionomie,
    Est pour les yeux un vrai portrait
    En qui rien n'annonce la vie.
C'est un buste de cire, éclatant et parfait,
    Qu'on admire tant qu'il se tait;
  Mais, parles-tu, tout ton lustre s'efface,
Et jamais en parlant femme n'eut moins de grâce.
Cache bien au préteur ce prodige étonnant :
Rien n'inspire l'effroi comme un tableau parlant.

104.

A SOPHRONIUS.

Si modeste, si pur, si chaste, si sévère,
Sophron, dis-moi, comment es-tu devenu père?

106.

A GARRICUS.

A l'époque où l'on prend de nouveaux almanachs,
D'un marc d'argent jadis tu m'envoyais l'étrenne ;
Tu me réduis au quart : la chute est trop soudaine ;
Double du moins ce quart : tu te ménageras
Un degré, l'an prochain, pour descendre plus bas.

107.

A ALBIUS MAXIMUS.

Ce livre, qu'à l'instant me rend mon secrétaire,
Reçois-le, Maximus, et lis-le si tu peux ;
Si tu peux ! car souvent on te trouve en affaire,
Et de plus, tu n'es pas des plus laborieux.
L'ouvrage, avec ces vers qui devaient te déplaire,
Tu les mets de côté...... Tu ne pouvais mieux faire.

108.

A SEPTICIEN.

Septicien, tu me rends mon ouvrage
Amplement déroulé jusqu'au bas de la page ;
Tu l'as lu, j'en suis sûr ; même je le soutiens,
Car, comment recuser un pareil témoignage ?
Moi-même, c'est ainsi que j'ai lu tous les tiens.

109.

AU LECTEUR.

Quoiqu'un livre si long doive te satisfaire,
De quelques vers encor je devrais le charger,
Me dis-tu. Cher lecteur, je voudrais t'obliger,
Mais l'usurier me presse ; et mon scribe ordinaire,
  Pour dîner attend son salaire.
Prends donc, et paie. Eh quoi ! tu me regardes noir,
  Et tu feins de ne pas m'entendre?
  Moi, je sais très-bien te comprendre.
  Adieu, lecteur ; jusqu'au revoir !

FIN DU ONZIÈME LIVRE.

LIVRE DOUZIÈME.

PRÉFACE.

M. VALÉRIUS MARTIAL A PRISCUS SON AMI, SALUT.

Je sais qu'il est à propos que je me justifie de la paresse opiniâtre qui me domine depuis trois ans, paresse qui ne trouverait pas d'excuse suffisante, même à Rome, dans les devoirs sociaux, qui ne sont pas moins importuns à ceux qui en sont l'objet qu'à ceux qui sont obligés de les rendre. A plus forte raison est-elle inexcusable dans la solitude de la province, où le besoin d'un travail assidu et sans distraction pourrait seul me faire pardonner ma retraite absolue. Il est cependant quelques moyens de défense que je puis faire valoir en ma faveur. Le premier et le principal, c'est que je ne trouve point ici l'oreille exercée des citoyens auxquels j'avais l'habitude de m'adresser, et il me semble que je plaide dans un barreau étranger. En effet, si dans mes légers écrits il se rencontre quelques agréments, c'est à mes auditeurs que j'en suis redevable. Ce goût judicieux et fin, cet heureux choix de sujets, ces bibliothèques, ces théâtres, ces conversations où l'on s'instruit en se divertissant et sans s'en apercevoir; tous les avantages enfin dont je jouissais et dont je n'ai pas assez connu le prix, je les ai perdus de gaieté de cœur, et avec eux tous mes moyens de plaire. Ajoutez à cela les sottes critiques de nos bourgeois de province, la jalousie qui dicte leurs jugements, la méchanceté caractérisée de quelques-uns qui font nombre dans une petite ville, et contre lesquels il est difficile de lutter toujours de sang-froid. Ne t'étonne donc plus si je repousse aujourd'hui, même avec dépit, des occupations qui autrefois faisaient mes délices. Cependant, comme à ton arrivée de Rome je veux être en mesure de ne rien refuser à tes instances, et que ce serait m'acquitter mal de ce que je te dois si je me bornais à faire pour toi ce qui m'est possible, je me suis durant quelques jours imposé une tâche qui jadis pour moi n'était qu'un plaisir, et je me suis arrangé de manière à fêter ta bienvenue en te servant un mets selon ton goût, que je connais depuis longtemps. Ainsi ces productions, qui de ta part ne courent aucun danger, je te prie de les apprécier, de les examiner avec le plus grand soin, et, ce qui ne te sera pas facile, de les juger sans indulgence, de peur que si, de ton aveu, ils doivent aller à Rome, cette capitale y reconnaisse, non pas un livre venu d'Espagne, mais un livre espagnol.

1.

A PRISCUS.

La chasse est suspendue : aux hôtes des forêts
Le cor ne porte plus le signal de la guerre,
Tout repose : chasseurs, rets et chiens et filets.
   Le sanglier au fond de son repaire

Dort dans une profonde paix.
De ces jours de loisir dont on ne sait que faire,
Mon cher Priscus, si vous voulez distraire,
Pour lire ce recueil, une heure tout au plus,
Ces moments pour vous, je l'espère,
Ne seront ni longs ni perdus.

2.

A SON LIVRE, QU'IL ENVOIE D'ESPAGNE A ROME.

Ci-devant, à Pyrgos j'envoyais maint ouvrage;
Toi, vas à Rome; adieu, mon livre : bon voyage!

3.

A SES VERS.

De Rome tu partais naguères
Pour aller parcourir des plages étrangères;
Aujourd'hui vas à Rome, ô livre voyageur!
Et quitte sans regrets les riches bords du Tage,
Et ce Xalon encor demi-sauvage
Où près de ses aïeux doit mourir ton auteur.
Pars! ne crains pas que cette cité reine
T'accueille avec dédain comme un nouveau venu,
Un hôte passager que l'on regarde à peine.
Par tes frères, ton nom à Rome est bien connu.
En arrivant, franchis les degrés du portique
Digne ornement du temple magnifique
Aux Muses par Trajan nouvellement rendu;
Ou, si tu l'aimes mieux, au quartier de Suburre

Va voir en son palais mon consul bien chéri,
    Stella, l'honneur de la magistrature,
Jadis mon protecteur, et toujours mon ami;
Stella, qui d'Ianthis boit à la source pure
    Où Castalie épanche son cristal,
Et qui voit les neuf Sœurs puiser à son canal.
Avec quel intérêt mon ami te va lire!
Après lui te liront chevaliers, sénateurs;
    A la foule des amateurs
    A peine tu pourras suffire.
Tu demandes un titre; eh! quoi de plus commun?
    Sans nom d'auteur tu peux paraître;
    Après deux ou trois vers, chacun
    Saura bientôt te reconnaître.

4.

A PRISCUS TÉRENTIUS.

Ce que le grand Mécène, issu du sang des rois,
A fait pour Varius, pour Horace et Virgile,
Un jour mes vieux écrits, la déesse aux cent voix,
Rediront, ô Priscus! ô mon illustre asile!
Que pour ton Martial tu l'as fait autrefois.
Mon talent, mes succès, je t'en suis redevable,
    A toi j'en reporte l'honneur;
Je te dois les douceurs d'un repos honorable;
    Priscus, je te dois le bonheur.

5.

A CÉSAR.

Les deux livres derniers péchaient par leur longueur,
Mais je les ai réduits à leur juste épaisseur.

Ceux de qui le loisir, grand prince, est votre ouvrage,
Pourront, si bon leur semble, en lire davantage;
Vous, lisez celui-ci; s'il flatte votre goût,
    Peut-être aussi voudrez-vous lire tout.

6.

ÉLOGE DE NERVA TRAJAN.

Reprenez vos concerts, ô nymphes d'Aonie!
Nerva, le bon Nerva, règne sur l'Ausonie.
Sous lui, la probité, la clémence, l'honneur,
Ont reconquis leurs droits et banni la terreur:
Tous les peuples, heureux sous son joug tutélaire,
Adressent de concert au ciel cette prière :
Dieux! conservez à Rome un pareil empereur,
Et modelez sur lui son digne successeur!
Poursuis, Trajan, poursuis, ô prince débonnaire,
Et tel que rarement on en voit sur la terre!
Reste toujours le même, et persiste en des mœurs
Que Numa, que Caton, mais Caton moins sévère,
Ne refuseraient pas d'adopter pour les leurs.
Chacun peut, sous Trajan, déployer ses richesses,
Accroître sa fortune, en faire des largesses.
Tous les droits, dont longtemps nous a privés le ciel,
On peut les exercer sans être criminel.
Que dis-je? les vertus dont il donne l'exemple
    Au monde entier qui le contemple,
Deviennent des devoirs, puisque le grand Trajan
Osa les pratiquer même sous un tyran.

7.

CONTRE LA VIEILLE LYGIA.

Comptez son âge par ses dents,
Lygie encor n'a que trois ans.

VARIANTE DE L'ÉPIGRAMME PRÉCÉDENTE.

Si l'on compte par ses cheveux,
Lygia n'a qu'un an ou deux.

8.

A LA GLOIRE DE TRAJAN.

Des nations, l'auguste capitale,
Que l'univers adore, et qui n'a point d'égale,
Rome, ivre de bonheur, naguère calculant
    Quelle belle suite d'années
    Lui promettent les destinées
Sous un chef jeune encor, généreux et vaillant,
    Qui, son exemple à la fois et son guide,
    Unit au bras d'un soldat intrépide,
    D'un général la tête et le coup d'œil,
    S'écriait, dans un juste orgueil :
Roi des Parthes, venez ; venez, chefs des Sarmates,
Des Thraces, des Bretons, des Gètes et des Cattes ;
    Rassemblez-vous de toute part ;
Je puis enfin vous montrer un César !

9.

A CÉSAR.

Tu nous donnes Palma pour régir nos provinces ;
Par ses soins l'Ibérie est en paix aujourd'hui.
Grâce te soit rendue, ô le meilleur des princes !
C'est un nouveau Trajan que nous avons dans lui.

10.

A UN AVARE.

Le riche forme encor des vœux intéressés.
Nul ne se plaint du trop ; nul ne dit : C'est assez.

11.

ENVOI DE SON LIVRE A PARTHÉNIUS.

Muse, à Parthénius, à mon meilleur ami,
Va porter mon salut, et ce fruit de ma veine ;
Tu le connais ; il est ton disciple chéri.
Nul ne boit plus souvent à la docte fontaine ;
Apollon n'eut jamais de plus cher favori.
S'il est libre de soins (ce que j'espère à peine),
Pour paraître à la cour, invoque son crédit ;
Obtiens que de sa main il présente à son maître
Cet humble et court recueil qui lui plaira peut-être.

Pour le recommander, un mot de lui suffit :
« Prince, lisez ces vers : Rome entière les lit. »

12.

CONTRE POSTHUMUS.

Quand tu bois dans la nuit, tu fais mille promesses
Qui s'envolent ainsi que les vapeurs du vin ;
Si tu veux qu'une fois j'éprouve tes largesses,
    Posthume, ne bois qu'au matin.

13.

CONTRE AUCTUS.

Contre ses vieux amis se fâcher pour un rien,
Des riches de nos jours est assez la pratique ;
   Le procédé n'est pas beau, j'en convien,
Mais convenez aussi qu'il est économique.

14.

A PRISCUS.

Ménage ton coursier, intrépide chasseur,
  Ou bien crains qu'à tous deux il n'arrive malheur.
Que gagne un écuyer à relancer un lièvre
Qui, même avant le coup, meurt déjà de la fièvre ?

Souvent, c'est qu'au milieu d'un galop enragé,
Le cheval bronche, tombe, et le lièvre est vengé.
Sans parler de fossés, et de maint autre obstacle,
Même en plaine on peut bien trébucher sans miracle.
Tu sais combien de fois de pareils accidents
Ont frappé tes amis; sois sage à leurs dépens.
Tu n'aimes pas, dis-tu, des plaisirs trop tranquilles :
Qu'ils soient moins dangereux, du moins, et plus utiles.
Qui t'arrête? muni de toiles et de rets,
Pars, vas envelopper les tyrans des forêts;
Qu'ils tombent sous ton fer; de ces monstres sauvages
La mort doit justement expier les ravages.
Mais laisse aux jeunes fous des plaisirs tourmentés,
Souvent par un malheur chèrement achetés.
Dans les élans perdus d'une course inutile,
Cesse de fatiguer ton Bucéphale agile,
Et surtout garde-toi du bizarre destin
D'attraper un bon asthme en courant un lapin.

15.

SUR LA LIBÉRALITÉ DE TRAJAN.

Ces trésors ignorés, ces chefs-d'œuvre des arts,
Trop longtemps renfermés au palais des Césars,
Consacrés à nos Dieux, aujourd'hui dans leur temple,
    En liberté le peuple les contemple.
Jupiter, de ces dons admirant la splendeur,
Se plaît à voir de l'or la surface polie

Qui lui réflète la couleur
Des émeraudes de Scythie,
Et sourit à l'aspect de ce luxe onéreux
Qui flattait d'un tyran l'égoïsme orgueilleux.
Hébé, voici la coupe et la nouvelle aiguière
Qu'il t'appartient d'offrir au maître du tonnerre !
Récemment (pouvons-nous l'avouer sans rougir ?)
De Rome, Jupiter partageait l'indigence ;
Aujourd'hui, grâce aux dons qui viennent l'enrichir,
Rome, de Jupiter partage l'opulence.

17.

A LENTINUS.

Depuis longtemps, Lentinus, tu te plains
D'une fièvre obstinée, hôtesse inséparable
Qui partage avec toi ta litière, tes bains,
Et tous les mets exquis, délices de ta table.
 Très-souvent dans tes grands festins,
  Elle s'enivre, en compagnie
  Avec toi, de tes meilleurs vins
  Et de Falerne et de Sétie.
Le Cécube pour elle aurait peu de saveur,
S'il n'avait à la neige emprunté sa fraîcheur.
Au milieu des parfums d'Amomum et de rose,
Sur la pourpre et la plume au lit elle repose ;
 Et tu gémis qu'elle ne parte pas ?
  A ton palais, à tes repas,
  A tous tes soins pour lui complaire.
  Prétends-tu donc qu'elle préfère
La table et le taudis du malheureux Damas ?

18.

A JUVÉNAL.

Préoccupé d'affaire et l'âme un peu chagrine,
    Cher Juvénal, peut-être tu parcours
    En ce moment Suburre et ses détours,
    Ou lentement tu montes la colline
    De l'Aventin d'où Diane domine,
Et de Rome à ses pieds contemple la grandeur.
Tandis que sur le seuil de nos grands personnages,
A qui chaque matin tu portes tes hommages,
    Ta robe, humide de sueur,
Te pénètre les flancs d'une moite fraîcheur,
Ou que péniblement tu gravis jusqu'au faîte
    Du Cœlius à double tête,
    Ma Bilbilis, fière de ses métaux,
Qui m'a donné le jour, que j'ai tant regrettée,
Bilbilis, doux repos de ma vie agitée,
Enfin vient de me rendre aux rustiques travaux.
Ma paresse du moins est ici plus active :
Ces travaux sont mes jeux. De ma main je cultive
Et Platée et Botrode (aux noms de mon pays
Un peu durs, Juvénal, peut-être tu souris).
    Le soir, rentré dans mon champêtre asile,
Au sein d'un long sommeil que ne rompt pas toujours
Le lendemain déjà presqu'au tiers de son cours,
Je répare trente ans de veilles à la ville.
    A mon réveil, je trouve sous ma main
    Non plus une robe servile,
Mais un sayon jeté sur un siége voisin;

Puis je passe au foyer, que la forêt prochaine
Entretient largement des tronçons d'un vieux chêne,
Et qu'entoure l'apprêt du repas du matin.
Chaque esclave s'approche et prend part au festin.
J'ordonne qu'un valet à son adolescence
Coupe sa chevelure, attribut de l'enfance.
Tous mes vœux sont comblés ; je n'ai plus qu'à jouir :
C'est ainsi que je vis et que je veux mourir.

19.

SUR ÉMILIUS.

Émile dîne aux bains largement ; mais Émile
Prétend qu'on ne le voit jamais manger en ville.

AUTREMENT.

Émile, aux bains, dévore œufs, laitue et sardine,
Et prétend que jamais au dehors il ne dîne.

20.

Milon, pour conserver son renom de sagesse,
Au lieu de prendre femme a pris une maîtresse.

21.

A MARCELLA.

Marcella, qui croirait que nos âpres climats,
Que les bords du Xalon t'ont donné la naissance?

Dans les palais, séjour du goût, de l'élégance,
Parais un seul instant : aussitôt tu verras
    Ton doux parler, ta raison, ton sourire,
    Sur tous les cœurs exercer leur empire.
    Les fiers Romains, de l'Espagne jaloux,
Diront : « Elle n'a pu naître que parmi nous ! »
Les plus rares beautés dont s'enorgueillit Rome
Avoûront leur défaite, et, te cédant la pomme,
Envîront pour leurs fils le nom de ton époux.
Cette altière cité qu'avec amour je nomme,
Où j'ai su, par mes vers, obtenir des succès,
Marcella, m'a laissé quelques tendres regrets ;
Tu peux les adoucir : chaque jour je l'éprouve ;
Que dis-je ? Rome entière, en toi je la retrouve !

22.

SUR PHILIS.

Philis n'a plus qu'un œil : elle est si laide à voir,
Qu'elle pourrait gagner à ne plus en avoir.

AUTREMENT.

Philis, qui n'a qu'un œil, a l'aspect si hideux,
Qu'elle pourrait gagner à les perdre tous deux.

23.

CONTRE LÆLIA.

Ses cheveux et ses dents, Lælia les achète ;
Que ne peut-elle aussi d'un œil faire l'emplette !

AUTREMENT.

Ton argent t'a donné des dents et des cheveux ;
Que ne peut-il aussi te donner d'autres yeux !

24.

A JUVENCUS, SUR UN CHARIOT COUVERT.

Don chéri du docte OElien,
O char, vrai séjour du mystère,
Fait pour un intime entretien !
Véhicule que je préfère
Au char gaulois, à la litière !
Nous pourrons donc, loin des Argus,
Dans cet asile solitaire,
En tête-à-tête, Juvencus,
Goûter les plaisirs peu connus
D'une liberté pleine, entière ;
Et, dans les doux épanchements
D'une agréable causerie,
Échanger les vrais sentiments
Dont notre âme sera remplie !
Point de muletiers indiscrets,
D'avant-coureurs, ni de bagage ;
Le seul cheval, notre équipage,
Ne trahira point nos secrets.
Oh ! si dans ce char de voyage
En tiers se trouvait Avitus,
A mes vœux rien ne manquant plus,

Dans quelle extase fortunée
Je verrais couler la journée!

25.

CONTRE THÉLÉSINUS.

« Prête-moi mille écus, ami, sur ma parole.
— Je ne le puis; chez moi je n'ai pas une obole.
— Mais je possède un champ que je peux t'engager.
— Ceci change la thèse : on pourra t'obliger.
— Ainsi, c'est pour mon champ que tu consens à faire
Ce que tu ne fais pas pour un ancien confrère?
Qu'on t'accuse; pour toi mon champ plaidera-t-il?
Ou, verras-tu mon champ partager ton exil? »

26.

CONTRE UN AMI AMBITIEUX.

Parce qu'au point du jour tu vas de porte en porte,
Toi, sénateur, aux grands présenter le salut.
  Que tout client, comme un tribut,
  Au lever du patron apporte,
Tu parais étonné de ne me jamais voir,
Prévenant le soleil, courir toute la ville,
Afin, bien fatigué, de rapporter le soir,
Chez moi, de cent baisers une moisson stérile.
  Aussi je ne suis, à tes yeux,
  Rien qu'un chevalier paresseux.

Mais calculons : par tes soins mercenaires,
Que prétends-tu? briller aux fastes consulaires,
Ou de quelque province être élu gouverneur ;
Et moi, que tu veux voir, devançant la lumière,
Affronter de la nuit la boue et la fraîcheur ;
Moi, qui dors volontiers la matinée entière,
J'irais de mon sommeil me priver? à quoi bon?
  Quand mon pied, trempé de limon,
Échappe à ma chaussure amollie et rompue,
Ou que je suis noyé d'une pluie imprévue,
  J'ai beau crier ; nul esclave n'accourt
A son maître transi rendre son manteau court.
  Dans une occurrence pareille,
M'arrive un messager, qui, tout bas à l'oreille,
Me dit : « Lætorius, ce soir, donne un repas ;
  Il vous attend ; n'y manquez pas ;
Vingt écus vous paîront de votre complaisance.
Rare et sublime effort de sa munificence !
  Je n'irai point ; non, j'aime mieux jeûner.
Tu le vois : entre nous, grande est la différence ;
Tes saluts sont payés d'une riche intendance,
  Et les miens d'un maigre dîner.
Notre peine est la même, et non la récompense.

28.

CONTRE CINNA.

Je ne bois qu'un seul verre ; il t'en faut six, à toi ;
Plains-toi donc qu'on te serve un autre vin qu'à moi !

29.

CONTRE HERMOGÈNE, VOLEUR DE SERVIETTES.

Dans l'art de dérober à table une serviette,
Hermogène craint peu qu'on puisse l'égaler;
Massa, pour notre argent, nous faisait moins trembler.
Qu'on lui tienne les mains, que de près on le guette,
Il trouvera toujours moyen de vous voler.
 Ainsi le cerf, par sa puissante haleine,
  Attire, dit-on, le serpent;
Telle Iris pompe l'eau de la liquide plaine,
  Qui bientôt retombe en torrent.
  Des jeux, annonçant l'ouverture,
Le préteur arborait naguère un drapeau blanc:
Le drapeau de ses mains disparut à l'instant,
  Sans qu'on sût par quelle aventure;
 Seul, Hermogène eût pu dire comment.
Quand Myrinus, blessé dans un combat d'athlètes,
  Demandait grâce au spectateur,
  A son profit, l'escamoteur
  Sut détourner quatre serviettes.
  Dans un repas où, des dîneurs,
De peur d'être volé, nul n'apporta la sienne,
  Aux yeux surpris des spectateurs,
La nappe disparut sous la main d'Hermogène.
 Faute de nappe, il dépouille les lits,
Et de leurs ornements les pieds sont dégarnis.
 Dans le théâtre, où l'on respire à peine
  Sous le soleil le plus brûlant,
Aussitôt qu'il paraît, on retire les toiles.

Se montre-t-il au port? le matelot, tremblant,
    Se hâte de plier les voiles.
Quand les prêtres d'Isis, en longs habits de lin,
    Le front rasé, leur sistre en main,
A leurs divinités adressent leur prière.
    Qu'aux portes de leur sanctuaire
Hermogène paraisse, à l'instant tous ont fui,
Pour leur lin redoutant sa magique baguette.
Bref, jamais il n'apporte à table une serviette,
Et jamais sans serviette il ne rentre chez lui.

31.

SUR LES JARDINS DE MARCELLA, SA FEMME.

Ces fontaines, ces bois, et cette vigne ombreuse
Dont les bras enlacés se courbent en berceaux;
    Ces prés, sillonnés de ruisseaux
Dont l'art guide à son gré la marche sinueuse;
Ce riche potager dont les fruits toujours verts
Bravent impunément la rigueur des hivers;
    Cet autre Pœstum, où les roses
    Deux fois par an brillent écloses;
Ces poissons, qui, nourris dans un large canal,
S'ébattent à mes yeux dans leur séjour natal;
    La haute tour, dont la blancheur appelle
    La colombe aussi blanche qu'elle;
Tout ce modeste empire est soumis à mes lois.
Après sept fois cinq ans, rentré dans ma patrie,
J'ai reçu tous ces biens d'une épouse chérie.
Grâce à ses dons, mon sort ferait envie aux rois.
Non! si Nausicaa proposait à mon choix

Les jardins si fameux d'Alcinoüs son père,
Je lui dirais : Les miens sont ceux que je préfère.

32.

CONTRE VACERRA.

Calendes de Juillet, quelle honte pour vous !
    Dans ce jour où l'on déménage,
Vacerra, qu'ai-je vu ? ta mère, en son vieil âge,
    Et ton épouse à cheveux roux
    (Elle en a sept, pas davantage),
    Avec ta sœur au long corsage,
J'ai vu toutes les trois emporter, en entier,
    Ton chétif et léger bagage,
    Que, malgré deux ans de loyer
    Qui restent encore à payer,
On avait dédaigné de retenir pour gage.
    A leur aspect, on pensait voir
    Tysiphone, Alecton, Mégère,
    Du noir Pluton désertant le manoir.
Nouvel Irus, mourant de froid et de misère,
Plus pâle qu'un vieux buis, exténué de faim,
    Tu les suivais : j'ai cru que d'Aricie
    De mendiants émigrait un essaim
    Prêt à fonder une autre colonie.
Arrivaient un grabat d'un de ses pieds boiteux,
Une table et son banc estropiés tous deux,
Une corne de bœuf qui te tient lieu de tasse,
    A côté d'une lampe aux flancs noirs et huileux,
    Un nocturne bocal qui d'espace en espace
Laissait de son passage apercevoir la trace.

On t'a vu dans tout le chemin,
Sur ta tête portant l'aiguière,
Tenir un réchaud d'une main,
De l'autre une vieille chaudière
Qui puait la marée et le menu fretin
Qu'elle avait contenu naguère;
Puis venait un quartier de fromage ranci
Escorté d'ail, d'oignon, de pouliot moisi;
Plus, à ta mère, un pot rempli d'une poix noire
Aux femmes de rempart servant d'épilatoire.
Qu'as-tu besoin de logement
Et de chercher une dupe au village?
Pauvre Acerra, tu peux commodément
Et sans frais te loger avec ton équipage;
Le luxe d'un pareil ménage
A l'habitant d'un pont convient parfaitement.

34.

A JULIUS.

Depuis dix lustres écoulés,
De l'amitié portant la chaîne,
Mes jours de plaisir et de peine
Se succèdent entremêlés.
Le bien, le mal, tout se compense;
Pourtant, d'après l'expérience,
Tout bien pesé, tout bien compté,
Je croirais que, de son côté,
Le bien fait pencher la balance.
En amitié, comme en amour,
On passe du calme à l'orage;

Souvent il suffit d'un nuage
Pour obscurcir le plus beau jour.
Dans l'engagement qui nous lie
Voulons-nous garder l'harmonie?
Point de tyran au petit pié !
Que l'exigence en soit bannie;
Qu'entre nous tout soit de moitié,
Mais n'outrons jamais l'amitié.
Un nœud qu'avec excès l'on serre
Finit par rompre sous l'effort,
Et l'amitié qu'on exagère
Doit subir un semblable sort.
Celle que règle la prudence
N'est point sujette aux changements;
Elle offre moins de jouissance,
Mais aussi bien moins de tourments.

36.

CONTRE LABULLUS.

A ton ami dans la détresse
Pour avoir fait, Labulle, le cadeau
D'une robe légère, ou d'un chétif manteau
Qui, bien ou mal, abrite sa vieillesse,
Tu te crois des humains le meilleur, le plus grand,
Lorsqu'à mes yeux tu parais seulement
Des avares amis l'ami le moins avare.
Si, dans quelque occasion rare,
Tu lui fais dans la main sonner deux pièces d'or,
Qui pour deux mois pourront à peine lui suffire,
Au rang des vrais amis tu n'atteins pas encor.

Qu'es-tu donc? tu n'es, à vrai dire,
Que le premier des amis prétendus.
Si tu t'offenses du reproche,
Fais donc revivre en toi les Pisons, les Priscus,
Les Sénèque, les Memmius
(J'entends ceux de la vieille roche),
Tu pourras figurer après eux, tout au plus.
Coureur, qui de tes pieds nous vantes la prestesse,
Triomphe de Tigris ou de Passérinus :
Quel mérite de vaincre un boiteux en vitesse!

37.

CONTRE UN HOMME QUI SE FAISAIT GLOIRE D'AVOIR UN GRAND NEZ.

Tu prétends donc des nez avoir le prototype?
Qu'on ait du nez, d'accord, mais non pas un polype.

38.

A CANDIDUS.

Candidus, tu connais, ainsi que Rome entière,
Ce jeune efféminé, qui de nuit et de jour
Mollement étendu dans sa riche litière,
De palais en palais va faire aux grands sa cour.
Un brillant filet d'or, dans son vaste contour,
De son manteau de pourpre embrasse la lisière.
Pour noircir ses cheveux artistement rangés,
Les parfums les plus doux ne sont point ménagés.

Son teint est d'une vierge, et sa jambe épilée
Le dispute en blancheur à sa main effilée.
Va, ne sois pas jaloux de cet être ambigu,
De ta femme, en tous lieux, courtisan assidu;
Peu m'importe son sexe et comment on le nomme;
Ce n'est pas une femme, et ce n'est point un homme.

40.

CONTRE PONTILIANUS.

Lis tes vers, j'applaudis; si tu mens, je te crois.
Tu veux chanter? je chante; et si tu bois, je bois.
Veux-tu jouer? je perds. En toute circonstance
Tu me vois signaler pour toi ma complaisance.
Et que m'en revient-il? — Par un bon testament,
Bientôt... — Vrai? — Tu verras. — Je me tais, et j'attends.

42.

CONTRE CALLISTRATE ET AFER.

O Rome! en est-ce assez? Dans la forme ordonnée
Par nos pudiques lois, Callistrate aujourd'hui
Épouse un homme, un monstre aussi hideux que lui.
On stipule la dot; la torche d'hyménée
S'allume, et, sous les yeux de la foule étonnée,
Précède les époux; sur le couple odieux,
Le voile nuptial se déploie, et les dieux
Entendent de l'hymen les chants mystérieux.
Rien ne manque au scandale. O Rome! es-tu contente?
Attends-tu maintenant que l'épousée enfante?

44.

A UNICUS.

Unicus, digne objet de ma vive amitié,
Avec moi par le sang et par tes goûts lié,
Toi qui dans l'art des vers ne cédant qu'à ton frère,
L'égales en talent, et vaux mieux par le cœur;
Lesbie eût pu jadis, sous le sceau du mystère,
Entre Catulle et toi partager sa faveur;
Et Corinne, infidèle à sa flamme première,
Pour toi de l'art d'aimer eût oublié l'auteur.
  Obéissant à ton étoile,
Si tu voulais aux mers confier ton vaisseau,
 On te verrait voguer à pleine voile;
  Mais, dans un timide bateau,
Tu préfères goûter les plaisirs du rivage,
Et, par un dévoûment aussi rare que beau,
A ton frère laisser l'honneur d'un grand voyage.

45.

A PHÉBUS.

Quand, sous la peau d'un bouc, de ta tête caduque
Tu prétendis cacher la triste nudité,
  Il n'eut pas tort, en vérité,
Le plaisant qui te dit que tu chaussais ta nuque.

46.

A CLASSICUS.

Luc, de son œuvre épique a trouvé le débit;
A défaut de génie, il a donc de l'esprit?

47.

CONTRE UN HOMME D'UNE HUMEUR INÉGALE.

De défauts, de vertus, assemblage incroyable,
Tour à tour triste, gai, prévenant, intraitable ;
Je t'aime, je te hais ; et je sens, malgré moi,
Que je ne saurais vivre avec toi, ni sans toi.

48.

A UN CAPTATEUR DE SUCCESSION.

Si, sans projet caché, tu me sers à ta table
Champignons, sanglier, ou quelque mets semblable,
Mais sans vouloir t'en faire un mérite à mes yeux,
Soit! à dîner chez toi volontiers je m'engage.
Mais si, par quelque plat plus ou moins précieux,
Tu veux, flattant mon goût, capter mon héritage,
Ne crois pas l'acheter par quelque coquillage,
    Arrivât-il du lac Lucrin.
Ton repas est exquis, j'en conviens; mais demain,
    Mais ce soir, mais à l'instant même,
Que va-t-il me rester de ce bonheur suprême
    Dont il te plaît de faire tant de cas?
    D'ignobles et vils résultats,
Qu'attend du carrefour la prochaine cuvette,
Ou l'éponge vouée à l'arrière-toilette,
Ordures dont un chien ne s'approcherait pas.
La hideuse pâleur, la goutte et sa torture,
De tes mets si friands sont les derniers produits.

Crois-moi, je ne païrai jamais à si haut prix
    D'un sanglier la tetine ou la hure,
Les festins d'un pontife ou même de César;
A la table du dieu qui régit cet empire,
Un semblable calcul aigrirait son nectar.
Et par de tels moyens tu voudrais me séduire!
Cherche ailleurs des gourmands que d'un mets délicat
    Puisse amorcer l'insidieux appât;
    Ce n'est pas moi que tu verras s'y prendre.
Qu'un ami me propose un dîner sans apprêt,
    A l'accepter il me trouvera prêt;
Je n'aime de repas que ceux que je puis rendre.

50.

AU PROPRIÉTAIRE D'UN PALAIS QUI N'EST PAS LOGEABLE.

Ces platanes, ces bois de lauriers, ces cyprès
Qui dressent vers le ciel leur pyramide altière,
Et ces bains qui pourraient suffire à Rome entière,
Ont été pour toi seul disposés à grands frais.
Cent colonnes de marbre exhaussent le portique
Dont tu foules du pied la riche mosaïque.
Un poudreux hippodrome exerce tes chevaux,
Et partout avec bruit bondissent tes jets d'eaux.
    Dans cet hôtel immense et magnifique
L'œil s'égare en plongeant de salon en salon.
        Mais quoi! ce labyrinthe étrange
N'offre pas une pièce où l'on dorme, où l'on mange!
Je vois bien un palais; où donc est la maison?

51.

SUR FABULLUS.

L'homme de bien qui se fie au visage,
　Cent fois dupé l'est encor tous les jours;
La ruse à chaque instant l'enlace en ses détours,
Il n'en reste pas moins à son apprentissage.

52.

A SYMPRONIE.

Cet époux tant de fois lauréat d'Aonie,
De l'accusé tremblant, Rufus, le ferme appui,
Repose en cette tombe, où repose avec lui
L'amour dont il brûla jadis pour Sympronie.
Désormais, habitant des champs Élysiens,
Son épouse est l'objet de ses doux entretiens.
La fille de Tindare, écoutant son histoire,
S'étonne, ô Sympronie! et peut à peine y croire.
　　Comme elle, d'un enlèvement
　　　Tu te vis jadis la victime;
Mais combien ton honneur en sortit plus brillant!
Tu reviens, échappée au tyran qui t'opprime,
Retrouver un époux qui te pleure et t'attend;
　　Tandis qu'Hélène, constamment,
Refuse de rejoindre un époux légitime
　　　Qui la réclame vainement.
Du berger phrygien se rappelant l'injure,

Ménélas se complaît à faire raconter
L'aventure où son sort semble se répéter,
    Et ce récit adoucit sa blessure.
Il s'égaie aux dépens des malheureux époux,
Et par ce nouveau rapt Pâris se voit absous.
    Lorsqu'aux enfers tu seras descendue,
Nulle ombre en ce séjour ne sera plus connue.
La fille de Cérès, femme d'un ravisseur,
Aime assez qu'une femme ait subi cette épreuve;
Et la fidélité dont tu donnas la preuve
De ta reine pourra te valoir la faveur.

53.

CONTRE PATERNUS.

Quoique riche en argent, en fonds de toute espèce,
    Seul tu possèdes plus de biens
Que n'en eurent jamais vingt autres citoyens;
Pour toi tu gardes tout : jamais d'une largesse
Tu ne sus d'un ami soulager la détresse.
Tu couves ton trésor, semblable à ce dragon
Qui jadis de Colchos surveillait la toison.
Afin de colorer ton âpreté rapace,
Tu dis : « C'est pour mes fils que j'épargne et j'entasse. »
Cesse de nous bercer d'un aussi vain propos,
    Et cherche ailleurs des dupes et des sots
    Qu'un pareil prétexte éblouisse.
Des fils! tu n'en as qu'un, un seul; c'est l'avarice.

54.

CONTRE ZOÏLE.

Crin rouge, teint de suie, œil éraillé, pied-bot,
Paul, tu n'es qu'un fripon, ou je ne suis qu'un sot.

56.

CONTRE POLYCARME.

Dix ou douze fois tous les ans
Tu te prétends en proie à des maux violents
  Dont plus que toi j'éprouve la souffrance;
  Car, chaque fois, par de nouveaux présents,
    Je fête ta convalescence.
Cesse un jeu qui te plaît et me met en dépense,
    Polycarme, si tu m'en crois;
    Allons, un peu de conscience!
Et ne sois plus malade qu'une fois.

57.

A SPARSUS.

Dans mon pauvre Nomente et dans son clos stérile
Tu veux savoir pourquoi j'aime à m'ensevelir?
Sparsus, c'est qu'au milieu du fracas de la ville
L'homme indigent ne peut ni penser ni dormir.
  Et quel moyen, en effet, d'y tenir?
  De grand matin, chez le maître d'école,

Une troupe d'enfants accourt et me désole ;
La nuit, le boulanger arrange sa fournée ;
  Le chaudronnier, le forgeron,
  Ne cessent toute la journée
 De marteler leur fer ou leur chaudron ;
Le changeur, à loisir, sur sa table noircie
Fait sonner les écus, essaie et vérifie
Le titre de l'argent ordonné par Néron ;
Le broyeur importun, sur la pierre polie,
A grands coups de maillet mille fois répétés,
Brise, assouplit le jonc qu'attend la sparterie.
 Le jour, la nuit, j'entends dans leur furie
De Bellone rugir les prêtres exaltés ;
Ici, c'est un marin échappé d'un naufrage
Dont son tableau parlant vous expose l'image ;
Plus loin, c'est d'allumette un vendeur chassieux
Dont le soufre vous blesse et le nez et les yeux ;
C'est un mendiant juif à son apprentissage.
  Qui comptera combien de mains,
A Rome, vont frappant sur de bruyants bassins,
  Pour délivrer, par ce concert sauvage,
La lune, qui, luttant contre l'art de Colchos,
Voit par degrés son disque enseveli dans l'ombre,
  Pourra compter aussi le nombre
  Des ennemis de mon repos.
A ces désagréments, Sparsus, tu ne peux croire,
Toi que Pétilius loge dans son prétoire,
Où tu files tes jours dans un mol abandon,
Et qui de ta terrasse, à distance, domines
  La plus haute de nos collines.
Ta campagne est en ville. A Rome, vigneron,
De Falerne chez toi tu retrouves l'automne ;

Jamais du bruit d'un char ta maison ne résonne.
Dans un réduit profond tu goûtes le sommeil,
Nulle voix, nul débat ne hâte ton réveil.
Dans ce lieu de repos la clarté ne pénètre
    Qu'autant que tu veux le permettre.
Et moi, par les passants sans cesse interrompu,
J'ai Rome à mon chevet; de fatigue rendu,
Succombant à l'ennui, je cherche un autre asile;
Et, pour dormir aux champs, je déserte la ville.

58.

A ALANDA.

Le beau ménage que le tien,
Alanda! tu te plais aux amours ancillaires,
  Ta femme court les cochers de litières :
Vous êtes assortis, et ne vous devez rien.

59.

SUR LES BAISEURS IMPORTUNS.

Après quinze ans d'absence, en rentrant dans la ville,
    Que de baisers il vous faut essuyer !
Lesbie, à son Catulle en les donnant par mille,
    N'eût jamais su tant les multiplier.
D'abord tous vos voisins accourent à la file.
    Bientôt, tailleur, tisserand, foulonnier,
      Vous relancent dans votre asile ;
      Ensuite, c'est le cordonnier,

Qui d'une bouche infecte, impure,
Vient d'élargir le cuir d'une chaussure.
Puis arrive votre fermier,
Dont la barbe de bouc, de ses pointes d'acier
Écorche au vif votre figure.
Après, c'est un manant, dont le menton suspect
Révolte par son seul aspect.
Le chassieux, le borgne, enfin une cohue
Comme à l'envi sur vous fond et se rue;
Que de baisers vous avez à subir!
Mieux eût valu, je crois, ne jamais revenir.

60.

A SON JOUR NATAL.

O fils aîné de Mars, époque où ma paupière
Pour la première fois s'ouvrit à la lumière!
C'est aux champs qu'aujourd'hui je fête ton retour.
Pardonne; tu n'auras, dans mon humble ermitage,
Pour autel qu'un gazon de quelques fleurs orné.
A Rome, plus d'éclat signalait mon hommage;
Mais ici, dégagé de tout servile usage,
Je veux vivre du moins le jour où je suis né.

61.

A SABELLUS.

Faire d'un jour natal un vrai jour de supplice,
Fournir à l'un l'eau chaude, à l'autre un vin bien pur,

Corriger par le miel un toscan un peu dur,
Attendre qu'un cécube au filtre s'éclaircisse,
Courir de table en table, avoir partout les yeux,
Être toujours sur pied, et, pour chaque convive,
Fouler un pavé froid au moment qu'il arrive;
Entrer dans les détails les plus minutieux;
Qui peut à tant de soins, de son gré, se soumettre,
Quand pour ne pas les prendre on braverait un maître?

62.

CONTRE LIGURRA.

Vois, Ligurra, si je sais te connaître :
Tu crains d'être le but de quelques traits piquants
   Dont je punis parfois les insolents,
   Et dont la pointe assez avant pénètre.
     Tu le crains ; mais en même temps
     Tu serais flatté de paraître
      Mériter d'en être l'objet.
Crois-moi, laisse ta crainte ainsi que ton souhait.
     Voit-on le lion de Libye
S'acharner à poursuivre un faible papillon?
C'est le taureau fougueux qu'attaque sa furie.
     Toi donc, si tu veux que ton nom
      Partout se lise et se répète,
      Au fond d'un obscur cabaret
    Va déterrer quelque ignoble poëte
Qui crayonne les vers qu'on lit au cabinet :
Je dédaigne à ton front d'attacher mon cachet.

63.

A SATURNE.

Père de l'univers, toi dont la main puissante,
La première, eut le ciel et la terre à régir;
Roi de cet âge heureux où la foudre innocente
    N'avait pas de crime à punir,
  Où les mortels, dans une paix constante,
Sans tourmenter le sol, se bornaient à jouir
Des biens que leur livrait sa surface opulente;
Quand, de notre Priscus célébrant le retour,
    Par un somptueux sacrifice
    Nous lui témoignons notre amour,
    O Saturne! sois-nous propice!
Son arrivée est un de tes bienfaits :
Tu nous le rends après six ans d'absence;
Viens consacrer ce jour par ta présence,
Et contempler les heureux que tu fais.
Les présents, les honneurs, qu'ici l'on te prépare,
Ne le céderont pas à ceux que quelquefois
    Au sein de Rome tu reçois.
Ils ne sont point offerts par une main avare.
Ces vases, ces trésors, sous tes yeux étalés,
Se recommandent mieux que par leur opulence :
Ils sont le monument de la reconnaissance
Du père de Priscus, qui les a rassemblés.
Puisses-tu tous les ans, par des mains libérales,
Voir, ainsi que par lui, fêter tes saturnales,
Dieu protecteur! et fais qu'un jour si fortuné
Durant un siècle encor pour lui soit ramené!

64.

A CORDOUE.

O Cordoue! ô séjour si gai, si délectable
Que Vénafre n'a rien qui lui soit comparable;
Terre chère à Pallas, et dont les oliviers
Par l'Istrien jaloux pourraient être enviés;
Toi chez qui les brebis, errant dans leur pâture,
De celles de Galèze effacent la blancheur,
Et du sang du murex, dédaignant la couleur,
  Gardent la teinte vive et pure
  Qu'elles tiennent de la nature;
  Cordoue, il existe chez toi
  Un poëte de bas aloi
Qui me vole mes vers, et partout s'attribue,
 En vrai frelon, la gloire qui m'est due.
 De l'imposteur, de grâce, défends-moi,
Et dis-lui, s'il lui reste un peu de conscience,
  De ne plus donner comme siens
  Des ouvrages qui sont les miens.
  J'excuserais son impudence
  Si lui-même il était l'auteur
  D'une œuvre de quelque importance
Qui pourrait recevoir de moi le même honneur.
 Mais quel recours contre un tel plagiaire?
  Qu'un désœuvré célibataire,
Dans la vigne d'autrui prétendant vendanger,
Rôde autour de ma femme et cherche à la séduire,
Par la pareille en vain je voudrais me venger.
L'aveugle peut-il rendre un œil sain qu'il nous tire?
  Des voleurs, selon moi, le pire

Est celui qui n'a rien pour me dédommager;
Tel le méchant poëte : il vole sans danger.

67.

A AMOENUS.

Ta maison t'a coûté quarante mille écus,
Et tu la revendrais volontiers avec perte;
Mais, pour que les défauts n'en soient pas aperçus,
   Aux amateurs tu la montres couverte
      Au dehors, ainsi qu'au dedans,
     De mille riches ornements
Qui déguisent des murs la nudité déserte.
Dès l'abord, à leurs yeux sont étalés des lits
De perle orientale et d'écaille enrichis.
Sur des marbres brillants, que Delphes nous envoie,
Une vaisselle d'or et d'argent se déploie.
A l'entour sont rangés des esclaves choisis
     Dont je voudrais être le maître;
Puis, quand des acquéreurs les yeux sont éblouis
Du luxe que partout ta maison fait paraître,
    Si l'on t'en demande le prix :
« Cinquante mille écus. » Le bon marché les tente.
La demande, en effet, n'est pas exorbitante,
Si tout ce mobilier dans la vente est compris.

68.

POUR LE JOUR NATAL DE VIRGILE.

C'est aux ides du mois de mai
   Que Mercure doit l'existence;

Celles du mois par Auguste nommé
De Diane naissante ont éclairé l'enfance;
Par celles où Virgile a reçu la naissance,
Le mois des vendangeurs n'est pas moins renommé.
    De ces époques fortunées
    Religieux observateur,
Qui d'un culte à Virgile as décerné l'honneur,
    Puissent les justes destinées
A ton âme pieuse accorder la faveur
De fêter ces trois jours durant longues années!

69.

CONTRE LES CLIENTS.

Client trop matinal qui m'as chassé de Rome,
Va courtiser les grands, je ne suis plus ton homme.
Je ne suis qu'un vieillard, poëte et sans souci,
Qui vient, loin des procès, vivre libre et tranquille;
Laisse-moi mes loisirs, mon sommeil. A la ville
Je retourne, s'il faut aux champs veiller aussi.

70.

A PAULUS.

Tes amis sont pour toi des vases, des tableaux,
Dont tu te montres fier comme d'originaux.

71.

SUR APER.

Naguère, lorsque Aper, suivi d'un seul valet
   Portant son linge, aux thermes se rendait,
     Et qu'une gardienne édentée
   Venait s'asseoir sur sa robe écourtée,
     Lorsque son frotteur hernieux
  Lui prêtait à regret deux ou trois gouttes d'huile,
     Censeur sévère et rigoureux,
Contre les baigneurs nus il exhalait sa bile.
Après s'être baigné, si quelque chevalier
Demandait une coupe, on l'entendait crier :
     O temps! ô mœurs! ô licence fatale!
     Et volontiers, pour punir le scandale,
Il eût brisé le verre et répandu le vin,
Fût-il un vrai falerne, et le vase un murrhin.
  Mais un beau jour, un vieux parent lui laisse
     Vingt mille écus par testament.
Depuis ce temps, Aper, dans un état d'ivresse
   A son logis rentre journellement.
Quel est votre pouvoir, vaisselle ciselée,
   Riche maison de valets bien meublée!
Lorsque Aper était pauvre, au sortir de son bain
Jamais il n'avait soif, jamais il n'avait faim!

73.

A PANNICUS.

Acquéreur d'un terrain sans pré, sans eau, sans bois,
   Et d'une chétive masure

Que cachent les tombeaux où jadis les Gaulois
Ont, après un combat, trouvé la sépulture,
   Pour cultiver un stérile jardin,
Tu quittes, Pannicus, les procès, ton domaine,
Dont le produit modique, avec bien moins de peine,
   T'assurait un sort plus certain.
Au barreau tu vivais ; dans ton champ tu végètes ;
Avocat, tu vendais les rustiques présents
Qu'en tribut chaque jour t'apportaient tes clients :
   Agriculteur, tu les achètes.

74.

A CATULLA.

Tu répètes à tout moment
Que tu me fais ton légataire ;
J'attends, pour te croire, ma chère,
Que l'on ouvre ton testament.

75.

A FLACCUS.

Quoique le Nil, par ses vaisseaux,
Fournisse au luxe de cristaux
Qui sur ta table se déploie,
Reçois mes rustiques cadeaux ;
Ces pots de terre, ces vaisseaux,
Sont ceux que moi-même j'emploie.
Quel est le plus hardi, dis-moi,
D'un présent si peu fait pour toi,

Ou de celui qui te l'envoie ?
Ne reçois pas avec mépris
Ma modeste coupe d'argile ;
Bien que la matière en soit vile,
Ce vase pourtant a son prix,
Et triplement il est utile.
D'abord, par son peu de valeur
Il ne séduit pas le voleur,
Que ton cristal quelquefois tente ;
De plus, il brave la chaleur
De l'eau même la plus brûlante.
Au valet le plus maladroit,
Sans risque un dîneur peut le tendre ;
L'un le remplit, l'autre le boit,
D'une main ferme et sans répandre.
Veux-tu qu'ici soit ajouté
Encore un dernier avantage ?
Flaccus, après avoir porté
A tes dîneurs mainte santé,
Si tu n'en veux plus faire usage,
Au loin il peut être jeté
Sans qu'un aussi léger dommage
Mérite d'être regretté.

77.

SUR LE BAS PRIX DES DENRÉES.

Blé, vin, rien ne se vend : le fermier se désole.
Il se gorge, s'enivre, et n'a pas une obole.

79.

SUR OETHON.

Un parasite, un jour, au temple de Diane,
Par un bruit indiscret scandalisa les gens;
La déesse, irritée, en ces mots foudroyants
    Terrassa le mortel profane :
    Sors, malheureux; je te condamne
    A ne vivre qu'à tes dépens.

80.

A BITHYNICUS.

Bithynicus, jamais assurément
Je n'ai fait contre toi de vers de contrebande.
Tu ne veux pas me croire, et tu veux un serment?
Eh bien! je fais les vers, quitte à payer l'amende.

82.

SUR CALLISTRATE.

Tu prodigues l'éloge à tous également;
Quel est l'homme de bien, s'il n'est point de méchant?

83.

SUR UMBER.

Lorsque Umber était pauvre, aux fêtes de décembre
    Il m'envoyait un court manteau;

Le voilà riche : son cadeau
S'élève à la robe de chambre.

VARIANTE DE L'ÉPIGRAMME PRÉCÉDENTE.

Pauvre jadis, aux fêtes de décembre,
Umber d'un manteau court me faisait le cadeau ;
Riche aujourd'hui, par la robe de chambre
Il a remplacé le manteau.

84.

SUR MÉNOGÈNE.

Aux thermes, comme aux bains, quelque soin que l'on prenne,
On ne peut éviter le flatteur Ménogène.
Vous jouez au trigone ? il le saisit au vol
De l'une ou l'autre main, le renvoie, et sans cesse
Il fait honneur du coup à votre adresse.
Si le ballon touche le sol,
A l'instant il court, il s'empresse
De s'en emparer, et soudain
Vous le remet tout poudreux dans la main,
Au risque de salir sa robe ou sa chaussure.
Le linge qu'on vous sert, fût-il plus dégoûtant
Que les langes d'un faible enfant,
Efface, prétend-il, la neige la plus pure.
Si le peigne a remis en ordre vos cheveux,
Qu'a dérangés l'ardeur des jeux,
« Achille n'avait pas plus belle chevelure ! »
La sueur vous inonde, et sa main complaisante

Vous éponge le front ; lui-même il vous présente
Un vin tout fraîchement dégagé du limon
   Qui fume encor au fond du noir flacon.
Dans vous, autour de vous, tout lui plaît, tout l'enchante ;
A sa proie il ne cesse enfin de s'acharner,
Qu'il n'arrache de vous ces mots : Allons dîner !

86.

A POLYTIME.

Je craignais d'outrager ton front si gracieux :
J'avais tort, Polytime, et je te devais croire ;
Tel se montra Pélops le jour où, sans cheveux,
Son épouse le crut un chef-d'œuvre d'ivoire.

89.

SUR COTTA.

Cotta n'a qu'un valet, qui, lorsqu'il dîne en ville,
   Pour le servir, debout reste à ses pieds.
Or, le maître se plaint que, d'une main subtile,
Un fripon par deux fois a volé ses souliers.
Après avoir traité d'étourdi, d'imbécile,
   L'enfant chargé de garder ses effets,
Pour ne plus s'exposer à pareille aventure,
   (Admirez sa finesse !) il prétend désormais
   Se rendre aux dîners sans chaussure.

90.

SUR TONGILIUS.

Tongilius a du nez, j'en convien;
Mais, hors le nez, Tongilius n'a rien.

91.

SUR CHARINUS.

Quand tu couvres ton chef d'un capuchon de laine:
« Mon oreille, dis-tu, réclame un pareil soin; »
— Ami Charin, ton oreille est très-saine;
Ta nuque dépouillée en a plutôt besoin.

92.

SUR MARON.

Un vieillard, par la fièvre et les ans consumé,
Semblait près de sa fin, défaillant et pâmé.
Maron, qui du mourant attendait l'héritage,
Pensant qu'il va partir pour son dernier voyage,
S'écrie en sa présence : O puissant Jupiter!
Entends mon vœu; de cet ami si cher,
Pour prolonger les jours, si tu prends sur mon âge,
A t'immoler un bœuf envers toi je m'engage!
Le vieillard sort de crise, au jour rouvre les yeux;
Même le médecin ose en augurer mieux.

Maron alors, tout bas, rétractant sa prière :
« Je t'ai, pour qu'il vécût, promis un de mes bœufs,
Jupiter; si tu fais qu'aujourd'hui je l'enterre,
    Demain je t'en immole deux.

93.

A MAGULLA.

Quoique avec ton mari tous les jours en querelle,
Vous avez même lit, mais non même échanson;
    Depuis longtemps j'en cherche la raison,
Et ne la trouve point : dis-moi donc, quelle est-elle?
Tu soupires, Magulle!... ah! j'entends!... le poison!

94.

A PRISCUS.

Si, par un jeu du sort, que ta détresse implore,
Tu te voyais comblé de richesse et d'honneurs,
Que ferais-tu, dis-moi? — Voilà ce que j'ignore :
Sois lion, d'un lion n'auras-tu pas les mœurs?

95.

SUR FABULLA.

En présence de son époux,
Et sans qu'il s'en montre jaloux,

Fabulle a trouvé la manière
D'échanger avec son amant,
Durant une journée entière,
Mille baisers qu'incessamment
Elle lui donne et qu'il lui rend.
Elle tient toujours auprès d'elle
Un jeune esclave, qu'elle appelle
Son petit bijou, son mignon,
Et dont elle fait son bouffon.
Baigné des baisers de la belle,
Il passe aux mains de son galant,
Qui les recueille avidement,
L'humecte des siens, le renvoie
A sa maîtresse, et, dans l'instant,
Baisers rendus par même voie
Sont reçus avec même joie.
Du mari, du petit mignon,
Quel est ici le vrai bouffon ?

96.

CONTRE TUCCA.

J'essayais l'épopée, et voilà que soudain
Trompettes et clairons résonnent dans ta main;
Je chausse le cothurne, et vois ta Melpomène,
Sous mes yeux à l'instant s'emparer de la scène;
La lyre en main je chante et je m'élance aux cieux
Tu poursuis ton rival jusqu'au conseil des dieux.
J'attaque la satire, et trouve en toi Lucile.
Chez l'élégie, enfin, je vais chercher asile ;

Mon sort, pour être obscur, n'en était pas moins doux;
De mon humble fortune, eh bien! tu fus jaloux.
L'épigramme restait; mes flèches aiguisées
Ne manquaient pas leur but, lorsque sur mes brisées
Je te vois accourir, et déjà tes essais
Semblent de mes travaux m'envier les succès.
Protée ambitieux, sache donc te connaître;
 Tu ne saurais être tout à la fois;
 Dis : que veux-tu, que ne veux-tu pas être?
 Choisis enfin, et déclare ton choix;
Je puis, dans ton rebut, si tu veux le permettre,
Trouver encor mon lot, et m'illustrer peut-être.

100.

AU FLEUVE BOETIS.

O fleuve, dont le front d'olivier se couronne,
Dont l'onde teint en or la laine des troupeaux,
Bœtis, cher à Pallas, à Bacchus, à Pomone;
 Pour qui le Tibre, roi des eaux,
Ouvre à travers les mers une route aux vaisseaux;
Accueille dans ton sein, sous un heureux auspice,
 Instantius, ton nouvel intendant;
 Et que son doux gouvernement
De son prédécesseur rappelle la justice!
La tâche, après Macer, est pénible à remplir;
Sa grande âme pourtant n'en est pas rebutée :
 Quiconque a su mesurer sa portée,
Quel que soit son fardeau, le porte sans fléchir.

101.

CONTRE UN EFFRONTÉ.

Tu tiens de ton aïeul la bouche, et de ton père
Le nez et les deux yeux; l'air, le port de ta mère;
Tu le prétends, Bassus : volontiers je t'en croi;
Oui; mais ce large front, où l'as-tu pris, dis-moi?

102.

A MATTUS.

Frappez une ou deux fois; si je tarde à paraître,
C'est que je n'y suis pas, ou je n'y veux pas être.

103.

A MILON.

IMITATION.

Certain marchand, nommé Denise,
Vendait habits, ameublements,
Argenterie et diamants;
Mais le mari, par gourmandise,
Et la femme, par friandise,
Finissaient par tout dépenser.
A vendre sans rien remplacer,
Bientôt le magasin s'épuise.
Le marchand, qui n'est pas un sot,
Afin de se remettre à flot,

D'un autre commerce s'avise.
De sa femme il fait marchandise,
Marchandise dont la valeur,
Souvent payée, et sans remise,
N'en est pas moins toujours de mise,
Et gratis revient au vendeur.
Pour sortir d'un moment de crise,
Que de fois un marchand discret
Eut recours au même secret!

104.

A SCOEVOLA.

Courant tous les dîners, comme un franc parasite,
Tu bois le vin d'autrui : nul ne goûte le tien.
Rougis de toujours prendre et de ne rendre rien,
Traite donc à ton tour, si tu veux qu'on t'invite.

105.

A AUCTUS.

Tu veux qu'on t'aime, Auctus, et tu n'aimes personne.
Tu veux un dévoûment qu'on ne voit point en toi ;
Tu prétends au respect : à quel titre, dis-moi ?
A-t-on droit d'exiger quand jamais on ne donne ?

106.

SUR FILUS.

Filus possède en abondance
Manteaux, bijoux, somptueux vêtements,

Meubles de toute espèce ; il a mille clients ;
Pourtant il est en proie à l'extrême indigence.
Entouré de l'éclat de l'or, du diamant,
    La faim, la soif sans cesse le torture ;
Une pâle maigreur décèle le tourment
Que, trop longtemps à jeun, son estomac endure,
      Et que son anneau d'or dément.
Qu'il tende à quelque riche une main suppliante,
La pourpre refroidit l'âme compatissante ;
Pour obtenir du pain, du rang de chevalier
Au rôle de l'esclave il voudrait se plier ;
Mais ce parti, l'anneau lui défend de le suivre.
Que faire ? un seul moyen peut encor le servir :
Que de son luxe vain un voleur le délivre ;
Devenu vraiment pauvre, au moins il pourra vivre,
    Et, que sait-on ? peut-être s'enrichir.

107.

A AULUS.

Aulus, pour échapper au besoin qui te presse,
Ta naissance, ton nom, ton ancienne richesse,
Ta probité, tes mœurs te sont d'un vain secours ;
Indigent aujourd'hui tu le seras toujours,
Et chaque instant encor ajoute à ta détresse.

108.

A RÉGULUS.

Plaire à tous n'est pas nécessaire :
Cette maxime est de bon sens ;

Mais, entre tous, choisis longtemps
Ceux à qui tu prétendras plaire.

109.

A AULICUS.

Tu me fais beaucoup de présents,
Mais je crains de m'y laisser prendre;
Ils cesseraient d'être obligeants
A mon tour s'il fallait les rendre.

110.

A GERMANICUS.

Lorsqu'au barreau pour tes clients
Ta voix gronde comme un tonnerre,
Tu fais connaître en même temps
Ton zèle et ton dur caractère.

111.

A BASSUS.

Il faut aimer pour être ami;
On n'est point tel pour le paraître;
Mais, si franchement tu veux l'être,
Bassus, n'aime point à demi.

112.

A TURGIDUS.

Dîner, souper de nuit, est ta règle ordinaire;
Dans les excès du vin se perd ta vie entière;

Et pour te ménager tu veux rester garçon ;
« Au moins, dis-tu, ma vie est chaste et régulière. »
Insensé Turgidus, reviens à la raison.
Ne faire aucun excès en aucune façon,
Voilà ce qu'on appelle une vie exemplaire,
    Non celle du célibataire,
    Moins encor celle du glouton.

114.

A LAÏS.

S'il en coûte un talent, Laïs, pour t'obtenir,
Je ne veux pas payer si cher un repentir.

115.

SUR MACRINUS.

Jamais un champignon n'a pu donner la mort,
Disait Macer ; sa fin prouve qu'il avait tort.

FIN DU DOUZIÈME LIVRE.

A la suite des *Épigrammes de Martial*, le traducteur croit devoir placer la pièce suivante dont l'épigramme 50 du livre III de son auteur lui a fourni le sujet.

LE DOUBLE DINER

ou

L'HORTICULTEUR-POËTE, A TABLE.

Un dîner sans façon est une perfidie,
A dit certain poëte, ami des grands repas ;
Ce vers pour être vrai veut qu'on le modifie :
J'aime assez, entre amis, peu de cérémonie ;
Qu'on me passe ce point : dans tous les autres cas,
D'accord avec l'auteur, volontiers je m'écrie :
Un dîner sans façon est une perfidie.
Mais il est un dîner dont il ne parle pas,
Et dont, à meilleur droit, il faut qu'on se défie,
Fût-il accompagné de mets plus délicats
Que ceux où Bancelin, Véfour et compagnie
Signalent leur talent dont je fais quelque cas ;
C'est celui de l'auteur d'une prose assassine,
Ou de prétendus vers, insipides et plats,
Quand, ses cahiers en main, de la voix et du bras,
A sa table il poursuit, avec forte poitrine,
Un honnête dîneur qui se voit pris aux lacs,
  Et doit sans plainte et sans éclats,
  Sous le fardeau pliant l'échine,
  Des premiers jusqu'aux derniers plats
Essuyer sa lecture, et payer sa cuisine.
D'un pareil guet-apens encor tout interdit,
Tant l'image à mes yeux en reste fraîche et neuve,
  Pour vous sauver une semblable épreuve,
J'en vais, mes chers amis, vous faire le récit.

Ces jours passés, chez un auteur poëte,
   A dîner je fus invité...
   A ce mot, je vois qu'on m'arrête...
— Dîner chez un auteur! c'est un conte inventé;
Chez un poëte encor! le fait est incroyable,
Et s'il est vrai, du moins il n'est pas vraisemblable.
— Mesdames et messieurs, pardonnez; c'est un fait,
Et de vos préjugés revenez s'il vous plaît.
   Le temps n'est plus où quêtant leur cuisine,
   Les Colletets, crottés jusqu'à l'échine,
Du Parnasse passaient tout droit à l'hôpital.
Aujourd'hui tel poëte en fermier-général
Peut traiter ses amis sans s'en trouver plus mal,
Et, dussiez-vous encor m'accuser d'hyperbole,
Dans l'Hippocrène a su rencontrer le Pactole.
Pourtant, le fait encor n'est pas très-général,
Je le sais trop, hélas! Mais si, plus équitable,
Quelque jour de ses dons faisant partage égal,
Plutus sur les auteurs jette un œil favorable,
Peut-être à ma détresse il aura quelque égard,
Et, s'il pleut des faveurs, m'en donnera ma part.
Amen! Mais terminons ici la parenthèse,
Et sans plus divaguer reprenons notre thèse.
Au jour, à l'heure fixe, au local convenu,
   L'un des premiers je suis rendu :
Aux dîners, comme ailleurs, je puis souvent attendre,
   Mais je ne veux jamais être attendu.
L'heureux signal enfin se fait entendre,
Et, sans trop de façons, les dîneurs empressés,
Du salon dans la salle à l'instant sont passés.
On se pousse, on se presse, et chacun sur sa chaise
Gêne un peu son voisin pour se mettre à son aise.
Sur la mienne, à la fin, je me vois arrangé.
Au centre de six plats, avec pompe arrangé,
J'aperçois un coussin de velours orangé,
Vrai trône où reposait un assez gros ouvrage :
L'Horticulteur, poëme en cinq chants partagé.
Je frémis; et dès lors, pauvre oiseau mis en cage,
Je reconnais le piége où je suis engagé.
Mais quoi? je dois me taire et m'armer de courage.
   Au début, avec le potage
On nous sert la préface, et l'avis au lecteur;

Le bœuf passe : un saumon succède ; avec ardeur
Ainsi que le dîner la lecture s'engage,
　　Et nous voyons du même train,
Saumon et premier chant arriver à leur fin.
　　De là nous passons aux entrées ;
Tandis qu'un chant nouveau par l'auteur entamé
Se poursuit, se déroule avec feu déclamé,
　　Par trois valets rapidement livrées
　　A l'appétit du convive affamé,
　　Mieux que les vers elles sont dévorées,
Et seront, à coup sûr, bien plus tôt digérées.
Arrive le rôti ; d'un courage nouveau
　　A cet aspect l'amphitryon s'anime.
　　Armé du livre et du couteau,
De son double instrument tour à tour il s'escrime ;
Et son troisième chant, qui visait au sublime,
Expire justement avec son aloyau.
　　La grosse faim est apaisée ;
　　En attendant que par de nouveau mets
　　Elle renaisse encor plus aiguisée,
Le quatrième chant s'ouvre : froids et muets,
Les yeux demi-fermés, les auditeurs-convives,
　　Le front penché, les mains oisives,
S'endormaient presque, et nul n'applaudissait :
L'appétit, la lecture, enfin tout languissait ;
Quand le patron, guidé par un instinct unique,
　　Saisit un flacon de Porto,
　　Qu'il assure bien authentique,
Et dans un cristal pur, transparent comme l'eau,
Fait tomber à flots d'or le breuvage magique.
La troupe se réveille, et d'un premier bravo,
Que l'auteur à ses vers modestement applique,
　　Fait retentir la salle académique.
　　　Auteurs que flattent les bravos,
　　　De la critique qui vous guette
　　　Voulez-vous briser les ciseaux,
　　　Endormir l'envie inquiète
　　　Et désarmer tous vos rivaux ?
　　　D'excellents vins faites emplette ;
　　　Que Voltaire et les deux Rousseaux,
　　　Racine même et Despréaux
　　　Laissant chez vous la place nette,

S'envolent chez Toussaint Quinette ;
Que le produit de leurs travaux
Descende au fond de vos caveaux ;
Surtout provision complète
Et de champagne et de bordeaux ;
Que sous votre main toujours prête
A table ils coulent à longs flots.
Alors dans un profond repos,
Sans plus craindre aucune défaite,
Chaque jour de lauriers nouveaux
Vous verrez ceindre votre tête ;
Vous entendrez tous les journaux
Pour vous emboucher la trompette ;
Et plût à Dieu que maint poëte
Que je connais, pût à propos
User de semblable recette !
Charmé d'un aussi beau succès,
Notre lecteur infatigable
En poursuit le cours sans délais,
Et reprenant son cahier formidable,
Avec un épisode il sert les entremets.
Le vin qu'il verse en abondance,
Réveille ceux qu'endort son éloquence ;
Et, du moins au gré des gourmets,
Il tourne à son honneur sa quatrième chance.
Mais de la scène enfin le dénoûment s'avance,
Et le dessert, sur la table apporté,
Étale avec magnificence
Les dons qu'à pleines mains a répandus l'Été.
Pour notre horticulteur quelle immense carrière,
Et pour son dernier chant quelle riche matière !
Sur tous les arbres dont ces fruits
Sont les délicieux produits,
Sa muse à plaisir s'évertue ;
Ils les passe tous en revue.
C'est sa main qui les a plantés, greffés, taillés,
Emoussés, encaissés, palissés, empaillés,
Et je crois même échenillés !
De cette stérile abondance
Le convive enfin excédé,
Ainsi que du trop long silence
Que forcément il a gardé,

Est près de perdre patience;
Quand le lecteur, par procédé,
Ou peut-être aussi par prudence,
Arrivé d'ailleurs à la fin
De son infernal parchemin,
Juge à propos de lever la séance.
A ce signal si longtemps attendu,
Tout l'auditoire morfondu
Passe au salon, et là chacun espère
Retrouver un voisin ou quelque ancien confrère,
Embrasser un ami toujours cher à son cœur.
Vain espoir! au salon il retrouve l'auteur,
Qui lui fait jusqu'au bout, pour épreuves dernières,
Avaler au café la table des matières,
Avec le visa des censeurs
Et l'adresse de ses libraires.
Que Dieu bénisse nos auteurs
Soit poëtes, soit prosateurs!
Leur âme est vraiment débonnaire.
Que de tourments, que d'efforts pour nous plaire!
Que de jours sans repos, que de nuits sans sommeil!
A son lever, chaque jour le soleil
Les voit, la plume en main, devancer sa lumière,
Poursuivre leurs travaux comme lui sa carrière,
Jusqu'à ce qu'il s'efface à l'horizon vermeil.
Enfin de tant de soins quel est l'heureux salaire?
Un battement de mains, quelque bravo précaire,
D'un auditeur trop lent avec peine obtenus.
Peut-on leur envier d'aussi faibles tributs?
Pourquoi, par froids dédains ou caprices bizarres,
D'un léger grain d'encens nous montrons-nous avares?
Après tout, leur travail a bien aussi son prix.
Oui; mais je ne veux pas que de lui-même épris,
Un auteur, s'il advient qu'à dîner il m'invite,
En présence des plats m'étale son mérite;
Je sais aux grands talents comme un autre applaudir:
Mais bonnement je m'imagine
Que, comme au lit on entre pour dormir,
A table on s'assied pour qu'on dîne.
Grâce, du moins jusqu'au dessert!!
Lecteurs trop empressés, vous parlez à merveille:
Mais ventre à jeun n'a point d'oreille,

Et vous prêchez dans le désert.
Chaque chose a sa place : au sortir de la table,
Qu'après le café pris (notez bien), l'hôte affable
Pour réunir chez lui tous les plaisirs divers,
Offre de lire une œuvre instructive, agréable,
J'applaudis des premiers à son idée aimable,
Et j'en digère mieux son dîner et ses vers.
Il est vrai, quelquefois, qu'un incivil convive,
Dîneur banqueroutier, quand la lecture arrive,
L'estomac bien lesté, furtivement s'esquive;
Mais un pareil suffrage est-il à regretter
Pour qui pèse les voix au lieu de les compter?
Voilà les bons repas, les repas que j'envie,
Tels que j'en ai souvent rencontrés dans ma vie...
  Mais que durant tout un dîner
L'auteur amphitryon sans pitié vous assomme,
  Sans que, sous peine de jeûner,
  Vous puissiez vous permettre un somme;
 Que pour payer un malheureux souper,
  D'une insupportable lecture,
  Sans aucun moyen d'échapper,
Vous vous voyiez contraint de subir la torture,
C'est un assassinat, un affreux guet-apens.
 Oui, si jamais il faut qu'on m'y reprenne,
Je le déclare net, de bon cœur je consens
Que jamais, vers le soir, l'appétit ne me vienne,
 Ou que toujours je dîne à mes dépens!

FIN.

TABLE.

	Pages.		Pages.
Mémoires de Martial.......	1	huitième................	295
Préface du Ier livre des Épi-grammes................	1	Livre huitième............ Avis préliminaire du livre	296
Épigrammes, livre premier..	3	neuvième................	340
Préface du livre second.....	51	Livre neuvième...........	340
Livre second..............	52	Livre dixième.............	385
Livre troisième............	87	Livre onzième............	442
Livre quatrième...........	121	Préface du livre douzième...	478
Livre cinquième...........	166	Livre douzième...........	479
Livre sixième.............	209	Le double Dîner, ou l'Horti-	
Livre septième............	245	culteur-Poëte à table.....	530
Épître dédicatoire du livre			

ERRATA.

Page 101, à l'épigramme 37, substituez celle-ci :
> Se fâcher, chez le riche, est un tic à la mode :
> S'il n'est pas honorable, il est du moins commode.

Page 105, au quatrième vers, au lieu de prêt de : lisez prêt à.

Page 146, après le sixième vers placez les deux suivants :
> Célébrons Véronisse, et son onde si pure
> Qui d'un filet d'argent sillonne la verdure.

Page 153, vers 5me, lisez : et d'épais sangliers.

Page 262, après le 4me vers de l'épigramme 33, lisez les deux suivants :
> A pu, forçant son caractère,
> Faire quelque chose de bon ?
> Je vais en bref, etc.

Page 349, après le 10me vers de l'épigramme 29, substituez au 11me vers, celui-ci :
> Toujours inaccessible aux vices du théâtre.

Page 432, vers 7 de l'épigramme 85, monceaux, lisez : monceau.

www.ingramcontent.com/pod-product-compliance
Lightning Source LLC
Chambersburg PA
CBHW060510230426
43665CB00013B/1463